组 织（原书第2版）

Organizations
(2nd Edition)

华章经典·管理

March & Simon

〔美〕 詹姆斯 G. 马奇　著
　　　赫伯特 A. 西蒙

哈罗德·格兹考 协作

邵冲 译

机械工业出版社
CHINA MACHINE PRESS

图书在版编目（CIP）数据

组织（珍藏版）/（美）马奇（March, J. G.），（美）西蒙（Simon, H. A.）著；邵冲译 . —北京机械工业出版社，2013.5（2024.6重印）

（华章经典·管理）

书名原文：Organizations

ISBN 978-7-111-42263-1

Ⅰ. 组… Ⅱ. ①马… ②西… ③邵… Ⅲ. 企业管理 – 组织管理学 Ⅳ. F272.9

中国版本图书馆 CIP 数据核字（2013）第 084187 号

版权所有·侵权必究
封底无防伪标均为盗版

北京市版权局著作权合同登记　图字：01-2007-4199 号。

James G. March and Herbert A. Simon. Organizations, 2nd ed.

Copyright © 1993 by James G. March and Herbert A. Simon.

Simplified Chinese Translation Copyright © 2013 by China Machine Press.

No part of this book may be reproduced or transmitted in any form or by any means, electronic or mechanical, including photocopying, recording or any information storage and retrieval system, without permission, in writing, from the publisher.

All rights reserved.

本书中文简体字版由 Blackwell Publishers 授权机械工业出版社在全球独家出版发行。未经出版者书面许可，不得以任何方式抄袭、复制或节录本书中的任何部分。

机械工业出版社（北京市西城区百万庄大街 22 号　邮政编码　100037）

责任编辑：戚　妍　　版式设计：刘永青

固安县铭成印刷有限公司印刷

2024 年 6 月第 1 版第 10 次印刷

170mm×242mm • 16.75 印张

标准书号：ISBN 978-7-111- 42263-1

定　　价：59.00 元

客服电话：(010) 88361066　68326294

丛书赞誉

任何一门学问，如果割断了与自身历史的联系，就只能成为一个临时的避难所，而不再是一座宏伟的城堡。在这套管理经典系列里，我们可以追本溯源，也依然可以欣赏到对现代管理有着基础支撑作用的管理思想、智慧和理论。大师的伟大、经典的重要均无须介绍，而我们面对的经典内容如此丰富多彩，再美的语言也难以精确刻画，只有靠读者自己去学习、去感悟、去思考、去探寻其真谛和智慧。

西安交通大学副校长　　席酉民

当我们企业在强调细节管理、有效执行的时候，实际上也是在强调对工作的分析和研究。当我们在强调劳资合作的时候，也就是强调用科学的方法研究工作，将蛋糕做大，从而双方都能共同获益。最原始的思想往往也是最充满智慧、纯粹和核心的思想。

南京大学商学院院长、教授、博士生导师　　赵曙明

现代管理学的形成和发展源于相关人文社会科学学者对组织、组织中的人和组织管理实践的研究。如果我们能够转过身去，打开书架，重新看看这些著名学者的经典作品，我们就会发现摆在我们面前的多数当代管理书籍好像迷失了点什么——对管理本质和实践的理解，感叹它们的作者们好像缺少了点什么——扎实的理论功底和丰富的实践经验。

华南理工大学中国企业战略研究中心主任、教授、博士生导师　　蓝海林

把管理作为一项可以实验的科学，是一个具有开拓性的思考者和实践者留下的宝贵精神财富。伴随科技进步和生产工具手段的变化，追求管理科学性的努力从此生生不息，成为人类文明的一道亮丽的风景线。

          复旦大学企业研究所所长   张晖明

管理百年，经典有限，思想无疆，指引永远。经典，是经过历史检验的学术精华，是人类精神理性的科学凝练，是大师级学人回应重大现实问题的智慧结晶。希望青年学子能够积淀历史，直面现实读经典，希望年轻学人戒骄戒躁像大师一样做真学问，代代传承出经典。

        北京师范大学人本发展与管理研究中心主任   李宝元

西蒙作为"管理决策理论"的创始人，独步经济世界与管理王国，堪称奇才，其著作《管理行为》提出的"有限理性"观点为后人做出了"无限贡献"。

          南京理工大学教授、博士生导师   徐光华

该丛书是管理学科的经典著作，将为读者提供系统的管理基础理论和方法。

   武汉理工大学管理科学与工程系主任、教授、博士生导师   云俊

出版说明
The Publisher's Words

自从1911年弗雷德里克·泰勒的《科学管理原理》出版至今，漫长的管理历程中不断涌现出灿若星河的经典之作。它们在管理的天空中辉映着耀眼的光芒，如北极星般指引着管理者们不断前行。这些书籍之所以被称为管理经典，是因为在近百年的管理实践中，不管外界环境如何变迁，科学技术生产力如何发展，它们提出的管理问题依然存在，它们总结的管理经验依然有益，它们研究的管理逻辑依然普遍，它们创造的管理方法依然有效。

中国的管理学习者对于管理经典可以说是耳熟能详，但鉴于出版时间的久远、零乱和翻译的局限，很多时候只能望书名而兴叹。"华章经典·管理"丛书此次推出，不仅进行了系列的出版安排，而且全部重新翻译，并统一装帧设计，望能为管理学界提供一套便于学习的精良读本。

中国的管理实践者身处的内外环境是变化的，面对的技术工具是先进的，接触的理论方法是多样的，面临的企业增长是快速的，管理者几乎没有试错的时间。那么要如何提升自己的管理水平，才能使自己在竞争中立于不败之地？最好的方法就是找到基本的管理理论。管理经典就如一盏明灯，既是最基本的管理，也是更高的管理。因此阅读这套丛书对管理实践者来说，正可谓受益良多。

"华章经典·管理"系列丛书追求与时俱进。一方面，从古典管理理论起，至当代管理思想止，我们选取对中国的管理实践者和学习者仍然有益的著作，进行原汁原味的翻译，并请专业译者加强对管理术语的关注，确保译文的流畅性和专业性。另一方面，结合中国的管理现状，我们邀请来自企业界、教育界、传媒界的专家对这些著作进行最新的解读。

这些工作也远非凭机械工业出版社一己之力可以完成，本套丛书得到了各界专家的支持与帮助，在此一并感谢：

包　政	陈春花	陈佳贵	冯　仑	黄群慧	李新春
李　政	罗　珉	马风才	彭志强	邵明路	石晓军
王以华	王永贵	吴伯凡	吴晓波	席酉民	肖知兴
邢以群	颜杰华	杨　斌	张瑞敏	赵曙明	

"华章经管"自创设以来，一直致力于为中国读者提供世界管理图书的阅读价值，以知识促进中国企业的成长。"华章经典·管理"系列丛书秉承这一理念，精心编辑，诚意打造。仅盼这套丛书能借大师经典之名，为更多管理实践者和学习者创造出更为有效的价值。若您确有收获，那么作为经管出版人，心下慰矣。

目录

丛书赞誉

出版说明

总　　序　席酉民

致 读 者　吕峰

译 者 序　邵冲

再版前言　詹姆斯·马奇　赫伯特·西蒙

第1章　组织行为 // 1
　　1.1　组织作为社会机构的重要性 // 2
　　1.2　组织理论的文献 // 4
　　1.3　本书的结构 // 5
　　1.4　命题的类型 // 6
　　1.5　心理学的一些假定 // 8

第2章　"古典"组织理论 // 11
　　2.1　泰勒的科学管理 // 12
　　2.2　部门划分理论 // 20
　　2.3　古典管理科学的操作和经验问题 // 27
　　2.4　结论 // 30

第3章　动机限制：组织内部决策 // 31
　　3.1　影响过程 // 32
　　3.2　官僚理论 // 33

3.3 满意与生产率 // 42

3.4 生产动机 // 46

3.5 结论 // 70

第4章 动机限制：参与决策 // 71

4.1 组织平衡理论 // 72

4.2 参与者 // 76

4.3 雇员参与：参与标准 // 77

4.4 雇员参与：一般模型 // 79

4.5 影响预期离开组织的可感愿望的因素 // 80

4.6 影响离开组织的可感安逸的因素 // 85

4.7 其他参与者 // 90

4.8 机会主义与组织生存 // 92

4.9 结论 // 93

第5章 组织中的冲突 // 95

5.1 个体冲突 // 96

5.2 组织冲突：组织内部的个体冲突 // 100

5.3 组织冲突：组织内部的群体冲突 // 103

5.4 组织对冲突的反应 // 110

5.5 组织间冲突 // 112

5.6 结论 // 115

第6章 理性的认知局限 // 116

6.1 理性的概念 // 117

6.2 组织中的行为程序 // 122

6.3 感知与识别 // 129

6.4 分工 // 135

  6.5 沟通 // 138

  6.6 组织结构和理性边界 // 144

第 7 章 组织的计划与创新 // 146

  7.1 创新的概念 // 147

  7.2 创新过程 // 150

  7.3 创新机会 // 155

  7.4 程序的详尽阐述 // 159

  7.5 组织层次与创新 // 165

  7.6 计划过程 // 170

  7.7 结论 // 179

后记 // 180

致谢 // 182

关键概念索引 // 184

参考文献 // 188

总 序
Foreword

学习管理　　感悟管理　　演练管理　　享受管理

如今，市场上经管类图书可以说琳琅满目、鱼龙混杂，时髦的名词和概念一浪接一浪滚滚而来，不断从一个新理念转到另一个新理念，传播给大众的管理概念和口号不断翻新，读者的阅读成本和选择成本不断上升。在这个浮躁的社会时期，出版商有时提供给读者的不再是精神食粮，而是噪声和思维杂质，常常使希望阅读、学习和提升的管理者无所适从，找不到精神归依。任何一门学问，如果割断了与自身历史的联系，就只能成为一个临时的避难所，而不再是一座宏伟的城堡。

针对这种情况，机械工业出版社号召大家回归经典，阅读经典，并以身作则，出版了这套华章经典系列，分设3个子系——管理、金融投资和经济。

"华章经典·管理"系列第一批将推出泰勒、法约尔和福列特的作品，后续将会穿越现代管理丛林，收录巴纳德、马斯洛、列维特、明茨伯格、西蒙和马奇等各种流派的管理大师的作品。同时，也将收录少量对管理实践有过重要推动作用的实用管理方法。

作为管理研究战线的一员，我为此而感到高兴，也为受邀给该系列作序而感到荣幸！随着经济全球化和知识经济的到来，知识的更新速度迅速提升，特别是管理知识更是日新月异，丰富多彩。我们知道，大部分自然科学的原理不会随时间变化而失效。但因管理的许多知识与环境和管理情境有关，可能会随着时间和管理情境的变迁而失去价值。于是，人们不禁要问：管理经典系列的出版是否还有现实意义？坦率地讲，许多贴有流行标签的管理理论或方法，可能会因时间和环境的变化而失去现实价值，但类似于自然科学和经济学，管理的知识也有其基本原理和经典理论,这些东西并不会随时间的流逝而失效。另外,正是由于管理有许多与情境和人有关的理论、感悟、智慧的结晶、哲学的思考,因此反倒会随着历史的积淀和经历的丰富而不断发展和深化,绽放出更富历史感、更富真知的光彩。换句话说,不少创造经典的大师可能已经走了,但其思想和智慧还活着!不少浮华的流行概念和观点死了,但其背后的经典还闪闪发光!在这套管理经典系列里,我们可以追本溯源,也依然可以欣赏到对现代管理有着基础支撑作用的管理思想、智慧和理论。

观察丰富多彩的管理实践,不难发现:有的企业家、管理者忙得焦头烂额,被事务困扰得痛苦不堪,结果事业做得还不好;有的企业家、管理者却显得轻松自如、潇洒飘逸、举重若轻,而且事业也红红火火、蒸蒸日上。是什么使他们的行为大相径庭,结果天壤有别?一般的回答是能力差异。我不否认人和人之间的能力有差别,但更想强调能力背后的心态、思维方式、理念问题,即怎样看待管理?怎样面对问题?怎样定位人生?管理因与人有关,始终处于一种动态的竞争和博弈的环境下,因而管理永远都是复杂的、富于挑战的活动。要做好管理,成为优秀的企业家和管理者,除了我们经常挂在嘴边的许多素质和技能外,我认为最重要的是管理的热情,即首先要热爱管理,将管理视为自己生存和生活不可分割的一部分,去体验管理和享受管理。其次,管理永远与问题和挑战相伴。我经常讲,没有一个企业或单位没有问题,管理问题就像海边的礁石,企业运行状况良好时,问题被掩盖了;企业运行状况恶化时,所有的问题就都暴露出来了。实际上涨潮时最容易解决问题,但此时也最容易忽视问题,等退潮时问题都出来了,解决问题的最好时机也过去了。面对管理问题,高手似乎总能抓住少数几个关键问题,显得举重若轻,大量小问题也会随着大问题的解决而消失。而低手却经常认认真真地面对所有问题,深陷于问题网中,结果耽误了大事。人生的价值在于不断战胜自我,征服一次管理难题,实际上不仅是人生的一种体验,更是对自己能力的一次检验。若能这样看问题,迎接管理挑战就不再是一种痛苦,而成为一种愉悦的人生享受。因此,从管理现实中我们也能体会到,管理的有效性和真正驾驭需要管理知识、艺术、经验和智慧的综合运用。

高水平的管理有点像表演杂技，杂技演员高难度的技艺在常人看来很神奇，但这些令人眼花缭乱的表演实际上是建立在科学规律和演员根据自身特点及能力对其创造性地运用上。管理的神奇也主要体现在管理者根据自身特点、能力以及其组织和环境的情况，对基本管理原理的创造性应用上。

因为"管理是管理者的生活"，我经常劝告管理者要"享受管理"，而要想真正做到，除了正确的态度和高尚的境界外，还需要领悟管理的真谛；而要真正领悟管理的真谛，就需要学习掌握管理的基本知识和基本技能。当然管理知识的来源有直接和间接之分，直接知识是通过自己亲身体验领悟而来，这样做过程太长；间接知识是通过学习或培训取得，这样过程较短，成效较快，两者相辅相成。

管理知识浩如烟海，管理技术和技能多如牛毛，而且随着时代和环境以及文化的变化，同一种知识和技能的应用还有很强的环境依赖性，这就使管理知识的学习变得很难把握，许多人不知道看什么样的书，有的人看完书或听完课后的体会是当时明白了，也听懂了，但仍不知道怎样管理！实际上管理的学习同经济学、自然科学等一样，首先在于掌握基本的思想和方法论。管理面对的是实际的企业、组织和人，一般规律对他们有用，但他们往往也有独特性，这也使管理具有科学、艺术、实务、思想等多种属性，所以不能僵化地看待管理知识，在理解和运用管理知识时一定要注意其使用对象的特殊性。其次，管理者手中能够应用的武器有两方面：科学的、带有普遍性的技术、方法，以及与人有关的随情况变化的涉及心理和行为的具有艺术特色的知识和经验。前者容易通过书本学习，后者则要通过实践或案例教学学习和体会。再次，管理重在明确目标以及其后围绕目标选择最佳或最满意的路径，而完成这一任务除了高瞻远瞩、运筹帷幄的能力以及丰富的知识和经验外，最基本的是要学会和善用成本效益分析工具。最后，所谓"三人行必有我师"，无论成功与失败，任何管理实践中都蕴涵着知识和经验，所以，对于管理来说，处处留心皆学问。要增加自己的管理知识和丰富自己的管理经验，就要善于观察组织及人的行为和实践活动，勤于思考和提炼，日积月累也是重要途径。

有人形象地比喻，管理类似下棋，基本的管理知识类似于对弈的基本规则，各种管理技能和成功的管理实践类似于总结出的各种棋谱，而实际的管理则由这些基本规则、各种棋谱演变出更加丰富多彩、变幻莫测的局势。水平接近者的比赛，赛前谁也难以确定局势的变化和输赢的结果。因此，管理的学习在于基本知识和基本技能，而要演化出神奇的管理实践需在此基础上去感悟、去享受！

实际上管理活动本身犹如一匹烈马、一架难以控制的飞机，要想驰向发展的愿景，飞向成功的辉煌未来，不仅要享受奔驰中飘逸的快感和飞翔时鸟瞰世界的心旷神怡，而且要享受成功后的收获，因此必须设法"驾驭"好管理。

我陪人练习驾车时曾深有体会地告诉驾驶者，开车的最高境界是用心，而不是动用身体，要把车当做你身体功能的一种延伸，使车与你融为一体，然后在你心神的指挥下，心到车到。"管理"这匹烈马或复杂难控的飞机何尝不是如此，它也是人类、领导者、管理者的功能的一种延伸、一种放大器，而要真正享受它和使它发挥功效，必须娴熟且到位地驾驭它。面对种种复杂的管理，更需要用心驾驭。

这里，作为序我没有对经典系列本身给予太多介绍，只重点谈了如何学习管理，提升管理水平，最后达到享受管理。这是因为，大师的伟大、经典的重要均无须介绍，而我们面对的经典内容如此丰富多彩，再美的语言也难以精确刻画，只有靠读者自己去学习、去感悟、去思考、去探寻其真谛和智慧，我只是提供了我自认为研究和实践管理的途径和境界，希望这些文字有助于读者对管理的阅读、理解和思考！

席酉民博士

西安交通大学

致读者
To Readers

无可否认,管理实践中的问题总是层出不穷、五花八门,这就使得管理者们习惯性地依赖季节性的财经类图书去寻求解决问题的答案。而那些不能解决自己问题的管理者,则经常会执拗地认为,他所面对的问题具有特殊性,非要用一些独特的药方来诊治。于是,财经类图书的撰写者就在市场需求的驱动下,把炮制新的词语而未必经得起考验的内容作为创作的首要目的。这样的图书对于购买者而言,积极影响非常有限,而对于社会来说,更是纯粹的资源浪费。

正所谓"太阳底下没有什么新鲜事",你所经历的,前人自然经历过,你所苦恼的,前人也曾苦恼过,你所面对的尚未解决的问题,前人可能已经解决过。所以,对于企业管理者们,特别重要的问题不在于掌握了多少新鲜的名词——虽然那些东西可以作为谈话时炫耀的资本,更为关键的是要回到基本的理论层面,从根本上理清问题的来龙去脉。

詹姆斯·马奇和赫伯特·西蒙两位管理学泰斗合著的《组织》,是一本朴素却非常深厚的著作。在管理学研究中,组织是非常重要的领域;在管理实践当中,组织问题也同样是最基本的问题。许多看起来花里胡哨的问题,究其根源,还是在组织层面。就中国企业近些年的管理实践而言,最重要的问题之一就是组织问题,它甚至已经成为决定组织兴亡的关键问题。

探讨这个问题的管理学者很多,但本书的两位作者恐怕是 20 世纪最有资格的学者了。西蒙因为获得过 1978 年诺贝尔经济学奖而广为人知,但知道和了解马奇的人就不多了。本人对马奇的了解也是源于 2001 年在斯坦福大学选修组织理论的时候,当时的教授用了很长的篇幅和大量的时间来介绍马奇的思想。而后来看到马奇的著作,深深为其观点的独到和精辟所折服,不愧为"大师中的大师"。幸运的是,马奇越来越多的著作正在被介绍给国内的读者,其有关决策和组织方面的深刻观点,对于今天的中国企业管理者来说是非常有意义的。

总体来说,《组织》一书的最大特点是,在梳理了过往大量研究的基础上,两位作者构建了丰富的模型,确立了模型中各关键要素与组织问题的关联关系。无论是从学术研究的角度,还是从具体实践的角度,这些模型的建立都非常重要。从学术角度看,后来的研究者有了基本的思路,可以在前人研究的基础上继续进行下去;而从实践的角度,管理者能够发现产生管理问题的根源是什么,并且能够找到解决问题的路径。

例如,第 5 章中探讨影响个体冲突的因素,书中列举出个体以往经验的多少和面临决策的复杂性决定了人们对于要进行的决策的主观不确定性。另外,环境的丰裕程度会影响人们的抱负水平和成就意识,从而进一步影响到人们的主观感受。而这两个因素会影响人们之间在决策时的冲突。在这样的模型中,作者不仅列出了关键因素,而且给出了影响路径,这对于在具体管理工作中的管理者来说,无疑可以更加清晰地梳理思路。

尽管也有很多人会勾画出各种各样的图形来描述所谓的管理问题,但那些图形要么是过于主观化,要么是过于经验化,总有一些局限。两位作者的论述是基于对大量理论研究的综合,并纳入到自己所构建的精妙的逻辑体系中,无论从高度还是广度都更有指导意义。

正因为对过往组织理论进行了大量的整理和归纳,这也使得本书看起来学术性偏强。不同于那些流行一时的畅销书,《组织》在行文上更偏重于理性演绎,而非故事叙述,因此,读起来多少有些艰涩,但请读者朋友阅读时务必坚持下来。其实,一本好的书,也并非读一遍就能理解和消化的,慢慢地揣摩和耐心地品味是此书的阅读方式。在这个过程中，读者朋友们可以与大师一起回归到管理中的本原问题。只有纲举，才能目张。

坦率地说，本人才疏学浅，不敢妄自评判大师的思想。只是想到大师思想的巨大价值以及可能对中国企业管理者的影响，在自己读了译稿后，深有收获，特此推荐。

吕峰博士

北京大学光华管理学院　高层管理者培训与发展中心副主任

译者序
Foreword

本书的两位主要作者都是在学术界享有极高声誉的管理学大师。2003年，美国两位顾问劳伦斯·普鲁萨克（Laurence Prusak）和托马斯·达文波特（Thomas H. Davenport）在《哈佛商业评论》上报告了一项调查结果，在他们开列的管理学大师的名单中，排在榜首的是大名鼎鼎的彼得·德鲁克，排在第二和第三位的就是詹姆斯·马奇和赫伯特·西蒙。

詹姆斯·马奇是斯坦福大学的荣誉退休教授，1928年1月15日出生于美国俄亥俄州克利夫兰市，1953年在耶鲁大学获得博士学位，1970年开始执教于斯坦福大学，此前曾在加利福尼亚大学欧文分校、卡内基工学院任教。马奇以其杰出成就当选为（美国）国家科学院、美国艺术与科学院、美国哲学学会、（美国）国家公共管理研究院、（美国）国家教育研究院及海外一些研究院的院士。

赫伯特·西蒙生前是美国卡内基·梅隆大学的教授，1916年6月15日出生于美国威斯康星州密尔沃基市，1942年获得芝加哥大学政治学博士学位，曾在加利福尼亚大学伯克利分校、伊利诺伊工学院任教，从1949年开始在卡内基·梅隆大学执教，直至1988年退休。2001年2月9日去世。西蒙生前也是许多重要的专业与学术组织的成员，包括（美国）国家科学院、美国人工智能学会、美国艺术与科学院、美国科学促进联合会、美国经济学会、美国心理学会、（美国）计量经济学会、国际管理学会以及 Phi Beta Kappa 和 Sigma XI。他生前还是英国心理学会名誉会员、中国科学院外籍院士。

马奇和西蒙的学术成就涉及多学科领域，是名副其实的博学大师。马奇在斯坦福大学的商业与教育学院、政治科学与社会学系任教，同时担任管理学、政治学、社会学和教育学四个学科的教授，研究领域涉及组织、决策、组织学习、风险承担、信息过程。他讲授的课程包括组织心理学、行为经济学、领导才能、谋杀之规则、友谊、决策、社会科学中的模型、革命、计算机模拟和统计学。

西蒙生前在卡内基·梅隆大学担任计算机科学与心理学教授，研究领域涉及经济学、政治学、管理学、社会学、心理学、运筹学和计算机科学等多个学科，并做出了创造性贡献。1975年，他因计算机科学的研究荣获享有盛名的图灵奖。1978年，他因对经济组织决策过程的开拓性研究而荣获诺贝尔经济学奖。他还于1986年荣获国家科学奖，1993年荣获美国心理学会心理学杰出终身贡献奖，1995年荣获国际人工智能学会的杰出研究奖和美国公共管理学会的德怀特·沃尔多奖。

虽然他们的研究涉及多学科，但马奇与西蒙的研究有一条主线，这就是对人类决策和问题解决过程的兴趣，以及这些过程对各种社会机构的意义。他们被公认是组织与管理理论的开拓者。马奇与西蒙合著的《组织》（*Organization*）、马奇与理查德·西厄特合著的《公司行为理论》（*A Behavioral Theory of the Firm*）被认为对组织和管理理论做出了开拓性贡献。他们融合社会学、心理学和经济学，发展了一套取代新古典理论的公司理论。该理论的基本思想是，尽管经理们想理性地做出决策，但由于人的和组织的限制，理性是"有限的"。因此，人的行为并不总是像理性观点假设的那样是可预计的。

马克斯·韦伯是理性决策思想倡导者中最有影响、最杰出的人物。韦伯致力于研究社会的理性化问题。他认为，在被阶级意识和裙带关系统治的现实社会里是没有公正可言的。例如，要在普鲁士军队当军官，你必须出身于贵族家庭。政府和企业的领导职位亦是如此。他认为，这种不公正在很大程度上来自人类判断力的不完善性。韦伯提出的解决办法是尽可能地把人的判断力从感情用事中解放出来；而判断力的解放，只有按照官僚制模式重新组织工作才能实现。在官僚机构中，竞争是工作人选及其职位建立的基础，规章制度和操作程序是决策的基础，权力按照职位和级别分配，最高领导人可以得到专家的帮助并获得最有价值的信息。韦伯的理性是信息意义上的，理性的经理掌握信息，非理性的经理则缺乏信息。他认为，理性的行为把人引向明确的目标，而达到目标的方法可以通过充分正确的信息筛选获得。韦伯提出的官僚机构的概念使理性成为多数现代决策理论的判断标准。

西蒙将理性引入了行政管理行为的研究。他注意到，任何实践活动都由决策和执行两部分构成，因此，行政管理不仅是行为过程，而且也是决策过程。他从组织层级的角度切入探讨决策问题。他认为，下级的决策应该是执行上级决策所确定的目标，并把决策看作手段与目的之间的一种逻辑关系，下级的目的应是完成上级目的的手段，以这种模式完成预期目标是一种理性的行为。他认为能使经理和组织获得最大效益的客观理性永远不会出现，因为它需要对所有备选方案的充分了解，需要获取新知识以弥补经验上的不足。经理只有有限的知识，因此，他们的决策只能做到有限理性。此外，经理在解决问题时是对随机出现的解决方案进行顺序搜寻，并获得满意的而不是最优的后果。

西蒙的研究及其影响吸引了许多对决策感兴趣的学者相继加入卡内基·梅隆大学的研究团队，其中包括前面提到的马奇与西厄特。马奇与西蒙合作进行过许多组织理论与决策方面的研究，《组织》是其中一本。该书出版于1958年，1993年再版时他们自信地认为"对初版无需进一步说明"，保留了原来的内容，只做了一些"与正文阐述的看法一致"的注解。两位作者认为，1958年以来，组织的社会环境和技术环境虽然发生了很大变化，但还没有什么事件彻底动摇了组织理论的基础，人们观察到的新现象和新概念，并不需要付出太大努力就可以放进他们当年设计的理论框架中去。

《组织》一书在于解释作者对组织行为提出的三组命题：

第一，组织成员天生是消极被动的工具，能够完成工作和接受命令，但不能主动行动和发挥影响；

第二，组织成员的态度、价值观念与目标会影响组织，只有受到激励和诱导他们才会参与组织行为系统，组织目标与组织成员的个人目标不完全一致，所以会产生冲突，这些冲突使权力现象、态度和士气成为理解组织行为的关键因素；

第三，组织成员是决策者，也是问题解决者，他们的决策方式和问题解决方式也是理解组织行为的关键因素。

马奇和西蒙认为，这三组命题的假设并不矛盾，人具有全部三项假设，但不是任何论述组织理论的著作都接受这一观点，学者们的关注点明显不同，把人当作工具的模型在科学管理运动的著作中尤为突出，社会学家、社会心理学家和政治学家强调态度与动机，经济学家、研究计划的学者、研究组织沟通与问题解决的心理学家则强调理性。马奇和西蒙认为，论述组织行为的理论应该是考虑到组织中人的行为的工具性、考虑到人的动机与态度、考虑到人的理性限制的整体理论。

第一组命题是古典组织理论对组织中人的行为的假设。马奇和西蒙将古典组织理论分为生理组织理论和行政管理理论。前者以泰勒、吉尔布雷思等人为代表，关注生产中的简单体力活动、时间研究和方法研究。后者以古利克、厄威克、法约尔等人为代表，关注大型组织的部门划分与协调。马奇和西蒙指出，古典组织理论在看待组织成员的方式上存在两种倾向，一是把人视作完成分配任务的无生命的工具，二是把人视作系统中的既定因素而不是可变因素。前一种倾向忽视了与个体行为、特别是和动机有关的因素，后一种倾向则掩盖了组织行为的某些重要方面。

按照马奇和西蒙的分析，古典组织理论把人这个有机体看作简单的机器。在该模型下，领导人在实现组织目标上只受这些简单"机器"的生产力、速度、耐力和成本施加的制约的限制。古典理论要解决的问题和提出的解决方法都集中在这些限制上。他们认为，建立在"机器"模型基础上的监督措施会导致组织希望避免的行为（即古典理论未预料到的结果）。这说明，以古典组织理论为基础的动机假设是不完整、不准确的，需要对其做出重要修正。他们给自己确定的任务是：（1）消除古典理论把人看作工具的观念；（2）用新概念代替古典理论的概念，即承认人有需要、动机和欲望，承认人受其知识、学习与解决问题的能力的限制。

马奇与西蒙从人类动机、利益冲突、认知能力限制等方面对古典组织理论进行了修正，提出了第二组命题和第三组命题。对第二组命题，两位作者考察了大型官僚组织的监管和控制、士气以及士气与生产率的关系，重点分析了雇员的生产动机（接受还是拒绝组织要求的生产率）和参与动机（加入还是离开组织），重点分析了组织内部冲突产生的原因和冲突产生的行为（谈判与权力斗争）。对第三组命题，他们考察了组织的决策与问题解决过程，着重分析了程序化决策和非程序化决策、理性的和非理性的问题解决，着重分析了组织的创新与计划。马奇和西蒙在书中提出了260个用标准形式陈述的组织行为命题，并对这些命题进行了经验检验，命题及检验证据来自零星分散的文献。

马奇和西蒙一再强调该书研究的是正式组织理论，尽管大多数组织都是金字塔型的等级制组织，但贯穿该书的核心概念并不是等级制，而是决策。西蒙的决策思想不仅在该书中占有极其重要的地位，而且得到了发展。他们在书中讨论了两种对组织而言重要的决策。第一种决策是个体决定参与及参与程度的决策；第二种决策是组织管理其业务的决策。

他们认为，他们在书中提出的决策理论不是选择理论，而是注意理论和搜寻理论。决策者不能同时关注所有目标，不能同时关注所有备选方案，不能同时关注备选方案的所有后果。既然不是所有事情都能关注，理解注意力分配的方式，考察组织在何时、何处及如何搜寻有关紧要问题、备选方案及其后果的信息，对理解决策就十分关键了。组织与决策的有限理性和行为与搜寻方式受注意力约束是该书理论阐述的核心。

该书的另外一位合作者哈罗德·格兹考是美国西北大学的政治学、心理学和社会学教授（1957～1986年），也是国际关系研究领域的知名学者。格兹考参与了该书理论体系的构思，后来去西北大学执教，书稿的写作与定稿由马奇与西蒙最终完成。

《组织》是一本堪称经典的学术著作。20世纪80年代该书曾被中国社会科学出版社列入"国外经济管理名著丛书"出版选题，但一直没见出版。去年，获悉机械工业出版社策划出版"华章经典·管理"系列丛书，便向他们推荐该书，并毛遂自荐，表示愿意翻译该书。提议很快得到回应，说该书已被列入选题——大家的想法不谋而合。翻译之前已有思想准备，但该书的翻译难度还是有点让人始料不及。虽然尽了很大努力，限于水平，难免有错，愿意接受各位读者和专家的指正。（联系方式：mnsshaoc@mail.sysu.edu.cn）

邵冲

2007 年 12 月 29 日于广州

再版前言
Preface

30多年前,我们曾与哈罗德·格兹考一起汇编组织理论的"命题清单"。目的是列出普遍原理(最好是真实的普遍原理)和评估支持这些普遍原理的经验证据。当然,要汇编命题清单就需要将它们组织起来,因此形成了本书,我们在书中提出了组织理论的结构。

本书自出版以来一直受到关注。对有些人,它提供了1958年以前发表的组织研究指南;对有些人,它成了供引用、校订、扩充和批判组织命题的有效来源;对有些人,它成了过时的时代画像。

新版的价值将使本书继续备受关注。新版保留了原来的内容,但增加了一些注解。这些注解与本书首版问世35年以来的组织与组织理论界的事件有关。我们乐意增加那些注解并同时声明,我们今天不可能比过去更聪明。让作者感到不安的或许是,我们仍喜欢时时阅读这本书。让人更惊奇的不是我们现在知道但过去不知道的事情,而是那些我们曾经知道但已经忘记的事情。

如果今天要我们发表看法,那就是在这么长的时间里,没有什么事件彻底动摇了组织或组织理论的基础,以至使它们面目全非或被严重扭曲。自1958年以来,组织的社会环境发生了巨大变化,特别是艺术语言、意识形态、族群与性别群体中的关系现实。组织的技术环境也发生了巨大变化,特别是信息技术和机器人技术。自1958年以来,有关组织的一系列研究发现也给人留下深刻印象。比起20世纪50年代,我们必须更加重视组织研究的数量和质量。不过,我们已经观察到的新现象,或许大多数也是新概念,并不需要付出太大努力就可以放进为它们设计的早期框架中去。这就是为什么我们只是增加这些注解而不是重写本书的众多原因之一。

关于本书

本书是关于正式组织理论的。组织是偏好、信息、利益或知识相异的个体或群体之间协调行动的系统。组织理论描述的是促进组织及其成员共同生存的协作冲突、资源调度和行动协调的微妙改变。

对生存的这些促进作用主要是通过对信息、身份、实情和刺激的控制来实现的。组织过程和信息渠道决定组织参与者的目标和对组织的忠诚。它们创造共享的实情——包括共同信念和规范在内的组织气质。它们鼓励相宜行为。

但是，由于生存的不确定和不明确、人类的认知能力和情感能力的有限、跨时空协调的复杂性，以及竞争的威胁，有效控制组织过程是有限的。

组织的参与者们互相协调以寻求合作与竞争优势。他们通过思考、计划和分析，通过总结经验和学习他人的经验与知识，通过创建和运用理解实情的规则、程序与说明体系，以易于纠正的方式来应对这些限制。他们以活动为中心建立支持性的文化、契约、结构和信念。这种大杂烩式的组织行为是本书的焦点。我们想知道一群个体和群体如何以相对系统的方式相互协调。

我们谈论的大多数组织通常被视为等级制组织。组织的等级性是普遍现象，其部分原因是等级制组织经常是高效率的；另一部分是因为等级制更适合支配与从属社会关系下的一般文化规范。等级制组织有两个几乎相互无关的方面。首先，它是盒子套盒子的结构，大多数组织属于这种结构。在任何层次上，盒子内部的交流通常要比两个不同盒子之间的交流更集中；其次，等级制组织的正式权力关系呈金字塔型分布，从组织的"上层"逐渐向"底层"延伸。

等级制组织的盒子套盒子的特性使从属单位的专业化成为可能，并在必要的范围内仍保持相互作用和协调。同时，等级制组织利于作为指挥和协调机制的正式权力的运用。

但是，组织过程并不完全是等级制。它们也有其他形式的网络，包括向上、向外和向下的影响和控制流。它们是由相互联系的活动构成的生态系统，命令与权力的简单直线概念在其中难以维系。它们使组织界限的清晰定义成为不可能。还有"委托人"和"代理人"或"内部人"和"外部人"等概念,而这类概念使组织看起来比实际更加简单划一。

本书的中心概念自始至终不是等级制而是决策,是组织内部指导和支持决策过程并为其提供资料的信息流。当然,"决策"的概念同样难以表述。有时,确定决策什么、何时做决策和谁来做决策都是成问题的。不过,这个概念我们似乎运用得相当好。

对组织而言有几种决策是重要的。首先是个体(如雇员、成员、支持者、经理、顾客、所有者)参与组织或离开组织的决策,以及他们决定参与的程度和投入多少干劲与热情的决策;其次是管理组织的业务、决定如何组织、声称的目标是什么、如何协调任务以实现目标,以及何时改变方向或结构的决策。

本书第3章和第4章主要讨论决策的第一种类型。第5章也是讨论组织的从属单位和组织成员的目标和努力出现矛盾时的决策。第6章和第7章讨论决策的第二种类型,而第6章侧重"静态"活动,第7章则侧重导向组织创新和变革的活动——可以说是静力学和动力学。

虽然本书的中心概念是决策,但书中提出的理论并不是要选择理论而是要注意理论。决策者不能同时关注所有目标,不能同时关注所有备选方案,不能同时关注备选方案的所有后果。目标有时高于预期,有时低于预期。注意力也许受限于以往经验所熟悉的备选方案,或者受限于产品开发或设计过程产生的少数具体的备选方案。注意力也许集中在一组环境下的一组后果(例如流动性),或集中在另一组环境下的另一组后果(例如市场份额)。

既然不是所有事情都能关注,那么理解注意力分配的方式对理解决策就十分关键了。因此,在本书中我们的注意力大部分放在搜寻理论上——考察组织在何时、何处及如何搜寻有关的紧要问题、备选方案及其后果的信息。

本书所述的组织注意理论建立在两个已被证明并有很大影响力和吸引力的理念之上。第一个理念是满意,即组织强调目标,并严格区分成功(实现目标)与失败(未实现目标),而不是成功或失败的程度。第二个理念是组织更关注没有达到其目标水平的行为,而不是那些促使其实现目标的行为。自1958年以来,这两个理念（及其相关理念）对决策产生了深远影响。

当然，组织与决策的有限理性和行为与搜寻方式受注意力约束并不是本书阐述的全部内容，但它或许是核心部分。

对本书的几点说明

本书的读者们通常似乎都能发现我们论述组织的思想是有用的，我们有像权威作家一样的自负感，因为我们没有明确写出来的思想大部分都隐含在了我们详述的思想中。但是，如果现在是初次写作，我们的论述至少在四个方面会略有不同：

1. 我们会更关注经验观察而不是理论推测。
2. 我们会较少强调基于理性分析的行为而较多强调基于规则的行为。
3. 我们不再把决策前提视为外部因素。
4. 我们会更加重视组织的历史和社会环境的作用。

尽管我们认为本书预先提出了我们在此谈论的许多观点，但没有像我们今天承担类似项目时要求的那样对其进行详述。

推测与资料

我们现在认为，本书的最大缺憾是对经验证据的处理。前五章的情况还不错，我们能够利用大量文献。当然今天仍有许多这类研究，以进一步支持我们的论点或修正我们推测的论点。多元统计技术的发展、研究设计与分析培训的改进和研究人员在收集有用资料时的勤奋，为那几章讨论的主题提供了非常坚实的经验基础。

第6章和第7章讨论的主题难度加大。在这两章，我们不怎么涉及个体，涉及系统更多些。我们找到的大部分相关证据都是对具体组织的专题研究——案例研究——现存的论述科学方法的文献没有告诉我们如何使案例研究成为客观的、可重复的、提供作为科学根据的典型证据的方法。甚至识别和收集可能的相关案例差不多都成了不可能的事情。

我们十分清楚，要提出和检验组织决策过程的假设，必须调查真实组织环境中的决策过程。几乎只有参与过决策过程的学者们，主要采用社会历史学家或人种志学者的方法，在或长或短的时期内研究过特定组织。他们的样本是机会样本，展示了不可解释的世界。他们的资料大部分是历史故事和随意应用常识得出的因果关系和组织智慧，很少有定量资料。

试图重复我们的研究工作（如果有人这么傻的话）的人现在面临的情况在某些方面好多了。决策行为的研究在实验室环境下和现场研究上都获得极大发展。有些研究使用了有关决策的档案资料；有些研究将经验丰富的组织参与者安排在类似实验室的情形中进行观察；有些研究观察了组织的实际决策过程。实际上，我们对诸如冒险行为等组织决策行为的经验理解比1958年更准确了。

在社会学和心理学领域，采用系统方式处理非量化口头资料的方法取得了很大进展。例如，在认知科学对问题解决的研究中，现在我们有了利用主观执行问题解决任务时出声思考（Thinking-aloud）的口头报告资料的办法。在社会学领域，分析多种口头文本内容的方法也获得相应发展。现在，我们掌握了如何对资料编码和处理以及如何利用资料检验假设（包括以计算机程序模拟被研究现象的假设）的大量知识。

解决组织或组织成员的抽样人口、汇总个体资料或从属单位资料，以反映这些个体或单位所隶属的更大系统的行为等问题可能取得的进展不大。但是可以肯定，如果给予足够重视和经常关注，这些问题至少会解决或有望解决。现在，社会科学家们越来越把注意力放在社会历史学家和人种志学者的工作上，这是他们更愿意严肃地将案例研究和历史故事作为发现和检验组织理论资料的吉兆。

最后，近来兴起了对决策、市场和小型组织进行实验室研究的高潮，特别是在经济部门、商学院和心理学研究院所。在我们看来，对这项工作起决定性影响的似乎依然是新古典经济学的正式结构和数学博弈论的思想。但来自这些实验室的实验数据必然会被与有新奇思想的实验数据相比较。这些新奇思想迟早会形成概念框架，并且比现在使用的概念框架能更好地解释各种现象。

或许最迫切需要但并非最先进的方法开发是重建处理各种数据和各种模型的统计理论,以用于数据收集和模型检验。用于数据分析的统计学并不适合组织理论,以至于对最粗略的理论模型(例如线性回归)得出的数据分析越精通,对重要理论概念的经验状态就越不确定。这种状况在1958年以后有所改进,但改进不大。

行为逻辑

基于分析的行为 人类做出选择并根据备选方案的后果评估选择的基本观点,表明了大多数当代社会科学的重要性,更不必说"常识"了。该观点经常被批评是对人类心灵既不准确又缺乏吸引力的描述,特别是对新古典经济学的信条予以证明时。许多作者认为人类没有能力达到完全的理性;而少数人乐观地认为理性追求比采用其他决策方法能系统地减少不理智行为。

虽然那些痴迷于批评理性的人会发现许多比本书更吸引人的目标,但将它置于本书的"理性"部分可能是公平的。通常,我们把行为看作选择的结果,并以选择为中心。我们根据偏好评估选择的后果,依据对选择后果的评估解释选择。至少从这个意义上说,本书是论述理性的。

但是,本书论述的理性是有很大限定的理性。我们设想本书的拥有者知道他们购书的原因。那些原因不仅表露了他们的选择,也表露了他们选择的理由(不是解释就是合理化)。因此,那些理由提供了预计行为和行为解释的依据。

这些原因反映了两个相关的行为逻辑。第一个行为逻辑是因果逻辑,即分析理性。决策者以其偏好评估其行为的可能后果来选择行为。因果逻辑与预期、分析和计算等概念有关。它主要通过选择、试探性搜寻备选方案、评估已发现方案的满意性等起作用。

第二个行为逻辑是相宜逻辑,即规则要与情境相适应。通过识别熟悉的常见情境及其类型并使一套规则(本书有时称为行为程序)与已识别的情境相适应来选择行为。相宜逻辑与经验、角色、直觉和专业知识等概念有关。它进行分析的主要方法是回顾保存在组织的档案或个体记忆里的经验。

本书研究这两种类型的理性行为,但偏重第一种类型。它主要建立在行为的产生都有重要原因的假说之上——通过评价备选行动的主观期望值，我们可以预计组织的行为。这个一般性框架常用于检查各种决策。

（推论或分析意义上的）理性并不能确保明智。假设人们的所作所为常常是有重要原因的和假设人们一定会选择客观上对其目标最佳的行为是截然不同的。本书所述的组织在他们选择的目的和手段上证明是理性的（这是程序上的理性），但他们的理性追求并不能确保行动要么是协调的，要么是明智的（实际上他们的行为经常不是理性的）。

像人类的无知和错误一样，目标模糊和目标冲突也是组织行为图景的重要部分。组织中的个体行为可能指向正式的组织目标，也可能指向有很大差异和完全个人的目标。由于人们常被误导、缺乏信息，或无法预计和分析其行为后果，他们的行为可能完全适合其目标，也可能完全不适合。他们的目标有时明确和稳定，但经常是含糊的、不协调的，以及变化不定的。

从这个现实意义上说，有目的的有限理性假设并没有忽视情感在行为中的重要作用，而激发人的行为的需要和欲望更没有被忽视。需要和欲望有时受贪婪驱动，有时受利他心驱动，有时受利己心驱动，有时受对群体的忠诚驱动。

本书提出的有限后果理性思想或多或少成了现代决策理论的标准，至少超出了正统的新古典经济学理论的核心范围。现在，经济学家们越来越关注经济行为人的不完全信息、他们不确定的将来和他们找到最佳行动的能力限制。有限理性以当代企业理论、行为决策理论和其派生出来的许多其他理论为根据。除某些相对较不重要的离经叛道的理论（如理性期望论）外，它成了公认的学说。没有哪个公认的学说会永远被人接受，因此自然有人会问我们是否还坚守这个理论。答案是肯定的，我们坚守它。

我们认为有限理性为检验组织提供了强大而有力的基本框架，尽管包括计算机、运筹学和管理科学在内的信息技术已臻于完善。在本书出版之际，现代信息与决策技术，以及管理科学、决策科学、运筹学和信息工程等学科，已开始进入组织意识领域。这些学科尝试将新技术应用于组织决策。它们采用最优化理论的概念框架并以数学工具加以完善，并使用新型高效计算设备输入适当数据完成分析。这在以前是无法想象的。应用新技术和新学科减少或消除由个体和组织的认知和计算的局限性导致的对理性的限制。既然人在信息和计算上的局限性是有限理性的基本假设，那么完善的信息技术被认为是有限理性思想的最大挑战。

这些新技术对许多决策有重大影响，例如库存与生产控制或文档与信息管理。但是，它们对组织的整体影响仍有限，因为这些新技术主要应用于以数学方式描述不会产生严重扭曲的情形和公式运算所需数据能够收集到的情形。

这些新技术主要应用于中层管理和基层管理决策。一般说来，高层经理的工作没有多大变化，尽管信息技术革命频频曝光。许多组织寻求运用现代技术发展新型管理信息系统并为此而努力，但他们建立的系统通常似乎远远不能适应组织的实际决策过程和管理的需要。

自从本书初版问世以来，电子信息的交流得到飞速发展。商业产品传真在1958年还无人知晓，电子邮件也一样。今天，虽然前者普及了，后者也在慢慢发展，但它们似乎并没有改变本书论述的决策过程的基本性质。

决策过程与人工智能和所谓的"专家系统"有所不同，其中有三个原因。首先，它们不像运筹学和管理科学模型那样局限于定量方法；其次，它们充分考虑到了人类理性的"限制"和其对基本估计和满意的需要；最后，它们将因果逻辑（探索性研究）和相宜逻辑（认知和基于规则的行为）结合起来。因此，人工智能和正在大量发展的专家系统最终可能比运筹学和管理科学更能洞察管理任务的核心。但是，这种可能性离现实还很遥远。决策工程的这些发展没有一项要求是重新思考将有限理性原理应用于管理的。

基于规则的行为 本书对基于规则或基于认知的行为的作用论述相对较少。虽然我们讨论了行为程序、角色和基于规则行为的其他形式，但比起基于分析行为的思想，这些讨论通常是次要的（同样它们也是其他现代组织讨论的主要内容）。新近的研究再次表明了相宜逻辑的普遍性，并指出因果逻辑、计算逻辑不可能是人类行为智力的重要技术。

对专家行为的认知基础的最新理解，一方面清楚地阐明了系统的（有时是定量的）因果分析在决策过程中的作用；另一方面也清楚地阐明了相宜行为与所处环境要匹配，这似乎是在经验决策者的行为中常见的"直觉"之类现象的重要组成部分。

直觉的特点是迅速地反应（刹那间的事情）和没办法解释引致结果的一连串步骤的发生——甚至否认任何这类步骤的存在。直觉反应并不总是正确，但观察人员的印象是直觉反应经常是正确的，特别是专家的直觉，尽管它们看来好像几乎没有花费时间和精力。当直觉给我们留下深刻的印象时，我们有时会用"洞察力"或"创造力"等表示尊敬的词语；而当直觉没有给我们留下什么印象时，我们更有可能叫它"偏见"或"遽下结论"。

对国际象棋的研究阐明了直觉的作用和本质。经常看到国际象棋大师示范表演的同时和50个或更多对手对弈。从这个棋盘走到另一个棋盘，每走一步棋仅需几秒钟，事实上仍能全赢——假如对手实力都不如高手（比大师低400或更多埃洛等级分⊖）。棋手在比赛时经常要考虑每步棋的后果，有时要认真地考虑多达100种的决策树的分支。与比赛截然不同，大师在示范表演时几乎没有时间进行这类分析。当问及为何还能以这么快的速度下棋时，他们说靠"直觉"。

对此类情况的研究表明，大师的直觉是通过观察棋局形成的。对几千种棋局的熟悉和以往的经验使大师能够发现对手在布局上暴露出的明显弱点。直觉完全是根据以往经验识别熟悉事物的练技巧。业已证明，大师能记忆至少50 000种这类棋局（通常称为"记忆块"）——对弈中经常出现的棋局——并知道在这些棋局下如何应对以获得优势规则。

这项研究表明了分析和直觉之间的什么关系呢？它表明直觉就是识别熟悉的现象。该研究还表明在决策时间充裕时，老练的棋手会做大量分析（毫无疑问，通过直觉帮助分析和选择下棋的思路并做出评估）。下快棋没有时间分析，大师几乎完全依靠直觉（也就是依靠识别）。下快棋时，大师的下法与比赛不一样，

⊖ 埃洛等级分是以它的推广者埃洛（Elo）的名字命名的一种以数值表示的将等级差别转化为分数或取胜概率的记分体系。这套方法最初用于预测国际象棋的比赛结果。——译者注

挑战性更大，这充分证明棋艺的实质部分被提炼为直觉了。也就是说，提炼为识别熟悉的重要棋局的能力和回忆如何运用储备知识的能力。

棋艺的这种情况也存在于许多其他领域：为计算机设计所谓的专家系统的过程中研究专家行为和进行调查。无理由假设在这些方面管理技能与得到的其他研究技能不同。经验丰富的经理在做出决策时不仅运用因果分析，而且运用基于规则的直觉（识别）。丰富的经验经常使他们无须详尽明确的计算就能做出正确的决策。明智的经理不会单凭分析进行管理，而是会将分析与宝贵的直觉（识别能力）、多年训练获得的行为规则，以及管理领域的经验完全结合起来进行管理。

通过将经验转变为识别/行动匹配而获得个体经验的过程与发展规则和环境之间匹配的组织过程是相同的。在本书，我们谈及行为程序。组织是角色和身份的集合，也是相宜行为与已识别环境匹配规则的集合。有些集合是通过雇用专业人员进入组织的。会计师按他们受过的训练行事，而其他集合是通过积累经验和储存标准程序的组织记忆开发组织的。

使个体认同身份并发挥作用的识别过程以及个体的社会化是对环境识别惯常反应的机制。组织将其经验、其他组织的经验和知识转化为需要维护和执行的规则，尽管人员是流动的又缺少对其基础必要的理解。因此，制定、改变、激发和忽略规则的过程对分析和理解组织是必不可少的。

虽然组织行为受与环境相适应的相宜行为所驱动，但并不完全决定于行为的程序、专业的规范或专家的直觉。参与者遵守规则，但什么规则是适当的并不总是明确的。在面临同一情形时不同人会依据不同规则行事。情形是含糊的，并非总能被识别得清楚，因此适当的规则难以确定。执行规则可能需要技巧，而这些技巧并非总是现成的。

本书讨论的基于规则的行为建立在相宜逻辑之上，但并没有像现在这样被给予过很多关注。个体的直觉和组织的规则比本书对它们的讨论起的作用更重要。从以下两种意义上来说这是正确的：第一，我们观察到的大部分组织行为是在情境识别时即刻发生意义上的"直觉"。相关的认知和组织过程是识别和分类过程而不是评估结果的过程。

第二，我们观察到的组织行为的大部分信息不是来自详尽的分析而是来自规则。当然，基于规则的行为可能导致愚蠢的行为。将经验转变为规则并不是最佳甚至适宜的保险方式，但在评估组织实现其目标的行为能力时，除关注因果逻辑之外也必须关注相宜逻辑。

自发偏好

本书所述理论中的选择理论往往把偏好看作自发的和决策前的。个人选择被认为是为个人偏好服务而产生的，但这些偏好的形成过程并没有被看作选择。因果理论往往会把决策者看作独立存在的个体，并将决策看作由两个完全连续的步骤构成的过程——设定目标和做出选择。

本书主要探讨决策者的社会特点及其偏好。我们不能将组织中的人视作孤立的个体，认为他们的需要、个性和思想的形成不受周围其他人的影响。组织成员是社会人，他们的知识、信念、偏好和忠诚都是他们成长的社会环境的产物，是他们现在生活和工作环境的产物。因为对各种群体和小集团这样复杂的忠诚体来讲——包括自我、家庭、组织及其从属单位——内心和外部冲突是组织生活的普遍特征。

这些忠诚的义务培育和塑造了组织成员的行为——特别是对全球的或地区的组织单位的强烈忠诚。在这些组织单位中，人们建立基本机制以确保对组织目标的坚守。本书并不否认金钱和其他奖励的重要作用，但是认为光靠这些动机通常并不能确保对组织目标的忠诚。

献身组织目标而不是为了个人私利被视为利他行为。如果我们希望培育组织认同，那么尽管貌似激进的进化论者要求个体"适应"生存环境，我们还是必须提出坚守利他行为的理由。本书没有提出坚守的理由，但它已成为人口生态学学者和研究决策的学者关注的焦点。本书的一位作者在 1990 年 12 月的《科学》杂志上发表的论文中分析过这个问题。

我们在 1958 年描述的决策者是完全社会性的。同时，他们比其本性更有点缺乏活力。本书重点探讨组织目标反映社会和环境影响的变化特性的意义。

组织有时被视为达到目的的手段，也就是说，组织被认为是为达到某个共同目的而建立的。这类说法通常是对的，但会使人产生误解从而忽视在原先的目的达到或被忘记后组织会持久存在下去的倾向。

当小儿麻痹症的疫苗消除了 March of Dimes[⊖]存在的理由时，社会找到了预防和治疗出生缺陷的新目标。IBM 是靠穿孔卡制表系统的应用发展起来的，该系统最早用于人口普查，然后是社会保障，再后是企业会计制度。该公司看到了已露端倪的电子计算机，并利用了这项技术，伴随而来的是各种新的无法预计的应用。

在最初目标消失后还存在了很长时间，并且变化之大几乎让人认不出的典型组织是大学，比如 12 世纪的巴黎大学和现在成为卡内基梅隆大学的卡内基理工学院，以及无数的升格为大学的师范学校和师范学院。

本书的关注重点不是目标的这种流动性，而是组织过程的构造，以及根植客观现实的问题与解决方法之间或目标与决策之间的联系。由于组织的邻近性，这种联系是由与目标和行为相关联的组织结构形成的。（执法机构应把宣告一项行为犯法看作消除犯法的方式）由于组织的同步性，这种联系也可能是由与目标和行为相关联的时间结构形成的。如果收入增加会增加购房，那么促进购房会进一步增加收入。

选择机会会吸引各种无关的问题、解决办法、目标、兴趣和关注——就像垃圾桶吸引垃圾——的思想被本书作者之一及其同事称为"决策的垃圾桶理论"。他为将这个尖刻的词语引入组织文献而表示道歉，但这种现象确实存在而且很重要（清除这个词语可能为时已晚）。因此，讨论停车场的会议可能会变成讨论性骚扰、工资政策和足球的会议。

我们在本书中发现，探讨目标理念的最佳方式或许是更清楚地认识到行为产生目标的可能和目标产生行为一样容易。可以把目标看作先于组织存在并塑造和引导组织。效用优先是传统选择理论的经典原理，但该理念会使人产生误

⊖ March of Dimes 是美国一家全国性健康公益机构，成立于 1938 年。最初的目的是拯救美国青少年远离小儿麻痹症的侵扰，目前的使命是通过预防先天性缺陷、早产和婴儿死亡来改善婴儿的健康。——译者注

解。因为该过程参与目标和行为两个方面。

如果我们向精通音乐的人请教我们应该如何提高音乐素养，答案很可能是多听音乐。同样，我们在生活中知道生活需要什么（无论我们是组织、社区还是个体）。在生活中，是通过生产、销售货物或服务，企业发现转变为偏好和欲望的问题和机会。新产品吞没了它们的市场（汽车取代马车，计算器取代计算尺）；通货膨胀抬高了它们的成本；社会变革创造了新市场（妇女解放与餐馆，汽车与郊区购物中心）；政府管制影响它们的目标（健康和安全法规，环境保护）；新法律法规允许或禁止采取的组织形式（反垄断法，银行地域限制法）。在一定程度上是选择体验创造了我们的需要。

与行为产生目标的思想密切相关的事实是，行为本身就是许多人生活的重要目标。巡逻艇的目标不是到达码头，而是巡逻。因此在理解组织时，我们必须考虑到行为是组织成员，特别是经理们希望消费的货物之一。成为"活跃"组织的一分子会使人振奋。权力博弈可能是有趣的游戏，特别是对赢家。要成为高级决策经理不仅要下放资源分配的控制权，而且要激发强烈而积极的自我观念。快乐经常来自过程而不是结果。

历史和社会背景

本书在许多方面是对为了决策结果而否认决策过程重要性的传统观点的回应。一度在组织经济理论中占优势且广泛流行的观点认为，组织行为是对外部环境的即时和独特适应。决策似乎仅仅取决于限制，因此不用考虑决策过程的任何特征。

本书的回答是决策后果不仅决定于环境，在很大程度上也决定于组织和决策过程。有限理性引入大量不确定性而存在多种平衡；但不管怎样，平衡的时间相对环境变化相当缓慢。外部环境实际上不是外在的而是（部分）由组织及其决策产生的。这些不确定的行为因素使组织决策不可能仅仅根据对"客观"限制的了解做出预计。

我们认为本书的定位恰到好处，它可能有助于我们理解行为的历史和社会背景的重要性。如果行为决定于期望和偏好，那么我们需要知道期望和偏好来自哪里。如果行为决定于使规则适应环境，那么我们需要知道如何确定和解释适应。如果已成事实的历史分支会改变未来历史的分布，那么我们需要知道行为的时机选择。

要回答这类问题，我们必须认识到任何具体组织与历史连接的方式，以及与聚集了目的、信念、技术和人员的大量组织连接的方式。我们必须知道行为生态（包括合作和竞争）如何影响行为假设。我们必须知道组织如何适合资源交流的形式和对其他组织的依赖性。我们必须确定可能普遍一致的组织特征的范围，必须根据准则而不是主观意图做出选择。我们必须关注深思熟虑的行为发生的社会背景。

没有人能够同时研究所有问题。毫无疑问这也是本书的观点。组织的研究分为微观、中观和宏观，相当于个体分析、组织分析和社会分析。本书涉及三个层面的所有，但无疑侧重于研究前两个层面。本书写作的主要目的是探索对组织及其组织中的人的行为的理解，而不是描述组织在其社会系统的特征。因此，本书的写作在极大程度上是为了理解组织如何对（外部）环境变化做出反应。按照该观点，外部环境研究十分重要，但如果不同时考虑决策研究，那么，对外部环境的研究是无法进行的。反之亦然。这是一种适当的分工。

对模型自适应系统的最新研究表明生存没有那么简单。组织的各种过程影响外部世界，正如它受外部世界的影响一样。技术不只是被采用、适合环境，它也在变化。信息接收包括信息发送的反馈。偏好影响世界，世界也影响偏好。彼此间共同进化。我们的世界是依赖路径的世界，细小步骤容易逐步扩大而成为不可改变的或几乎不可改变的事实。进化论、组织学习和人口生态学的最新研究都表明，把内部组织决策过程与其历史和社会背景分开要比我们以前料想的要难得多。

最后，自本书出版以来，组织研究非常强调组织行为的象征性和解释性背景。渗入组织生活的解释性语言在社会上传播其意义是起作用的。在理性思想主导的社会中，决策（部分）是确认和交流思想的庄严的仪式。组织收集信息并进行分析，因为那是真正的组织和真正的决策者要做的。在不同时期和不同社会里，决策者们曾求神问卜，祈求神示。随着思想意识和世界观的改变，组织也在改变。反之亦然。

组织是在被社会认可的象征性背景下组织起来的。当社会引导博物馆把其藏品称为"产品"，以及把赞助人称为"顾客"时，它强加了与那些象征相联系的意义。当社会把高等教育机构称为"社区学院"而不是"专科学校"时，它鼓励身份和目的的转变，而这些细节是难以预期的。当社会认为企业是股东的工具、是货物和服务的制造商和认为是工人的生计来源时，企业会变得不一样。

一些研究组织的当代学者进一步认为组织生存的关键是解释而不是选择。根据该观点，组织是围绕对历史和生存的支持、交流和详尽的解释这些要求而组织起来的，而不是围绕决策组织起来的。决策是解释的主要工具。虽然我们认为解释性方法能使我们深入了解组织，但也不能估计过头，即使事后来看。但我们认为1992年论述组织的书籍比1958年论述组织的书籍，更需要关注组织运行的社会背景，即使重申存在的组织要适应和影响外部的现实世界。

组织的历史、社会和解释性的背景是普遍的和重要的。但是同时，它们可能夸大了创建组织理论结构的难度。所有事物（或多或少）都与其他事物有关联，不可能进行全面研究。组织研究的某些领域仍是可以分解的——我们曾经以为所有目的都是不可分解的。

总结

我们尽力指出了我们现在的部分看法可能与我们在本书正文阐述的看法有所不同的地方。我们认为，这些看法不是根本不同的观点，而是与其一致的，并且大部分已早在书中提出来了。总的看来，对初版无须进一步说明，我们对此是满意的。

回顾过去35年，我们注意到组织研究的范围扩大了，水平也提高了。1958年几乎没有研究组织的专业学术刊物，而现在有几份高水平的刊物了。1958年美国研究组织的学者与其他国家研究组织的学者几乎完全没有联系，而现在相互得益的国际交流极其频繁。1958年组织研究是经济学、心理学和社会学中不重要的领域，而现在组织经济学、组织心理学和组织社会学是其各自学科的主要分支。1958年组织的系统研究是商学院最小的管理系，而现在它是最大的管理系，并是战略、人力资源、工业组织和劳工关系等系的重要部分。

问题不在于组织研究和理论是唯一得到发展的领域，也不在于本书对该学科的发展特别重要。过去35年，组织研究已成为行为与社会科学取得惊人发展的领域。不过，组织研究的部分发展可能来自组织思想的活力和特色，如果本书有助于理解那些思想，我们就心满意足了。

在写作本书时我们想到本书探讨的问题都是棘手的难题，但我们还是完成了。我们希望为今后重要的研究奠定基础。我们认为这个愿望是正当的。我们想过现在我们都退休了，但这种想法是不切实际的，我们还有一些事要做。尽管我们很喜欢我们的同事，对他们充满热情，但我们还是没有做好让他们都开心的准备。

詹姆斯·马奇
赫伯特·西蒙

Organizations
第 1 章

组织行为

本书探讨的是正式组织的理论。列举正式组织的例子比定义"正式组织"这个名词更容易，可能也更有帮助。美国钢铁公司是正式组织，红十字会、街角的杂货店、纽约州公路局也是。当然，后者隶属于纽约州政府这个更大的正式组织。倘没有现在的目的，我们也不需要为精确划定组织的边界或严格区分"组织"和"非组织"而烦恼了。我们在讨论经验现象，但没有哪一种方式能使世界自己适应清晰的分类。

学者们经常认为他们正在研究的课题比世界公认的重要课题还要重要。我们乐观地认为组织理论就是这样的课题。不管从事实际工作的经理和行政人员在思想上对组织多么关注，也不管这些实践者们写了多少论述组织的书，组织理论在现代社会科学中仍处于不重要的地位。大多数普通心理学和社会学的教科书甚至没有以正式组织为标题的专门篇章。《社会心理学手册》(*Handbook of Social Psychology*)（Lindzey，1954）分为小群体、大众媒体、"工业社会心理学"（组织只是一笔带过）、领导和选举行为等章。组织的章节没有论述，只是在书中各处零星提到。

正式组织在现代社会科学文献中处于如此不起眼的地位，其中一个原因可能是它无足轻重。下面我们会解释为什么我们认为这不是一个站得住脚的理由。第二个原因可能是组织几乎没有什么命题能纳入其他社会科学论题之中。本书末尾会给予这个理由更准确的评价，现在暂且不谈。第三个原因可能是人们对此知之甚少。但通过文献回顾，我们会发现这与事实不符。

1.1 组织作为社会机构的重要性

为什么组织重要？肤浅的回答是，组织重要是因为人们在组织中度过大半人生。劳动力——换句话说，大多数成年人口——把睡眠之外的1/3以上的时间用于雇用他们的组织，儿童几乎把同样多的时间用于学校组织。同样，无数其他组织占据了儿童和成年人的大部分闲暇时间，而且大多是自愿的。在我们的社会中，只有学前儿童和无工作的家庭主妇这一大群人的行为是真正的非"组织"行为。

组织的普遍存在并不是关注它们的唯一或主要理由。作为社会科学家我们感兴趣的是解释人类的行为。从社会心理学家的观点来看，我们感兴趣的是哪些环境因素影响个体和个体如何应对这些影响。对大多数人而言，正式组织代表了大部分环境。我们甚至希望组织对人的行为产生更重要的影响，而不是像我们前述那样仅仅是想到察看时间预算。与社会许多其他影响过程相比的组织影响过程的特性，如果要用单一特性来概括我们会说后者的**专一性**与前者的**扩散性**是截然不同的。

具体例子有助于对此充分理解。比如说，可以比较谣言的传播和制造企业顾客订单的传播。谣言的传播是真正的扩散过程。谣传很少通过单一渠道向外界传播，实际上在多数情况下，如果不是从发源地广泛地向外传播的话，谣言会很快消失。另一方面，顾客订单通常是沿特定渠道传播给某个目标，很少例外。我们的意思不是说谣言的传播**没有**选择性，也不是说正式组织沟通的目标**没有**不确定性。实际上两种情况都存在。但这两个例子在传播渠道特性上的差异是显而易见的。

组织沟通不仅在沟通渠道上有明显特性，而且在内容上也是如此。在这方面组织沟通与通过大众传媒传播形成鲜明对照。报纸和无线电广播的受众无须掌握日常的技术词汇，他们对某一主题没有相同的专门知识，也无法预计他们接收大众传媒时的有效方法。至少在理论上，组织沟通的接收者属于另一极端，十分清楚他的特殊能力和特性。这些可以从他过去丰富的经验中获得，也可以从他日常工作环境的具体知识中获得。

当大众传媒对受众施加影响或试图影响时，其信息类型通常是最简单的——"现在就去街角的药店，然后……"——而且其呼吁的诱因是广泛共享的。相反，组织的指示经常包含许多细节，诱因经常是假设的。组织沟通不仅可以详述，而且依靠只有发送者和接收者理解的高度发达和精确的日常技术语言，也可以隐秘。同样，我们的意思不是说差别像黑与白那样截然不同，那显然背离事实，而是说在重要性和意义上存在显著的程度差异。

组织沟通的主要特性可以用略有不同的方式来描述，即用社会学的概念**角色**来描述。与个体担任的许多其他角色相比，组织中的角色描述往往阐述详尽、相对稳定、范围明确，甚至采用书面形式。不仅当事者要清楚自己的角色，组织中需要与其交往的其他人也需详细了解。所以，由组织中每个成员和周围其他人构成的环境往往是高度稳定和可预计的。正是这种可预计性，还有将要讨论的与此相关的组织的结构特点，使组织具有以协调方式应对环境的能力。

组织行为的高度协调可以用组织中的协调和经济市场中的协调的比较来说明。当然，市场经常表现出很高的稳定性和可预计性。卖主可以把他的货物拿到对供给总量和货物交易价格有公平判断的市场，但他不可能事先知道谁是他的货物的买主或确切的价格是多少。组织中发生的交易是事先计划好的和事先协调好的，而且远远多于市场上的交易。汽车发动机的分部清楚地知道生产多少台发动机——不仅因为进行了市场预测，还因为协调好了发动机的生产计划和公司其他部门生产整车的计划。

如果我们不是呆板地理解或过于严肃地理解，那么生物学分析用在这里非常合适。组织是人类相互作用的集合体，而且是社会中最大的集合体。社会有些像中央协调系统。我们假定这些协调系统远远没有发展到高级生物有机体的中央神经系统的程度——组织更像是蚯蚓而不是类人猿。不过，组织内部的结构和协调的特性——组织之间和无组织个体之间的松散与多变的关系形成对比——使得作为社会单元的单个组织的重要性可与个别有机体在生物学中的重要性相比。

1.2 组织理论的文献

在本书，我们采用系统的方式回顾对组织有过研究和著述的某些人的重要思想。我们注意到社会科学家为理解组织付出的努力还远远不够。不过，组织对社会的影响如此广泛以至组织理论的点滴片段和经验数据仍可以从来源获得：（1）许多经理和行政人员在书籍和文章中以传记形式系统地记录了他们的组织经验。（2）科学管理运动影响到了组织理论，几乎任何一本普通的管理学教科书都有一两章专门阐述良好组织的原则。（3）一些社会学家（他们中大多数人受马克斯·韦伯的"官僚"分析的影响）从理论上说明了组织并进行了一些系统观察。（4）社会心理学家对组织行为的两个方面表现出独特兴趣，一是领导和监督，二是士气和雇员态度。最近，他们对沟通类型对组织行为的影响进行了一些研究。（5）政治学家研究了与科学管理人士关注的十分类似的问题——政府组织的有效运行——和确保政府管理外部（民主）控制的问题。（6）经济学家从理论上说明了企业是经济中市场运行和价格分配机制的基本因素。此外，组织因素在计划与自由放任的争论中起重要作用，即使是无系统的作用。

任何把组织零星分散的知识整理成有条理的整体知识的努力都必须解决两个关键问题。第一个问题是流传下来的有影响的组织文献毕竟不多，而且它们是用各种语言重复记载。因此，我们需要一种通用语言的解释。

第二个问题是文献中的假设与证据之间的明显差异。我们对组织的大部分了解和认识来自常识和经理们的实际经验。这类极其丰富的智慧和学问从来没有接受过科学方法的严格检验。文献包含许多假定，且没有确凿的证据——应采用公认的可检验与可重复的科学标准——这些假定是否真能经受事实的检验。

在本书，我们将回顾和考察现有的证据，提供新证据不是我们的目的。但是，我们会在两个方面采取措施对现有组织理论进行经验的检验：我们会陈述一些经得起检验的采用假设形式的理论，特别关注变量的可操作性定义；在多数情况下我们会指出什么类型的检验是相关的和可操作的。

1.3 本书的结构

我们希望材料的编排只表示顺序而不表示组织理论某个理念的褊狭观点。我们尽力在折中主义和褊狭之间开辟一条中间路线。我们会让读者判断获得了多大的成效。

有关组织的命题是对人类行为的陈述，每个命题都有一系列对组织中的人对人的性质的假设的解释。这些假设或是明确的，或是含蓄的。根据假设的基础，有关组织行为的命题可以分为三大类：

1. 命题假设组织成员（特别是雇员）天生是**消极被动**的工具，能够完成工作和接受指示，但不能以任何有意义的方式主动行动和施加影响。

2. 命题假设组织成员的**态度**、**价值观念**和**目标**影响组织；只有受到激励或诱导他们才会参与组织行为系统；他们的个人目标和组织目标并不完全一致；实际的或潜在的目标冲突使权力现象、态度和士气成为解释组织行为的关键因素。

3. 命题假设组织成员是**决策者**和**问题解决者**，感知和思考过程也是解释组织行为的关键。

这三组假设并不矛盾。人完全具有三组假设，或许更多。组织中有关人的行为的理论必须要适当地考虑到人的行为的工具性的方面，考虑到动机和态度，考虑到理性。并不是任何论述组织的著作都始终接受其中的观点。不过，在我们回顾文献时，重点的差异还是十分明显的。由于理论研究需要抽象，组织理论家们把注意力集中到人类有机体的独特方面，好像这对他们的目标有特殊的重要性。因此，在科学管理运动的著作中把雇员当作工具的模型尤为突出。最近几十年，强调态度和动机的第二种模型在官僚政治、人际关系、领导与监督、权力现象的研究中越来越突出。强调组织行为的理性和理智面的第三种模型虽然没有其他两种模型的应用范围广泛，但代表了经济学家和其他学者的对计划过程研究，代表了心理学家对组织沟通和问题解决的研究。

我们将用这三种模型作为命题分类和现有知识整理的主要基础。第2章我们将讨论把雇员当成工具的命题，这就好像他生活在科学管理的文献中一样。接下来的第3章、第4章和第5章，我们将讨论建立在第二种模型上的命题。第6章和第7章主要讨论组织行为的决策和问题解决。

1.4 命题的类型

本书的核心是有关组织的一系列命题。我们尽可能做到用标准形式陈述这些命题——即使偶尔损坏了文体。我们不能使用单一的形式，因为这些命题有几种不同的类型，我们可以举几个例子说明。

1. 用一个变量对一个或多个其他（独立）变量的依赖陈述的命题。这些命题类似于"y 是 x 的函数"的形式，"函数"一词在这里取其数学意义。该命题有两种表达形式：

（1）变量能采取一系列值的命题。例如，"组织的满意度越低，它的搜寻量越大"。这里的因变量是"搜寻量"，自变量是"满意度"；

（2）一个或多个变量是对分、全有和绝无型的，或值不相关联的命题。例如，"在小型组织中，与过程专业化冲突的目的型部门划分会导致严重的无效率"。这里的因变量"效率"是一个序数或基数，但自变量"部门划分类型"是几个不相关联的值中的一个——在本例中是"目的专业化"或"过程专业化"。而在一些变量基本上是对分的命题中，通过陈述次数关系转换成连续变量。例如，"提高贡献与动机的平衡，可以降低个体成员离开组织的倾向"。留在或离开组织是全有或绝无型的选择，但该变量可以用流动率（在某个特定时期离职人员的百分比）来代替。

2. 体现定性叙述的普遍原理的组织命题。例如，"组织的重要活动之一是为需要规范的日常行为制订计划的新活动。"该命题可以通过测量组织中正在编制计划的活动的**数量**来"量化"。除没有量化命题的数据外，初始命题也没有说明两个变量之间的联系。最好把它看作适用于大多数情况下的大多数组织的简单的定性结构陈述，与"人的心脏会周期性收缩"的命题相同。

3. 假设特定组织结构或过程履行特定功能（功能在此处取其生物学或社会学意义——心脏的功能是使血液循环）的命题。例如，"行为的刚性增加了个体行为的防御性。"如果我们知道行为刚性和行为防御程度的测量方法，那么该命题的陈述就含有数学意义上的函数关系。但它还有更多意义，比如行为刚性具有使行为采取防御功能的意思。在这个意义上，功能分析是自我维持系统研究的有效工具。

在陈述第一种类型的命题时，我们会给变量和命题编号。这样，如果命题陈述因变量 3.7 的值随自变量 3.3、3.4、3.6 的值变化，我们就把该命题编

号为 [3.7：3.3，3.4，3.6]。因变量与自变量之间的区别不是随意的，而是对因果箭（Causal arrow）方向的假定。换句话说，每个命题都假定命题的自变量通过一个机制影响因变量。

另外一组前缀为"A"的编号用于第二种命题类型（结构化命题）的变量。社会功能命题及其变量的陈述采用与第一种命题类型形式相同的编号。在这种情况下，功能是因变量，履行功能的机制是自变量。这样，在上述的例子中，"行为的刚性程度"是自变量，"行为的防御程度"是因变量。

1.5 心理学的一些假定

本章的最后一项任务是陈述构成整体分析基础的、关于人这种有机体的一些假定，特别是对中枢神经系统的假定。心理学家们认为这些假定大体与托曼（Tolman）（1932）、托曼和埃贡·布伦斯威克（Egon Brunswick）（1935）的理论一致，与认知理论的最新趋势——例如，布鲁纳（Bruner）及其同事的研究（1956）的一致，也与把人这种有机体看作复杂的信息处理系统的观点一致（Simon，1947，1955，1956；March，1955a；Newell，1955；Newell，Shaw，and Simon，1958）。

有机体的短期间隔行为可归结于两点：其间隔期初的内部状况和其间隔期初的环境。最初的状况和环境这两组因素不仅决定了行为，而且也决定了下个间隔期的内部状况。这是对有机体的常见描述，它规定了秉性因素和后天教育同时发生影响，与对动态系统的一般数学描述也是一致的。

根据描述的期限，有机体的内部状况无疑是其整个前期的函数。人这种有机体的大部分内部状况隐含于我们所谓的记忆中。记忆包括（但不限于）各种不完全的、经修改的过去经验的记录和应对环境刺激的程序。特别的是，人的记忆内容通常被视为能在任何时候分成两部分：一部分对当时的行为施加重大影响，另一部分大大超过前者而对当时的行为施加很小的影响或无影响。我们把在某个时间影响行为的记忆部分称为**诱发集合**，并把任何使某些记忆内容从第二种类型（非诱发）传送到第一种类型的过程称为**诱发过程**。

根据经验，全部记忆内容的变化在我们通常称为**学习**的过程中发生得相对缓慢。诱发集合内容的变化可能发生得非常迅速。在此基础上，在学习与诱发过程之间其他差异的基础上，区分影响理论的两个过程就十分重要了。行为受记忆内容（学习）变化结果的影响，或受当前行为（诱发）的积极决定因素变化的影响。预先假定这两种类型的影响受相同规律支配是没有理由的。

类似差异也存在于在任何既定时期对下个间隔期的行为有重要影响和没有影响的那些环境因素之间。重要影响经常被称为**刺激物**。刺激物通常是环境中快速或突然变化的因素（例如，视野中快速移动的物体）。刺激物与诱发集合之间存在强烈的相互作用。某个既定时期的刺激物是确定哪些集合被诱发或维持的主要决定因素。反之，在任何既定时期集合又是确定哪些环境因素能起刺激作用的主要决定因素。这种联系不存在循环，只是各种动态系统之间常见的相互作用。

把有机体的内部状况分为诱发和非诱发两类，并相应地把环境分为刺激物和"被忽视的"刺激物，这是区分物理和化学等大多数动态系统的基本特性。我们无须证明状况或环境的区分是否和我们划分的一样清晰，但这足够成为人类行为理论的显著特征。此外，如何在内部状况或环境的积极因素和消极因素之间划界限，决定于我们为观察而选择的时间间隔。如果我们选择的时间间隔非常短暂——比如说几分之一秒——那么集合和刺激物的积极因素几乎没有。如果我们选择较长的时间间隔——比如说一星期——那么大部分记忆内容在间隔期的部分时间可能成为心理集合的一部分，许多环境因素相应地成为影响行为的刺激物的一部分。在时间间隔较长的情况下，我们经常用"情境限定"或"参照系"这类词来代替"集合"。这些词的选择在我们看来似乎并没有什么根本性区别，但比严格地根据上下文使用"集合"一词更符合普通用法。

记忆内容可以划分为"积极的"和"消极的"因素，也可以采用其他方式划分。包括：（1）价值观念或目标——决定备选行动中哪个更可取应用的标准；（2）行为与其后果之间的联系——即信念、感知和对由一个行动到另一个行动发生的后果的预期；（3）备选方案——可能的行动。

这些因素之一在被刺激物诱发时，它也可能通过学习过程将许多其他相关联的因素引入诱发集合。因此，如果某项行动的执行使上次某个目标得到实现，那么该目标的诱发作用可能会再次诱发行动。习惯性反应是刺激物与反应之间的连接链被意识所抑制的极端的例子。同样，行动的诱发作用会导致与该行动相关联的后果的诱发作用。

这就是我们用来分析组织行为中人这种有机体的概貌。它是对有机体选择、决策和问题解决的写照。有机体一次只能做一件或少数几件事，只能关注存储在其记忆中和来自环境的少数信息。我们认为人这种有机体的这些特性是组织中人的行为的显著特性的基础。

第 2 章
"古典"组织理论

我们可以把传统组织理论分为两条发展主线。起源于泰勒研究的第一条主线关注的是生产中的基本体力活动,其特点是时间研究和方法研究。以卢瑟·古利克(Luther Gulick)和厄威克(Urwick)的研究为代表的第二条主线更加关注大型组织的工作部门划分与协调问题。在本章我们将阐述这两个理论领域的主要特征和论题。

2.1　泰勒的科学管理

当弗雷德里克·泰勒(Frederick W. Taylor)(1907,1911,1919,1947)调查研究工业组织中人力的有效运用时,他实际上给自己确定了组织理论的总任务——分析人的特性以及由组织建立的社会和任务环境之间的相互作用。但是,泰勒及其科学管理运动的后继者们对行为研究的实际范围要小得多。由于他们的职位和训练等历史机遇,也由于他们面临的是具体的工业问题,泰勒与他的同事主要研究执行例行生产任务时作为机器附属物的人力运用。

在时间和方法研究中,科学管理人士喜欢把人这种有机体的特性描述为完成相对简单任务的相对简单的机器。而目标是在生产过程中以尽可能好的方法利用相当低效的人这种有机体。通过确定详细的行为程序("方法"或一组方法)来达到这个目标。这些行为程序将通用设备(例如人)转变成更有效率的专用设备。

科学管理运动给工人个体从事生产活动的组织引入了相当精确的测量(后面我们会讨论该测量程序)。它提出和部分回答了人类工程学的一些基本问题,促进了对简单体力操作中生理限制的大量研究(Wechsler, 1952),表明准确地列出例行生产任务中的活动是可行的。科学管理在这方面的研究与机械化和自动化更有关联,而不是与组织中人广泛行为的心理面。由于机器在组织中的作用不是关注的焦点,我们不会深入讨论科学管理运动对自动化趋势的意义(Diebold, 1952, esp.pp.31-53)。

让我们回到与组织中人力的利用相关的研究。由于这种方法隐含的人的行为理论主要是心理变量，我们可以参考"生理组织理论"的研究。该理论限定在狭窄的任务范围，强调有限的几个心理变量，我们将依次考虑每种限制。

生理组织理论的任务类型

科学管理人士最关注生产场地或文书部门执行的任务类型。若干重要特征将这些任务与工业组织中其他类型的活动区分开来。首先，这些任务大部分是重复的，因此可以把单个工人的日常活动分为基本相同的循环重复或紧密联系的几大项活动。其次，这些任务不要求承担任务的工人从事复杂的问题解决活动，对于训练有素或经验丰富的工人，每项任务都有标准的操作方法。稍后我们会把这种状况与更为复杂的程序决策进行比较。

由于该理论关注的任务相当例行，因此可以用清晰的行为字眼清楚完整地加以描述，而不用顾及工人的心理过程。例如，我们可以设想以行为术语描述任何有点经验的工人在完成拧紧螺栓的任务时的例行程序。

用清晰的行为动作字眼描述确定价格、设计机器和安排生产日程等活动则是另一回事。虽然人类高级智力的过程理论的最新发展使详细地说明解决问题的具体步骤成为可能，但这种说明与通常的体力任务的描述在形式上是完全不同的（Dinneen，1955；Newell and Simon，1956；Bruner，Goodnow，and Austin，1956）。传统的时间和方法研究避开了问题解决类的任务，因此没有涉及本书主要关注的人的行为面。

我们可以列举劳里（Lowry）、梅纳德（Maynard）和斯特吉默坦（Stegemerten）在《时间和动作研究》（*Time and Motion Study*）（1940，pp.357-426）中谈到的标准工作程式的若干例子来说明时间和方法研究的特点。这些程式适用于安装橱柜的镶板、用车床切削非铁金属和黄铜铸造车间浇铸合金铸件等活动。虽然最后两项活动通常由受过严格训练的工人来操作，并不能代表制造过程中最简单的活动，不过每项活动在完成任务的具体步骤上都可以被高度程序化。例如，车床操作的详细说明由183项具体任务构成，其中前10项任务是：拿起毛坯件并移向机器，将毛坯件放置在夹头上，拧紧车床上18

英寸独立夹头，用管状扳手拧紧夹头，将毛坯件装准在夹头上，从地板上拿起校正杆，拿起平面规，（用平面规）将毛坯件校正在中间，将校正杆放回地板上，将平面规放回原处（p.388）。

当然，即使如此准确的行为描述也不能精确地规定肌肉活动，自然也无法详细地测定。"拿起毛坯件移向机器"的指令可以用许多种方式执行。但是，时间研究人员的目的之一是通过规定任务在很大程度上限制工人的行为选择。详细的职务说明首先达成了这个目的。不论是"用车床切削该零件"的指令，还是183项指令中的任何一项，都不能单独确定一系列的肌肉活动，但每项具体活动的程度都有显著差异。时间标准进一步限制了选择操作方法的自由。"拿起毛坯件移向机器"所允许的0.004 9小时严格限制了工人完成那项活动可选择的方法的数目。

人这种有机体的说明

科学管理理论对人这种有机体的特性的认识是伴随该理论对任务类型的论述产生的。当行为被视作高度规范化的体力活动的结果时，相关特性主要与人这种有机体的神经生理学有关联。我们可以在生产力、速度、耐力和成本的标题下讨论这些特性。

生产力 人这种有机体能达到的生产率是有上限的。生产力的测量仅仅是速度和疲劳各因素的部分概括，但它也能独立对人的特性进行定性描述。如果一项任务需要5只手和12根手指，人就不是适合做这项工作的机器。在这个意义上生产力是人-机系统设计的重要考虑因素。

生产力的概念也构成了科学管理文献中某些动作经济原则的基础。手足同用——消除工作周期部分闲空的手足形式的"闲置"生产能力——经常可以增加生产。

速度 时间研究强调人这种有机体的速度特性——技能水平不同和"努力"程度不同的个体可以很快地完成一项具体任务（例如"拿起毛坯件并移向机器"）。单位时间大量的定量数据被收集和分析，并为复杂的任务设立时间标准。

时间研究的目标从未得到完全实现，它一直在寻找一组"基本"动作和其中每个动作的单位时间,因此更复杂活动的标准时间可以通过把它们分解成基本成分并将这些成分的单位时间加总而被构建。吉尔布雷思(Gilbreth)列举的18类基本动作——基本动作单位——是该领域最广为人知的研究。

遗憾的是,基本动作单位不是均一的,而是极其易变的单位,其操作时间依赖许多伴随条件。此外,复杂任务组成部分之间的相互作用经常是十分重要的,这使得单独完成每个组成部分的时间总和与整个任务所需时间并不相等。

最近几年出现了许多通过汇总单位任务时间设定时间标准的"方法"。这些方法在工业中得到相当广泛的应用,至少看来对相对简单的手工装配任务以及诸如此类的活动是可行的。梅纳德、斯特吉默坦和斯沃伯(Schwab)(1948)记述了一种这类方法,叫方法–时间测量。收集基本动作单位(伸出、移动、转动、抓住、定位、脱离和松开)的时间数据表列出了影响每个基本动作单位标准时间的三四个参数。例如,"伸出"需要的时间决定于手是否过早移动、移动的距离和物体被送到指定位置的准确性等。

现在,工业职务的时间标准通常仍是被直接估测的,只有少数情况是由组成单位的标准时间综合而成的。即使被视为神经生理学的"机器",人这种有机体也远比吉尔布雷思等先驱者在将人的工作分解为基本动作单位时希望和预期的要复杂得多。

时间研究在定义时间标准隐含的技能和努力水平时也遇到了困难。标准时间是否反映"耗费平均技能和平均努力的平均时间"、"最少时间"或"从一群工人中随机挑选出来的工人进行一系列实验得出的平均时间"经常是不清楚的。这些困惑至少部分是由粗略的估测方法造成的。细节观察通常能提供非常明确的说明,但数据分析仅能提供模糊的说明。

例如,"技能"和"努力"的测量可与速度的测量同时进行,而且分析取决于这些估测的精确程度。但考虑到技能和努力的差异,时间读数(Time readings)标准化的技术仍非常粗糙。因此,时间标准往往是以个体样本和完成相同(或几乎相同)任务的读数为基础的简单平均数。此外,估测程序反映了近年来统计取样和估测理论的发展是缓慢的。而包括技术发展在内的缺憾是其他严重错误的来源（Abruzzi，1952）。

耐力 人的"耐力"主要与肌肉疲劳有关。疲劳研究是生理组织理论文献最复杂的部分(Gilbreth and Gilbreth，1919；Hill，1926，1927a，1927b；Muscio，1920；Vernon，1921；Viteles，1932)。该模型由一系列解释非常普通的函数关系的陈述句组成。关于任何单一肌肉组的活动，该模型详细说明如下：

1. 在给定的肌肉组中现时活动率（即生产率）是该肌肉组疲劳的递减函数。

2. 在给定的肌肉组中疲劳是该肌肉组全部过去活动的递增函数。

因此：

3. 在给定的肌肉组中疲劳是该肌肉组过去工作时间的递增函数，是该肌肉组过去休息时间的递减函数。

另外，它通常会详细说明存在"疲劳普遍化"，以致：

4. 在给定的肌肉组中现时疲劳是其他肌肉组全部过去活动的递增函数。

该模型说明了给定肌肉组的工作函数、休息时间类型和其他肌肉组对给定肌肉组的生产率的影响。但是，它没有提供非常详细的信息，因为疲劳程度在很大程度上取决于这几种具体函数的确切特性。例如，实际上所有时间研究的文献都表明，在某些条件下酌增休息时间是有效的。假设要么有关疲劳与活动的函数不起作用，要么有关生产率与疲劳的函数不起作用，因此生产率递减会与工作时间递增一样缓慢，直到达到某个明显下降的关键值。如果这些函数具有不起作用的特性（如部分文献假定的那样），那么对在精疲力竭前提供休息将是有效的。但是，如果这些函数是有不同斜率的连续函数，在同等条件下比起精疲力竭休息可能是最佳的（Gilbreth and Gilbreth，1919，p.40）。比较而言，让我们在这些可能性之间选择的有关疲劳的证据是不完整的和主观的（Ryan，1947）。

文献中提到两个命题。我们通过下述方式考察工作时间与休息时间之间的关系。从任何给定的生产率开始，该生产率随工作时间的递增而递减。要恢复到初始生产率需要一定的休息。因此，我们可以把"恢复时间"看作工作时间的函数。因为对于给定的肌肉组和其他肌肉组恢复时间对工作时间具有积极的促进作用。该命题可以在吉尔布雷思的著作（1919，p.5）中找到。该命题对整体工作时间似乎是不可能的，但它是该理论相当重要的命题。

第二个命题是由疲劳普遍化命题引申出来的。只要所有肌肉组同时休息就能使有机体整体恢复的时间最小化。仅有单一肌肉组"休息"，并不能使它迅速恢复到足以保证它静止的程度，这是文献中的标准观察报告（Mayo，1924；Hersey，1925）。在一块肌肉的活动过程中，所有肌肉都部分地在活动，并得不到有效的休息。

成本 时间与方法研究和两个成本单位相关：时间和金钱。该理论主要涉及时间测量，时间的成本测量和金钱的成本测量之间的关系十分复杂。

首先，这种关系必须与由竞争性劳动力市场决定的工资率一致。工资的经济理论无疑夸大了竞争作为报偿决定因素的重要性，并低估了组织内部过程的重要性。另一方面，市场通常设置了内部安排必须遵守的范围（Bach，1957，pp.580-596）。

其次，工资报偿被认为是用来激励工人尽他的能力（采用生理"机器"的最大能力）生产。但建立在时间研究基础上的刺激性报偿安排的动机假设常常过于简单且完全错误。

关于时间研究工作动机假设的典型陈述，我们可以引述劳里、梅纳德和斯特吉默坦的话——在条件许可的范围内，在健康的和令人愉快的环境中，雇员的主要目标是确保最大化收入与全力工作相等（1940，p.6）。如果严格推敲，该陈述是非常模糊的。如果我们不如此，它几乎只能强调工资报偿和用时间标准测量的生产与效率的直接关联。

这种看法是错误的，原因有几个：首先，时间和方法研究工作是记录问题，与成功地说服工人相信他们的长期利益在于最大化他们的奖励工资完全不是一回事（Viteles，1953，pp.18-61）。其次，现行的集体谈判使奖励计划的作用更复杂了，工会通常对奖励计划的态度表现冷淡。

除工会态度外，有关工人动机的现有证据表明把工资刺激的自然效力作为激励手段也有严重问题。有关证据会在第 3 章详细讨论。一般结论是：

（1）这种工资报偿只是许多报酬制度中的一种（或许是最主要的一种）；（2）工资的效用可能是不连续的——反映"满意"工资观念——因此与工资报偿的关系不可能完全是线性的（甚至无变化的）；（3）这些效用会随时间和抱负的改变而变化，因此工资刺激的作用是不稳定的。

生理组织理论的命题

现在我们考察了科学管理理论主要关注的任务范畴和该理论涉及的神经生理变量。在最后一节，我们会列举该理论命题的一些例子，特别是与疲劳相关的例子。在本节，我们会更广泛地考察在科学管理文献中发现的主要命题。

总的看来，泰勒和其追随者的著作主要是用技术的字眼而不是命题写成的。它表达的是工程师而不是自然科学家的观点，描述的是有效率组织的程序和例行工作的操作方式。泰勒有三条原理性规定：（1）运用时间和方法研究寻找履行职务的"最佳方法"，最佳方法的意思是该方法能达到最大日平均生产率；（2）刺激工人采用最佳方法和最佳节奏履行职务，大体上办法是，如果工人达到生产标准，那么按日发给他一笔奖金；（3）由专家（职能工长）为工人的任务建立各种条件——方法、机器转速和任务安排等。

从这些规定可以看出，泰勒的贡献不是一套有效组织工作的一般原则，而是一系列操作程序。这些程序可用于寻找有效方法并确保其得到应用的各种具体情形。泰勒的时间研究的发明与显微镜的发明（而不是细胞假说）相比更精确。与刺激有关的第二个规定我们简单地讨论过了，第3章还会进一步讨论。有关职能工长的第三个规定实际上属于本章后面部门划分讨论的范围。我们以对泰勒第一个规定的深入研究得出的动作经济的某些一般原理的讨论来结束本节。

在此提到动作经济是因为除疲劳研究外，它是生理组织理论采取命题形式的唯一领域。这些命题主要来自弗兰克·吉尔布雷思和莉莲·吉尔布雷思的研究和著述（1909，1911，1912，1914，1917）。

动作经济原理分为人体运用、工作场地安排和工具与设备设计三组。它们的概括形式多种多样，下面列出具有代表性的22条原理（Barnes, 1949, pp.556-7）：

1. 双手应以同时执行动作开始。

2. 除休息时间外，双手不应同时闲空。

3. 双臂的动作应保持相反和对称方向，且同时进行。

4. 手的运动应限于尽可能令人满意地完成最小类别的任务。

5. 只要可能应尽量利用动量来协助工人，如果必须使用肌肉也应减少到最低限度。

6. 双手平稳连续运动比之字形运动或突然改变方向的直线运动更可取。

7. 弹射运动比受限制的（固定）或"受控制的"运动更快、更流畅和更准确。

8. 律动是平稳和机械地完成操作的核心，只要可能应尽量按流畅自然的节奏安排工作。

9. 所有工具和材料都应放在明确固定的位置。

10. 工具、材料和控制装置应放在靠近操作者前方的位置。

11. 用来分拣材料的箱子和容器应放在靠近使用地点的地方。

12. 只要可能应尽量采用"下落分拣"。

13. 材料和工具的存放位置应有利于动作的连续性。

14. 储备物品的存放条件应适于查看。良好的照明是令人满意的视觉的首要要求。

15. 工作地和椅子的高度应安排得更合适，以便尽可能方便工作时交替站立与坐下。

16. 为每个工人提供的椅子的类型和高度应有利于工人保持良好的姿势。

17. 所有能用更先进的夹具、装置和脚动装置来做的工作都应使双手解放出来。

18. 只要可能应尽量将两个或多个工具结合使用。

19. 只要可能应尽量提前备好工具和材料。

20. 每根手指在做某些具体动作（如打字）时，负荷分布应与手指的内在能力相一致。

21. 把手（如曲柄和大型螺丝刀）的设计应尽可能有利于手掌面与把手

全面接触。

22. 控制杆、闩和手轮应放在操作者身体操作最小的移动范围和手动最方便的位置。

没有必要详细地评论。这些命题的生理学特性十分明显，但其经验的基础和对人的心理机制的理论缺乏详细了解也十分明显。它们的整体风格是工程原理，而不是属于"纯"科学的普遍原理。就其本身而论，毫无疑问一方面要考虑激励，另一方面需要更多的计算它们在任务的这一领域具有重要性。但是，不大范围扩充理论框架该领域是不可能得到有效发展的。

2.2 部门划分理论

虽然部门划分理论可以追溯到亚里士多德的《政治学》（*Politics*）（Book IV，Chap.15），但在此我们以卢瑟·古利克的一篇著名的论文（Gulick and Urwick，1937）来考察当代的部门划分理论。我们给这条发展路线起了个简短的名字，叫"行政管理理论"。除古利克外，该理论的重要代表人物还有霍尔丹（Haldane）(1918)、法约尔（Fayol）(1930)、穆尼（Mooney）、赖利（Reiley）(1939) 和厄威克（Urwick）(1943)。

我们把研究组织的学者们分成"科学管理"（或"生理组织理论"）和我们现在称之为的"行政管理理论"。虽然它们之间有大量联系和重叠，但两个学说体系在概念上是完全不同的。特别是用它们的较为正式的说法，它们专心致志于人类神经生理的一般特性和组织任务的一般类型。但是，正如我们将要指出的，至少在智慧和洞察力方面，行政管理理论往往会把它们的分析运用于他们建立的正式模型范围之外的领域。

既然该理论的正式体系比用非正式的方式思考的领域更有些狭隘，我们就从正式结构开始分析，然后用有广泛影响的评论予以补充。

正式理论关注的一般问题是，在组织的总体目的既定的情况下，我们可以识别出达到目的所需要的单位任务。这些任务通常包括基本的生产活动、服务活动、协调活动、监督活动等。而问题是——把这些任务编成个体的职务，再把职务编成可管理的单位，把这些单位编成更大的单位，最后建立最高部门——用这种方式编组要做到执行所有活动的总成本最小化。在编组过程中，每个部门被明确视作部门的雇员之间分派并执行任务的集合体。要理解正式组织理论，就要认识到把所有的任务看作事先给定是十分重要的。

部门划分的任务分派问题

在许多人中间有效地分配一组既定任务的问题受到数学家和博弈理论家的关注，他们把它看作最优化分配问题。通常他们认为问题的形式与我们要讨论的略有不同。常见的陈述（Kuhn and Tucker，1953，p.5）如下：

> 给定 n 个人和 n 项工作，还有一组实数 a_{ij}，每个实数代表第 i 个人做第 j 项工作的值，怎样分配人与工作能使总值最大？

任务分派问题的强力（Bruteforce）解决法包括测试所有可能的人数与工作的排列。既然可能的排列的数目是 $n!$，如果 n 不是非常小的数，那么这种方法显然行不通。采用某种结果测算，经多次尝试可把计算任务减少到可控范围（Kuhn，1955）。但得到的并不是最优化分配的一般命题，而是结合了现代十进制计算机的运算能力，在个别情况下有可能提供用数字表示的解决方案的计算程序。

特别是，与部门划分理论相关的任务分派问题的形式与以上描述有点儿不同，且很少在文献中提到。我们以 S 代表任意一组活动，以 $t(S)$ 表示测量个人完成这组活动所需时间。以 $(S_1 + S_2)$ 表示这组活动是活动 S_1 和活动 S_2 相加所得。一般说来，完成两组活动所需时间的总和不等于单独完成每组活动所需时间的总和，即：$t(S_1 + S_2) \neq t(S_1) + t(S_2)$。

S 表示的一组活动如果可以由一个人在既定时间内完成，这组活动就是一项任务，即 T（比如说 8 小时）：$t(S) \geq T$。为了确定完成全部活动所需的总人数，我们把它分成子集，每个子集是一项任务。有许多这样的划分，许多任务是不同的，由一种划分到另一种划分。因此，我们把**有效的**划分定义为任务人数——人数和人－时数——最小化。

获得有效划分的困难在于完成一组活动所需时间的非加性。根本原因在于，如在初级工作中应用的那样，大多数活动包含各类初始"设置"成本，这些成本经常可以通过合并共同活动被节省——与由一种活动转换为另一种活动有关的短期成本；与各种形式的培训和信息收集有关的长期成本。由于这两种成本存在许多重要的互补性，不同群组完成任务的经济性会有很大差异（Simon, Smithburg, and Thompson, 1950, pp.137-45）。

在部门划分的文献中，某些命题可以通过与标准命题相同的任务分派问题而被推断，但除有助于陈述的精确性外，这种形式化似乎并没有提出多少新东西。

在一般的金字塔结构的组织里，单一任务必须只包括与单一部门（雇员完成分配任务的部门）有关的活动。此外，如果出于经济原因使用人员，单一任务必须限于仅要求有限技能和程序的活动（例如，文书工作的技能和程序），任务划分必须进一步进行部门划分和流程划分。满足这两种限制的最有效的任务划分无论如何都不可能对所有的任务划分都是最有效的，这种情况很有可能发生。换句话说，把一个部门和另一个部门的速记活动合理地合并为单一任务，它可能更有效；或通过医学和法律分析确定任务所需技能，它也可能有效。但这些限制阻止了此类结合。

在活动总数相对少于不同目的和流程的范围时，把活动结合成任务的限制可能是最重要的，因为它不可能把活动编组为目的和流程都相似的全职任务。因此，在小型组织中，与过程专业化冲突的目的型部门的划分会导致严重的无效率；但在大型组织中，引入过程专业化作为目的型部门划分的再分是有可能的，而且具有重要的互补性。

古利克等人（Gulick & Urwick, 1937）以明白易懂的语言表述了这些命题：

> 首先（主要过程型组织）……通过把大量各类工作（技术相同的）的单个办公室集中在一起，使在各种情况下利用最有效的分工和专业化成为可能。
>
> 其次，除机器和大量生产外，它也使人工利用最大化经济成为

可能。这些经济不是由要完成的大量工作产生，也不是由要完成有相同目的的工作产生，而是由工作中使用相同的机器、相同的技术和相同的动作产生的。（p.23）

……以目的为基础建立的组织存在不能利用现代技术手段和专家的危险，因为……没有足够的技术类工作用来进行有效的再分。（p.22）

设置专业服务如私人秘书或整理文件的人（过程部门）有好处吗？在非常小型的组织里是没有好处的，但在大型组织里就有好处了。在每个秘书不是全职的小型组织里，设中心秘书室比给每人配私人秘书要好。在大型组织里，情况恰恰相反。（p.20）

对任务分派问题的数学结构的研究表明，除在非数学文献中发现的有关命题（方才谈过）外，得出放之四海而皆准的普遍原理的希望是渺茫的。任务分配的有效程度是以活动的相似性为基础的。这些活动在任务执行中具有重要的互补性。这就是我们通常所说的"过程"相似性。

一般说来，该理论的主要局限性在于无法识别过程的相似性，除非通过与其有联系的互补性。因此，像"由于低工作量，过程的组织是有效的"之类的命题大半是赘述的。最好的是它们能指导我们搜寻作为编组基础的活动的互补性。

除这点外，任务分派问题的解决需要现有的具体经验的互补性知识——例如，人的技能和机器生产能力的结构——但显然的是对组织结构建议的讨论总是模糊的。

归纳：协调问题

不夸张地说，任务分派问题的特殊性质，也是古典组织理论部门划分所有形式化问题的一个特殊性质，就是协调问题被排除。由于要完成的所有活动是事先确定的，一旦这些活动分配到组织单位和个体，那么由这些正式理论造成的组织问题就要被解决了。

当然，组织理论的作家们知道协调是非常重要的问题。我们的观点简单说就是，这个问题的正式模型并不存在，而且正式模型严重偏离了以常识方式假定存在的组织。正如常见的情况那样，常识似乎更多的是与现实世界的现象有关而不是建模型。为了填补正式理论与智慧之间的空白，我们需要一个框架，以识别要完成的一组不是事先给定的活动。除采用最普遍的方法外，组织非常重要的过程之一是该组活动的精心计划，和在哪些具体时间和地点完成哪些具体活动的决定。

我们分两步介绍这个普遍原理，而其中的第一步会在本章考察。第一个普遍原理是组织的活动可能属于明确的、高度例行的类型，但任何具体活动执行的时机可能决定于环境刺激物——诸如"命令"、"信息"等。这样，摩托车是采用非常例行的方式在生产线上生产的，但仍有各种各样的偶然事件要解决，如车型、颜色和发动机类型。

将在第6章和第7章详述的第二个普遍原理认为，活动的应急程序经常不是事先给定的。事实上，组织的重要活动之一是为日复一日不间断地进行常规化所需的新活动制定程序。

让我们回到普遍原理的第一步。组织的行为不是事先决定的，因为没有一劳永逸的详细的行动计划和日程安排。即使被高度常规化了，程序也具有战略属性而不是不能变动的程序。执行具体活动是对一种或另一种信号和刺激的反应。此外，特定活动的恰当性在很大程度上始终决定于执行的时间。为了工厂生产特定产品或许会给出详细说明的标准工作说明单，但只有在生产指令被接受，且只有在指令被列入生产日程，该工作说明单才会成为人（和机器）的行为程序。

我们可以根据随时要执行的活动类型以静态方式描述这类常规化的组织，但这与描述带有时间标注的一组实际活动是完全不同的。除了任务分派的问题外，还要提出组织问题，这是因为活动是附有条件的，不是事先确定的。为方便起见，我们给出下述说明而不做更详细的解释：

（1）活动发生时间视组织外部事件和组织内部事件而定；

（2）特定活动的恰当性视组织各个不同部门要执行的其他活动而定；

（3）作为对一项特定功能或目标的反应，精心计划的活动对其他功能或目标会有影响。

就我们所知，考虑到活动偶然性的部门划分的正式模型还没有人建立。让我们概略地说明这个模型的特征是什么，然后回到与这个模型有关的组织的常识命题上来。

在修正的部门划分的模型里，各种活动列表（即全套的职务说明、常规、标准产品计划、标准操作程序等）和详细说明要执行的每种活动的大量条件陈述都是事先给定的。

如果所有活动条件不一定来自外部环境，那么我们会以新方式重新谈论任务分派的问题。既然是这样，具体活动就不会被分派到有前提承担的执行责任的部门。任务描述要么根据这些条件的陈述，要么根据活动分配实际发生的可能性。在不超过一天工作的任务分派中，条件成为在任何既定时期预期要求的平均时间或顶多不超过一天的工作。平均工作量或最大工作量的概念再次使每组可能活动的时间功能和任务分派的解决方法得到确定。

如果某些活动是以其他活动为前提的，情况会变得更复杂。为了解决这种复杂情况，我们必须引入使沟通容易和准确的决定因素作为变量（例如，沟通在专业小组容易，在跨专业小组难；在正式等级体系内沟通容易，在不同等级体系间沟通难，等等）。沟通的容易和准确可能决定于动机和认知的因素。

为相互独立的有前提条件的活动安排信号系统是协调的问题。有一个简单的例子，如果雇用由人事部门来做，那么该部门必须知道何时有空缺、空缺职位需要何种类型的技能。雇用活动会相应变化。（当然，如果活动列表足够详尽，"何种类型"可转变为"何时"。）

在根据该模型比较两种组织计划——两种任务分配——时，关键变量之一是几个组织单位的**自给**程度（Simon, Smithburg, and Thompson, 1950, pp.266-7）。单位要自给到完成其活动的条件与其他组织单位完成其活动的条件是独立的程度。如果存在与协调有关的时间成本，那么这些成本必须与完全缺乏过程专业化相关的时间成本进行权衡。这个命题经常在古典文献里提及，正如古利克（Gulick and Urwick, 1937）在以下这段话里陈述的那样：

（目的型组织）有三个好处：首先，它确实能在一个影响整个工作的总监领导下完成任何既定目的和计划。它可以对完成工作所需的所有专家、专业行政部门和服务部门进行即时控制，没有人能干涉。它无须等待别人，不用为得到他们的帮助与合作而谈判，也不用为化解冲突而向总经理求助。它能够把所有精力放在工作上。（p.22）

这些是以过程为基础的组织的主要优点。当然，也有抵消优点的难题……（p.24）

最后，有效协调的必要性在大大提高。目的型部门划分必须协调以便它们能并肩工作而不发生冲突。但它们能否做到，在于个体的主要目的最大限度地实现和任何失败的服务对其服务的影响。过程型部门划分必须协调，这不仅是为防止冲突也为确保积极的协调。它们携手工作，同时还必须安排工作时间以便相互配合，这是目的型部门划分中最不重要的因素。一个过程上的失败会影响到整个企业，协调一个过程分部的失败可能会破坏之前的所有工作。（p.24）

组织变量自给的重要性在伊利·德文思（Ely Devons）（1950）论述的有关英国战时管理的文章和马斯查克（Marschak）、拉德内（Radner）（1954）和马斯查克（Marschak）（1955）的论最优群体决策的正式模型中得到证实。

本节和前一节提出的部门划分问题集中在两个变量上：自给（或协调要求）和技能专业化。其中心命题是部门划分的形式根据这些结果之一是有利的，而根据其他结果则经常代价很高——通过专业化，过程型部门划分通常比目的型部门划分能获得经济上更大的潜在优势；目的型部门划分要比过程型部门划分能带来更大的自给和更低的协调成本。随着组织规模扩大，过程型组织从第一项来源获得的边际优势会减少，而协调成本会增加。因此，随着组织规模扩大，净效率的权衡会从过程型组织转向目的型组织。

综上所述，我们复述了我们在本节讨论过的内容和前一节没考虑到的程序设计的动态性——发展新的活动和以前没有的活动程序的过程。包括这些因素在内的更一般化的模型使我们几乎超越了古典组织理论的局限性，至少是在理论的正式化方面。

行政管理理论如何看待组织成员

在结束对古典理论的讨论之前，我们希望对该理论对组织成员的看待方式发表些意见。首先，总体倾向把雇员视作完成分配任务的无生命工具。其次，总体倾向是把人视作系统中的既定因素而不是可变因素。

尽管有些文献例外，但组织结构的主要理论大多忽视了与个体行为，特别是和动机基础有关的因素。因此，对生理组织理论的许多观察资料也可以应用在这里。

把组织中的个人作用当成初始条件而不是变量的倾向也掩盖了组织行为的某些重要方面。这种对人员一成不变的假设可能会影响到任务分派问题的处理。我们可以把完成特定活动的个人和机器的生产力[因此是函数$t(S)$]看作决定于雇用什么样的人员、使用什么样的机器和如何培训雇员的变量。这就要提出与个人和机器的执行特性有关的"投资"成本的问题。

2.3 古典管理科学的操作和经验问题

迄今，我们一直把重点放在古典学派阐述的模式上。评论已经提出的主要命题的意义和变量也是必要的。在早期研究中，西蒙（1947，Chap.2）详细讨论了使组织理论命题操作化的若干问题。因此，我们把重点放在似乎能使我们阐明所述问题范围的两个例子上。

组织原则

我们首先考察詹姆斯·穆尼在一篇论文中列举的所谓的"组织原则"。这篇论文被收入古利克与厄威克1937年的文集中。穆尼详细列举了五项原则：垂直协调、水平协调、领导、授权和权威。但是，什么是"原则"显然是不清楚的。其中，它被认为是"基本的"、"非常重要的"、"必然的"和

"普遍的"。在他的阐述中，每项原则基本上用一个词，最多加一个限定词，而采用斜体字印刷是其显著的特征。

穆尼从来没有搞清楚他的"原则"是行动建议还是定义。或许最宽泛的解释是，原则是（凭经验）观察到的组织现象或事件状况。但是，以穆尼的观点来看，确定一些由组织解释的独立规范是有必要的，因此原则不仅仅是组织定义的一部分。由于缺乏一致性，穆尼的文章和其他的类似文章往往是经验主义的和空洞的。

部门划分的理论

我们的第二个例子较不明显，因此会引发更多令人关注的问题。在古利克的部门划分理论中，自变量是组织的群体工作模式。古利克（Gulick and Urwick, 1937）提出了该变量的下述标准，即群体工作的备选方案分为：按目的、按过程、按客户、按地点和按时间。大多数工商管理著作都使用类似的分类标准，但用产品取代目的。

由古利克的理论提出的观察问题是：我们如何确定哪些部门划分的基础描述了特定组织的特性？为了简化对问题的思考，我们只考虑正式组织的层次，并假设命令统一，任何一个雇员只属于一个部门。

在一组假设下，该问题并不难。假设我们给定完整的组织任务清单和表示个体任务与组织目的关系的手段－目的图。那么，如果各个部门与手段－目的图中各子图相符合，我们把该组织称为"目的型"组织。为了区分"过程"、"客户"、"地点"和"时间"等部门划分，我们必须确定这些变量的相似性。地点和时间相对简单，或许还有客户。过程的相似性体现在使用的技术、知识、信息和设备等方面的相似性。因此，根据过程对活动的分类，我们需要与"相似性"相关的一系列命题。

如果我们事先没有给定手段－目的层次图，那么确定什么是部门划分基础的问题事实上变得更困难了。在这种情况下，在区别目的专业化和过程专业化之前，我们必须首先构思这张图。此外，除非这张图的构思是如此独特或真实，否则部门划分形式必是不明确的。在什么意义上一组现有任务的手段-目的图是独特的？

逻辑意义 分析一组活动的手段-目的关系只有一种逻辑一致的方法是有可能的。遗憾的是，情况并非完全如此。一般说来，手段是实现目标的一系列充足但不必要的活动。因此，对于发现独特的手段-目的图，事先的逻辑分析是不充分的。

物质意义 世界可能是这样构成的，即事实上（没有逻辑上的必要性）只有少数方法能达到任何具体目标。这对某些目标似乎是正确的，但不是全部。至少我们可以得到些许安慰，即世界上的手段-目的关系并不像它们看起来那样复杂和盘根错节。

社会心理意义 即使客观的任务环境不会把独特的手段-目的层级强加于活动，但可能对某些社会环境中人的创造能力的限制会产生近似的结果。换句话说，在面临达到同一目标有多种方法的任务时，某些文化的成员可能只想到全部可能方法中的一种——那种文化既有的具体方法。如果现成的方法能在文化中找到——因此多数任务可以通过这些方法的结合使用来完成——那么，那些已知文化事实的发现会成为建立手段-目的图的起点。发现以经验为依据的手段-目的图可能只需要问一些像"你为什么……"和"你如何……"之类不太复杂的问题或可能的行为观察。

我们的观点不仅仅是，在具体情形下并不琐碎的事情决定的手段-目的图，重要的是甚至没有多少古典文献提出过这个问题，没有多少文献认为解决方法与命题的经验检验同样必不可少。因此，命题没有接受过检验就毫不奇怪了。

理论的经验检验

古典管理科学受到的最大批评或许是它不能用证据对照检验理论。这部分是因为上面提到的操作困难的缘故。接受检验往往会使理论土崩瓦解。但是，这不能完全归因于经验研究的疏忽。由于研究人员总是来自同一地区，我们必须分担因为经验证据不足而受到责备的责任。这些经验证据是我们观察管理理论家"实际"建议的环境得到的。我们认为，事实是清楚的，而且读到本书后面几章的"主要问题"时会变得更清楚。

2.4 结论

对生理组织理论和古典管理科学的这些简要考察主要是指出这些理论的重大局限性以及对这些理论的经验和形式的广泛需要，并不是要指出其应用的任何细节。至于对生理组织的经验需要，对人的简单肌肉运动的限制更有用的描述可能会通过人在体力劳动时的疲劳、协调和速度的实验室研究得出。生理组织的最大需要是根据文献中提及的假设或经验法则估计关键性功能的形式。

至于古典管理科学，使关键变量的定义具有可操作性和对那些具有操作性的命题提供经验证明似乎尤为重要。

关于局限性，我们提到了五点：（1）以这些理论为根据的动机假设是不完整的因而也是不准确的；（2）在解释组织行为的局限性时不重视组织内部利益冲突的作用；（3）没有考虑人作为复杂的信息处理系统的局限性受到的约束；（4）没有考虑认知在任务识别与分配和决策中的作用；（5）不重视程序设计现象。

近几年古典方法与科学管理的这些局限性都已发展成为理论和研究体系。接下来几章，我们会考察组织中人类动机、利益冲突、认知和计算能力限制的现有知识。在讨论过程中，我们希望弄清楚为什么我们认为古典组织理论只是组织行为整体理论的一小部分。

Organizations

第 3 章

动机限制：组织内部决策

在第2章，我们知道传统组织理论将人这个有机体看作简单的机器。在该模型中，领导者在实现组织目标上只受这些简单"机器"的生产力、速度、耐力和成本所施加的限制的制约。传统理论要解决的问题和提出的解决方法都集中在这些限制上。

传统理论的假设明确而绝对，大量是对组织中个体的环境、环境对个体的影响和个体对环境的反应的严格假设。环境被视作明确的刺激物或刺激物系统。每个这样的刺激物（例如行政命令）诱发个体产生明确的和可预计的心理定势。被刺激物诱发的定势包括产生特定行为反应的程序——对刺激物"相宜的"反应。因此，在任何组织中都有一整套反应程序，每个这样的程序都有独特的刺激或次要刺激，并且在刺激物出现时，它会导致那种反应，而且只会导致那种反应。

在本章，我们把组织当作由机器组成的，而这会产生未预料到的后果。这并不表明"古典"理论完全错误或毫无可取之处。它仅表明在我们尝试明确说明的具体环境下，把组织当作简单的机器对待会产生古典理论未预料到的结果。

3.1　影响过程

我们对这些新现象和背离古典理论的预计基本上是源于组织影响过程的简单模型。我们从简要陈述预计采用的影响理论开始（March, 1955a; Simon, 1955）。和第1章一样，我们会谈到影响个体的"刺激物"，谈到由刺激物诱发的心理"定势"或"参考系"，以及对结果的"反应"和"行为"。

刺激物会产生未预料到的结果，可能是因为它诱发的定势**超过**预期，也可能是因为诱发的定势**不同于**预期。在极端情况下，被诱发的定势甚至可能不包括对刺激物想要的反应，但这种情况或许罕见。更普遍的问题是有机体有一个与任何既定的诱发因素相联系的广泛网络。单独的一次刺激会诱发许多可能的反应，许多预期的后果和许多这些后果产生的态度、偏好与评估。

第二个困难是刺激物自身可能包括了组织的等级制并不想要的因素。对刺激情形有反应的参与者可能看到无意设置的次要刺激。例如，他可能会对命令下达的音调和内容都有反应。在这种情况发生时，受刺激情形诱发的定势会大于和不同于预期，反应也就出乎意外了。

第三个困难是假设个体会把要做出反应的刺激物误认为其他刺激物——因为他无法区分它们——或误认为根本不能反应，因为刺激物完全不能为他确定环境界限。在这种情况下，再加上缺乏经验或训练，受刺激物诱发的定势实际上会比希望的小。

这些"病状"过程——未预料到的联系的诱发、未预料到的刺激物的提供和刺激物无法诱发预期的定势——构成我们会在本章讨论的现象的基础。因此，要讨论的问题部分源于并恶化于组织的等级制在控制其行为时对"机器"模型的使用。我们特别关注这些未预料到的后果如何限制组织高层管理目标的适应性。这种关注将引导我们考察大型官僚组织的监管控制、士气问题和士气与生产率之间的联系。我们会发现至少在这些领域存在——为了检验以简单"机器"模型对待雇员产生未预料到的后果的假设——一些经验资料。

3.2 官僚理论

按照时间和知识界的公认，现代"官僚"的研究始自韦伯（Weber）（1946、1947）。但是，从某种意义上说，韦伯更应归入上一章而不是本章。他对组织研究的主要兴趣似乎在以下四个方面：

1. 识别他称为"官僚"的本质特征。
2. 描述其成长及成长的原因。
3. 摆脱随之而来的社会变革。
4. 发现实现了官僚目标（主要是政治权力目标）的官僚组织的后果。

有利的姓氏使韦伯把自己与本节提到的其他作家区分开来。韦伯希望证明对复杂的现代问题，官僚组织能提供多大程度上的合理解释。具体说，他希望证明官僚组织克服个体的决策或"计算"限制以及组织替代形式（即通过专业化、劳动分工等）采用的方式。

因此，韦伯与厄威克、古利克等人的共同点似乎比自认为是韦伯继承者的人还要多。当然，韦伯以独特方式超越了"机器"模型。他特别分析了行政人员与其办公室之间联系的细节。但是，韦伯大体上把官僚机构看作运用具体技能的适应性手段，对人这个有机体的特性他并不特别关注。

但是，当我们从韦伯回到近来的研究官僚的学者们时，我们发现他们更关注组织成员的"未预料到的"反应（Merton，1936；Gouldner，1957）。我们不否认韦伯的官僚机构比其他替代组织形式更有效率（就正式组织的目标而言）的基本命题，默顿（Merton）（1940）、塞尔兹尼克（Selznick）（1949）和古德尔纳（Gouldner）（1954）的研究和分析表明了官僚组织的重要的机能障碍后果。另外——就古德尔纳来说明确，而对其他两位作者来说含蓄——他们假设把个人当作机器对待的非预期后果实际上鼓励了"机器"模型的继续使用。

三位作者的理论体系的一般结构惊人地相似。他们把某些组织形式或为了控制组织成员的行为而设计的组织程序作为基本自变量。这些程序主要建立在我们称为人的行为的"机器"模型的基础上。这些程序证明不仅有组织领导者预料到的后果，也有其他未预料到的后果。而这些后果反过来又强化了使用控制手段的倾向。该系统如图3-1所述。

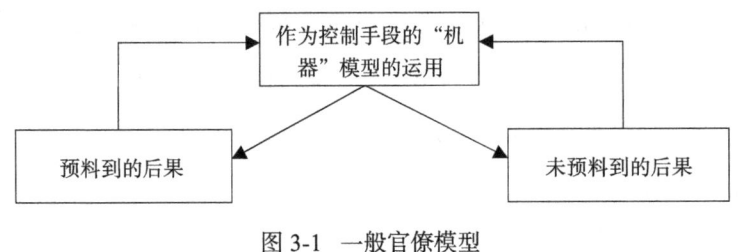

图 3-1 一般官僚模型

本节考察的几个体系都假设是一套不同的变量和理论关系。但是，它们的结构大体相似表明这些对"官僚"的研究属于同一个理论体系。

默顿模型

默顿（1940）关心的是机能障碍组织的学习——组织成员在导致组织未预料到的和非想要的后果的情形中得出对类似情境适当的反应。默顿假定组织个体成员人格的变化源于组织结构因素。人格在这里是指特定刺激物和对其特有反应的任何可靠的联系。术语"人格"是与不会迅速或轻易改变的反应模式连在一起的。

默顿的命题体系以高层制定的组织**控制需要**（3.1）开始。该需要在组织中采取更加**强调行为可靠性**（3.2）的形式 [3.2:3.1]⊖。从高层的观点来看，这体现了对行为负责任和可预计的需要。确保技术的可靠性在这里依靠被称为人的行为的"机器"模型。标准操作程序的制定和控制主要在于检查，以确保这些程序切实得到执行。

强调行为的可靠性和已用技术会产生三个后果：

1. **个人关系**的数量减少（3.3）[3.3:3.2]。官僚是职务或角色之间的一组关系。行政人员对组织中其他成员的反应一点不像独特的个体，而像是有特定权利和责任的职位代表。组织内部竞争有严格明确的范围，评价和提升相对来说并不决定于个体的成就（如靠年资提升）。

2. 参与者使**组织规则内在化**（3.4）增加 [3.4:3.2]。起初是为实现组织目标设置的规则具有独立于组织目标以外的积极价值。但是，区别两种被称为"目标置换"的现象十分重要。一方面，既定的刺激物诱发被认为导致更有利形势的行为。在一系列这类刺激物中，可接受的替代物的重复选择引起偏好的极大改变，由偏好的最终形势转变为偏好的工具性行为。另一方面，对希望的替代物的选择并非显示了当初预期的有利的新后果。因此，工具性行为会积极评价后果，即使没有当初预期的后果。在目前情形下发挥作用的正是后一种现象（第二种强化）：通过参与有组织的激励行为，组织定势产生个人或从属单位的新后果。

3. **决策技术分类**（3.5）的运用增多 [3.5:3.2]。当然，在任何情况下分类都是思考的基本部分。与此有关的特征是限制采用相对少数的类别和采用形式上最适合的类别，而不是搜寻可能会应用并从中选择的类别的趋势。分类在决策中应用的增加减少了**搜寻备选方案的数量**（3.6）[3.6:3.5]。

将个人关系的减少、规则日益内在化和搜寻备选方案的减少三者结合，

⊖ 参见本书第 1 章用于命题的编码系统的例子。

这使组织成员的行为高度可预计，即它们增加了参与者的**行为的刚性**（3.7）[3.7:3.3，3.4，3.6]。同时，个人关系的减少（特别是对内部竞争而言）促进了团结精神的发展，即提高了**群体成员共享目标的认知程度**（3.8）[3.8:3.3]。这种对目的、利益和身份的共有感增强了**组织成员彼此保护以抵御外来压力的倾向**（3.9）[3.9:3.8]。而这反过来又强化了刚性行为的倾向 [3.7:3.9]。

行为的刚性会产生三个主要后果：首先，它大大满足了对可靠性的初始需要 [3.2:3.7]。因此，它也满足了该体系重要的维持需要。这种深层需要可通过强化前述的小集团的识别得到满足 [3.2:3.8]。其次，它提高了**个体行为的防御**（3.10）[3.10:3.7]。严格地应用于无须考虑个人特征的个别情况的简单分类，只在组织的较高层次上能够遇到挑战。最后，行为的刚性增加了组织的**麻烦顾客**（3.11）的数量 [3.11:3.7]，而且实现顾客的满意变得复杂化——本是非常普遍的组织目标。由于组织的下级人员**使用权力计策的程度**（3.12）提高——一种得到小集团防御鼓励的程序 [3.12:3.9]，麻烦顾客进一步增加了 [3.11:3.12]。

像预期的那样，由于先前概述的技术，该体系的部分维持对维持这些技术产生持续的压力。这就解释了为什么组织在面对顾客满意时会继续采用相同的技术更加困难的原因。为什么组织成员不能随机应变？答案是必须扩展默顿的明确陈述，在体系中增加至少一个、可能两个反馈循环。（这并不足以说明这种行为成为了"人格"的一部分。人们必须解释这种明显的不适应学习为什么会发生。）

上述刚性行为的第二个主要后果是对区别强化行为可靠性的重要性的遏制 [3.2:3.10]。另外，顾客满意本身可能会强化刚性。一方面，等级制组织底层的顾客压力往往会提高**个体行为防御的感知需要**（3.13）[3.13:3.11]。另一方面，等级制组织的高层顾客要求的矫正行动可能被误导。一旦到了顾客把自己看作受歧视的受害者的地步（美国文化中更容易与"公平待遇"联系在一起的重要感知），顾客的建议或行政人员对顾客抱怨的建议可能会加强对行为可靠性的强调。把"服务"和"公正"的冲突当作公共组织的目标似乎是大量公共官僚文献的理由。

我们认为默顿的模型是一组相当复杂的大量相关变量之间的关系。图 3-2 是为说明该模型的主要特征而设计的简化模型。

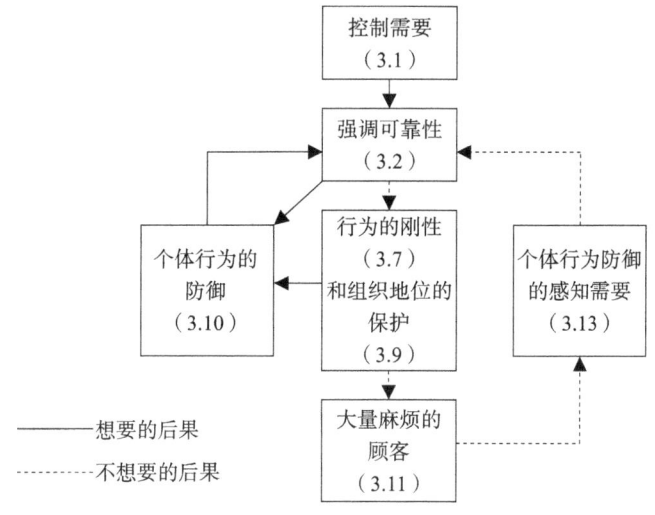

图 3-2　简化的默顿模型

塞尔兹尼克模型

默顿强调对控制需要的反应的规则，塞尔兹尼克（1949）则强调授权。但是，像默顿一样，塞尔兹尼克希望证明控制技术（即授权）的运用如何导致一系列未预料到的后果。此外，像默顿一样，塞尔兹尼克证明这些后果如何源于保持高度相互联系的人际关系的体系问题。

塞尔兹尼克的模型是从高层的控制需要开始的。该需要增强了**授权**（3.14）[3.14:3.1]。

但是，授权有几种即时的后果。首先，它增加了**专业能力的训练量**（3.15）[3.15:3.14]。注意力限制在相对少数问题上会增加在这些有限领域的经验，并改进雇员处理这些问题的能力。由于该机制的运行，授权往往会缩**小组织目标与目标实现之间的差距**（3.16）[3.16:3.15]，因此刺激更多授权 [3.14:3.16]。但是，授权同时也导致了部门划分和组织从属单位之间**利益分歧**（3.17）的增加 [3.17:3.14]。从属单位的维持需要强制规定，对从属单位目标的承诺要高于对整体组织计划的贡献。许多个体需要依赖于持续成功，甚至从属单位的扩张。如前例所述，根据组织目标评价的初始活动被看作从属单位新的重要分支。

被授权（预期的）专业训练也会引起利益分歧。因此，训练导致竞争加剧和**人员变动的成本**（3.18）增加 [3.18:3.15]，这反过来导致从属单位的目标进一步分化 [3.17:3.18]。

组织内部分歧会导致**组织从属单位之间冲突**（3.19）的增加 [3.19:3.17]。因此，组织内部的**决策内容**（3.20）越来越取决于内部战略的考虑，特别是，如果**参与者的组织目标**没有**内在化**（3.21）[3.20:3.19, 3.21]。因此，组织目标和目标实现之间的差异增加了 [3.16:3.20]，而且导致授权增加 [3.14:3.16]。（组织内部冲突的一般主题会在第 5 章讨论。）

在塞尔兹尼克的体系中，对日常决策的这种影响被两个其他机制所强调。内部控制斗争不仅直接影响决策内容，也引起**从属单位意识形态的形成**（3.22）[3.22:3.19]。为了使其需要合法化，每个从属单位都以使其政策适合组织的官方信条来寻求成功。这种战术增加了从属单位内部**参与者子目标的内在化**（3.23）[3.23:3.22]。

同时，日常决策的反馈强化了子目标的内在化。制定日常决策的必要性创造了一系列惯例。决策主要取决于组织提供的操作标准，而且在这些标准中，从属单位的目标是非常重要的 [3.20:3.23]。惯例往往会成为对明确的相关情形的习惯性反应，并因而强化子目标的内在化 [3.23:3.20]。显然，子目标的内在化部分取决于**组织目标的操作性**（3.24）。对于目标的操作性，我们是指观察和测试目标如何实现的可能程度。组织目标的操作性的变化影响日常决策内容 [3.20:3.24]，并因而影响到从属单位目标内在化的程度。

显而易见，授权对组织目标的实现既有机能的后果也有机能障碍的后果。它既促进目标的实现又促进目标的偏离。令人惊奇的是，该理论假定增加和减少的目标实现都会导致授权增加。为什么没有发生正常学习？答案似乎是，在目标未实现时，授权是——在"机器"模型框架内——正确的反应，而且该模型并未考虑完全授权的替代物。另一方面，该模型至少明确提供了两块"挡板"以限制机能障碍机制的运行。图 3-3 勾画了塞尔兹尼克模型的框架。如图 3-3 所示，有两个（不完全独立）变量被视为独立但对组织控制有潜在责任，其中每个变量都有抑制日常决策摆脱控制的特征。通过适当地改变组织目标的实施程度或改变参与者组织目标的内在化程度，授权的某些机能障碍影响可以减少。（当然，忽略了这些程序对从属单位的维持问题和对大型组织后果的可能影响，而这些是目前我们尚未准备解决的问题。）

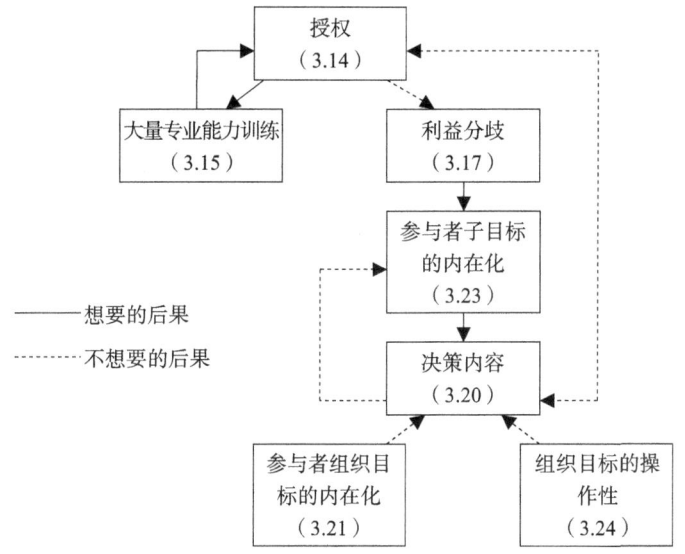

图 3-3　简化的塞尔兹尼克模型

古尔德纳模型

在变量和关系的数目方面，在本节考察的三个模型中古尔德纳模型（1954）是最简单，但它展示了前两个体系的主要特征。像默顿一样，古尔德纳感兴趣的是维持组织结构的官僚规则的后果。像塞尔兹尼克和默顿一样，古尔德纳试图证明通过对子系统的事后反馈，为维持子系统的平衡而设计的控制技术如何扰乱更大系统的平衡。

在古尔德纳的模型中，为工作程序制订的**一般的和非个人的规则的运用**（3.25）是对来自高层控制需要的部分反应 [3.25:3.1]。这些规则的一个后果是减少群体内部**权力关系的可见性**（3.26）[3.26:3.25]。工作群体内部的权力差异的可见性与**平等规范的遵守程度**（3.27）的相互作用影响了**监管作用的**

合法性（3.28）[3.28:3.26，3.27]。这反过来影响工作群体中**人际关系的紧张程度**（3.29）[3.29:3.28]。在主张人人平等的美国文化中，减少权力的可见性增加了监管职位的合法化，并因此减少了群体内部的紧张。

古尔德纳认为规则制定的这些预期后果确实存在，普遍原理的建立大大促进了操作单位的工作群体的继续生存，因而强化了这些规则的运用 [3.25:3.29]。

但同时，工作规则同时为组织成员提供了超过组织权威人物打算提供的次要刺激。特别是对明显不能接受的行为，它们增加了**最低可接受行为的知识**（3.30）[3.30:3.25]。与最低程度的内在化的组织目标相结合，许可行为的最低程度明显增加了差异性，这种差异是指将行为抑制到了最低程度的组织目标和目标实现之间的差异 [3.16:3.21，3.30]。

最低程度的执行被上级认为是失败。简言之，规则的内部稳定效果与规则在组织中产生的不平衡相适应。对不平衡的反应增强了对工作群体**监督的严密性**（3.31）[3.31:3.16]。这种反应是以人的行为的"机器"模型为基础的，执行不力表明对"机器"运行需要更具体地检查和控制。

但是，严密监督反过来增加了组织内部权力关系的可见性 [3.26:3.31]，提高了工作群体内的紧张程度，因此打乱了原来基于规则制定的平衡。该模型的大致轮廓如图 3-4 所示。

古尔德纳的模型有几个未解释的疑问。特别是，主管对执行不力的反应为什么是加强监督？合理的解释似乎是，做出这样的反应是受角色认知和该体系第三平衡过程——主管的个人需要——的影响。因此，监督的强度是主管**独裁**的函数（3.32），是**监督角色感知惩罚**（3.33）的函数 [3.31:3.32，3.33]。

同塞尔兹尼克模型一样，该体系中"挡板"的存在提出了把它们当作外部变量的问题。平等规范的适当运用，可感知的共同利益和主管的需要会限制该体系机能障碍特征的影响。高层管理不能运用这类控制技术表明该体系可能还不完全明确。

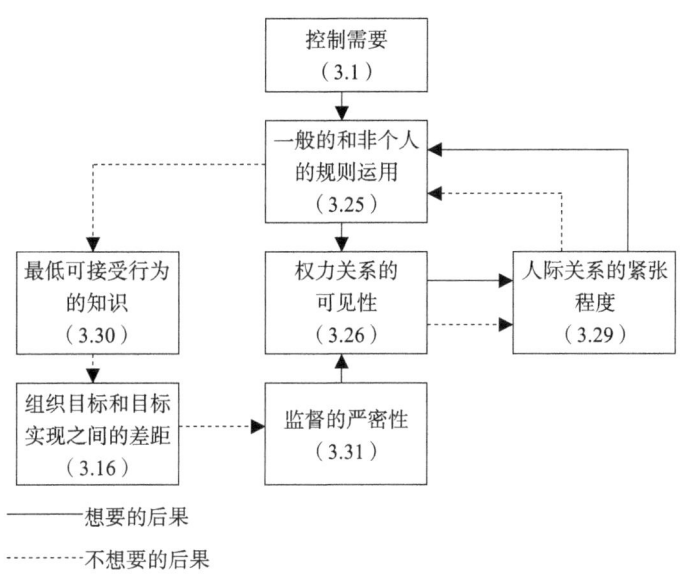

图 3-4 简化的古尔德纳模型

证明问题

我们概述了官僚行为的三种主要"模型"。假设在多大程度得到经验上的证明呢？塞尔兹尼克和古尔德纳都把他们的命题建立在对单一组织现场广泛观察的基础上。默顿依据的资料有点不明确，但似乎是从一系列广为接受的组织行为特性的描述中提炼出来的。

这些证据提出了两个重要问题。第一个问题是，现场研究在证明组织行为假设中起什么作用？现场环境不能满足以标准统计推理技术为基础的许多重要的假设要求。第二个问题明显与第一个有关，作为证据的单个案例的地位是什么？例如，该领域棘手的复杂问题之一是决定实例的范围大小。

三位作者提出的某些命题至少会在后面的不同地方被再次检验。与雇员满意有关的严密监督的假设会在本章后面讨论，与组织冲突有关的假设则放到第 5 章。如我们所说，这里讨论的某些命题证据会超出单一研究的领域。这些证据不确凿也不完整，但总的看来往往与默顿、塞尔兹尼克和古尔德纳所用的一般模型一致。除了下面的话我们没什么要说的了。

官僚模型的暗示

其他十分类似的模型可以加进来检验。本迪克斯（Bendix）(1947)讨论过组织内部技术合理性的限制条件，并分析了在作为控制系统的间谍组织中使用的有迷惑力的难题。杜宾（Dubin）(1949)描述过与默顿的十分相似的模型。布劳（Blau）(1955)考察过在工作群体的压力下相对低层的操作程序发生的改变。

在我们描述的"官僚"文献的三种情况的实例（和其他提到过的例子）中，根据先前概述的影响模型预计的三种方法都出现了难题。诱发联结的精心设计、非预期次要刺激的存在和组织的机能障碍学习似乎解释了与这些理论论述的大部分未预料到的后果。

在大型组织中人的行为分析的许多关键问题源自整个组织结构内部子系统的运作。对本节分析的工作群体的社会学研究强调的是个体需要，主要工作群体和组织的互相作用、影响的方式。现在我们转向研究士气和生产率，我们会发现对工作的心理学研究同样强调互相作用，可能更强调个体人格需要和组织需要之间的关系。

3.3 满意与生产率

组织行为没有哪个方面实际上不受士气、生产率和人员流动支配的。组织行为对操作者日复一日的操作显然十分重要。当然，如果我们接受经济学家对管理人的特性描述，生产率就是第二个重要的成功标准（排在利润之后）。同时，与作为组织特性的生产率等成就变量有关联的命题是组织研究的基本因素。

"传统"生产率方法隐含的个体行为模型认为只有强迫执行才能产生明显的机器类似物（Taylor, 1911）。要有效地组织就要明确人这个有机体的生理能力并为充分利用这种能力的活动设计程序。最近，研究组织环境中个体行为的学者们在组织行为模型中引入了一系列概念，如士气、满意和凝聚力。证明这些变量直接与生产率必然联系的尝试没能揭示出任何一致的、简单的联系（Viteles，1953；Brayfield and Crockett，1955）。士气高涨不是高生产率的充要条件，也不必然带来比士气低落更高的生产率。研究工业动机的理论家们有点不情愿地承认在影响人的行为的因素中，满意的重要性通常比不上可感知的现有替代物与将来状况之间的联系。

因此，用人这个有机体的机器模型刺激生产会发生未预料到的重要后果这一点已经变得越来越清楚了。建立在士气和满意等概念基础上的简单理论是根本行不通的，这也是清楚的。在本章余下部分我们会尝试解释为什么会存在这种状况，并分析如何运用现有研究资料概括更为完善的理论。我们首先概述个体满意与个体生产率之间的联系，然后考察决定个体生产动机的重要因素。

本章和下一章会讨论两种雇员决策类型的主要差异。第一种是参与还是离开组织的决定。第二种是接受还是拒绝按组织要求的生产率生产的决定。生产决策与参与决策完全不同，因为它诱发了显著差异的定势（A-3.1）。至少士气和满意文献中的某些困惑源于不能对人员流动和生产率进行区分。

考虑下述一般模型：

1. 有机体的**满意**（3.34）越低，对会采用的备选程序的**搜寻**（3.35）越多 [3.35:3.34]。

2. 搜寻越多，**奖励的期望值**（3.36）越高 [3.36:3.35]。

3. 奖励的期望值越高，**满意度**越高 [3.34:3.36]。

4. 奖励的期望值越高，有机体的**抱负水平**（3.37）越高 [3.37:3.36]。

5. 抱负水平越高，满意度越低 [3.34:3.37]。

该体系如图 3-5 所示。我们增加几个新假设，可以把该模型转化为简单的数学等式。一个可能的转化如下所示：

设 $S=$ 满意，$A=$ 抱负水平，$L=$ 搜寻率，$R=$ 奖励期望值。下列等式与用文字表示的那组命题是一致的。

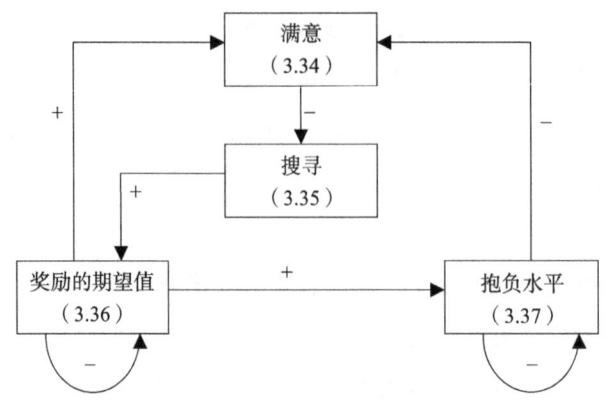

图 3-5 适应性动机行为的一般模型

（1） $dA/dt = \alpha(R-A+a)$，其中 $a > 0$，$\alpha > 0$.

这个等式说明命题 4，并进而主张导致平衡的动态过程。因为 a 是正数，平衡时抱负水平会超过奖励。

（2） $S = R-A$.

这个等式说明命题 3 和命题 5。

（3） $L = \beta(\overline{S} - S)$，其中 $\overline{S} > 0$，$\beta > 0$.

这个等式说明命题 1，它也假设"渴望的"满意度达到 $\overline{S}$，提高满意的搜寻会终止。

（4） $dR/dt = \gamma(L-b-cR)$，其中 $\gamma > 0$，$b \geq 0$，$c > 0$.

这个等式说明命题 2，它假设一定的搜寻量（$b+cR$）正好是维持目前奖励水平 R 所需要的。

这组等式完整确定了它所描述的动态系统的行为。该系统具有稳定的平衡。

即使不用数学语言表述，我们也可以用该模型阐明本章和本书其余各章中我们感兴趣的关系。但是，在阐述之前必须附加某些限定条件。

显然，具体的搜寻行为取决于对部分环境的有机体是良性和搜寻通常是合理有效这一事实的基本信任。根据我们用文字表述的假设 2，事实上我们是在说这种要求被满足了。只有当机体把环境看作有利时假设 1 才成立。如果环境被看作有害的和 / 或无益的，那么搜寻行为不会必定跟随满意度下降。

因此，敌对行为、冷漠和倒退当然就成了对不满和挫折的可见反应（Maier，1949）。这些"神经质的"反应不在该模型之列。

同样，如果搜寻无效，那么假设2也不成立。无效搜寻——循环、墨守成规等——是问题解决的重要方面但不被包括在这个模型中。最后，我们还需要一组假设来处理从"正常"到"神经质"的反应，从有效到无效搜寻的转换。尽管在官僚模型中已经考虑到了某些特殊的"异常"情形，但在这两个问题上我们目前仍将它们限定在"正常"情形。

由这个有适应性的、激发行为的简单模型，我们可以发现满意与个体生产率之间的关系为什么是复杂的。人们不能预计"满意的"老鼠在T迷宫里表现最好。同样，也没有理由认为高满意本身能激发某个个体遵照上级指定的目标。

假设有一个不满的生产工人，我们预计他会搜寻备选行动方案。他可以接受的选择有哪些呢？这种情况下他可能会产生大量选择，动机理论明确说明了各种选择产生的条件。简单起见，我们把注意力集中在三个关键的选择上。

第一个方案，该工人可以离开组织。影响退出组织的决定的某些因素会在第4章讨论。现在只考察当满意较低时这种选择会频繁发生，而接受这种选择的可能性影响了雇员的自愿流动。

第二个方案，该工人可以遵守组织的生产规范。考虑到任何复杂组织的控制系统和组织管理的一般文化氛围（至少在美国），无论如何我们难以想象这种选择的环境不会发生。

第三个方案，该工人可以寻找不需高产量而满意的机会。他可能在组织中"玩弄权术"，也可能要求调到缺乏组织性或次级组织的部门并遵守他们的规范。这些规范可能远远偏离组织的明确规定并且可能公开地限制产量。

下面我们会详细而具体地探讨这些选择和其他选择。我们假定这三种一般选择实际上经常发生，它们至少提供了最接近雇员的决策问题。那么我们认为雇员要么选择离开组织，要么选择留在组织并生产，要么选择留在组织但不生产[A-3.2]。下一章我们考察离开组织的决策，此刻我们把注意力放在留在组织的决策上。两种决策（即生产或不生产）都导致了该工人认为这是其行为后果的奖励。换句话说，考虑到这两种决策，在某些情况下该工人会把积极奖励与他选择的行为联系起来——在其他情况下这种联系会很弱，或者他会把这种行为与他不期望的后果联系起来。

个体经常认为他们得到的奖励和他们的生产率无关，或认为得到的奖励取决于非生产性变量，因此与生产行为无关或负相关。例如，如果工人按小集团的规范要求限制产量并得到小集团的奖励（也没有受到组织的严厉惩罚），这会鼓励他限制产量。

由此我们可以得出结论，高满意本身并不是特别管用的高产量预测器，也不是促进生产的原因。生产的动机源自目前的或预期的不满状态，源自对个体生产和新的满意状态之间的直接关联的感知。

在此，我们尚未考虑高满意对高产量的促进程度，这种促进程度不是通过满足个体自身，而是通过组织中的其他人。这种关系似乎偶尔隐含在工业关系文献中。但是，如果个体高满意与生产动机没有直接关系，那么也就不足以表明满意度的高低在组织中具有感染性。更确切些，该理论必须明确地说明个体的满意程度为什么和如何影响其他人的生产习惯。

我们对生产率与满意关系中的人际因素研究太少以至不能做出更多的猜测。现在，心理学研究主要指向"生产动机"而不是"生产率"。正如我们将看到的，有些重要的社会因素影响前者，除直接影响个体参与者的目标外，现有理论并不关注有组织生产的个人之间的互相作用。

3.4 生产动机

我们对满意与生产率的关系提出的一般模型给出了某些调查研究的关键问题。如果环境奖励在一系列"试验"（即组织个体成员的选择）中相对不变，问题的关键就是选择环境。个体感知的选择是什么？他如何评价那些选择？他预期这些选择会带来什么后果？我们认为影响生产动机的因素——或对组织等级制要求的遵守——与我们提出的影响理论当然是一致的。

该影响模型假定个体可能受以下因素影响：（1）改变与既定形势相联系的**价值观念**；（2）改变行为选择的**可感后果**；（3）改变被**诱发**的一组**形势**（要么由于改变次要刺激，要么由于改变次要刺激与诱发定势之间的联系）[A-3.3]。因此，个体生产动机的经验研究往往会确定与个体目标有关联的因素、与后果期望有关联的因素和与决策时意识到的一组选择有关联的因素。

我们以概述这三种影响模型展开基本命题。

生产动机（3.38）是选择的**诱发定势特性**（3.39）、**诱发选择的可感后果**（3.40）和**个体目标**（3.41）选择评价的函数 [3.38:3.39，3.40，3.41]。

如果接受这个命题作为这个理论的基础，我们必须转而考察每个因素，看看我们能够发现哪些与它们有关联的命题。

选择的诱发定势

选择诱发是下一章讨论参与（或离开）组织的决策的重要主题。不过，现在我们必须简要地讨论一下这个决策。我们特别想知道，在什么情况下个体会产生离开组织的想法？

这个问题在文献中至今还没有得到详细地检验。诱发离开选择的最重要的因素似乎是重要工作选择的客观存在（Behrend，1953）。一般说来，**外部选择的客观获得性**（3.42）越大，这种选择被诱发的可能性越大 [3.39:3.42]。将客观获得性变成感知获得性的机制会在第 4 章深入讨论。

因此，环境对参与者是重要的次要刺激来源，但不是唯一的来源。在决定什么行为选择会被诱发上，参与者至少受四种其他次要刺激的支配。首先，在复杂的组织中（特别是工商企业），参与者对来自正式等级制的次要刺激更愿接受，不仅包括想要的次要刺激——在"控制"规定的范围内——而且包括不想要的次要刺激。其次，次要刺激来自任务本身。再次，许多次要刺激源于正式规定的工作奖励。奖励制度不仅仅影响职务行为，也会诱发各种其他行为选择。在任务简单时这一点尤其重要。最后，个体接受组织中与他有联系的次要刺激。工作群体自身经常会提供行为选择的建议信息，当其他人的不满成为次要刺激时，可能会引起模仿。

监督措施与诱发　下面讨论监督措施对组织个体成员所追求的目标的影

响。与此联系在一起的问题是监督措施和选择的诱发定势之间的关系。文献中探讨最多的监督风格的两个特性在此也会被给予特别关注，即参与决策和监督的严密性。

监督风格可以排列成连续体——在一端，由上级做决定并发布给下级，事先不征求意见；而在另一端，在自由平等讨论的基础上做出决定。事实上，如果个体按人的行为的"机器"模型的假设行事，上级的直接命令会防止其他选择的产生，但是参与会在很大程度上增加诱发。与观察结果相反，这一事实可以用两种不同机制来解释。一方面，决策中存在被广泛遵守的独立的文化规范，至少形式上创造了使他们接受参与决策而不再考虑其他选择的条件；另一方面，在有参与的地方，在组织上层有可能控制（至少部分控制）诱发的环境下，选择是建议性的。"参与管理"可以视作让管理阶层充分参与决策的手段，又是扩大组织基层影响的措施。在这方面，此观点与塞尔兹尼克（1949）探讨的协作现象非常相似。

这两种机制可能是相关联的。当然，许多研究认为，**决策参与感**（3.43）越强，组织中权利差异的可见性越弱 [3.26:3.43]，后者反过来减少组织中不赞成的选择的诱发 [3.39:3.26]。这表明独立规范作为考虑因素的真实性。此外，该学科的许多学者都认为（除非是欺骗）个体对参与目标设定的感知在许多方面与实际参与是相同的。因此，具体决策对个体的实际影响没有对其权势的承认那么大。

同时，第二个机制也貌似有理。参与感越强，**组织**对选择诱发**的控制**（3.44）越强 [3.44:3.43]；因此，组织不期望的选择的诱发越少 [3.39:3.44]。

这些结果可能完全决定于多数研究实施的特定文化类型，但它们似乎已在许多西方国家得到证实（Friedman, 1954; Krulee, 1955; Richmond, 1954）。

从经验观察来看，参与决策与影响选择诱发定势的另一个重要的监督特性有关联，虽然从逻辑上看不严谨。我们可以把严密的和非常具体的监督从一般监督中分离出来（Katz, Maccoby, Gurin, and Floor, 1951; Katz, Maccoby, and Morse, 1950）。如果自我和地位的维持对个体十分重要，那么监督越详尽，非组织特性诱发的选择越多。同时，如果发布给雇员的命令涉及**任务的复杂性**（3.45）和**个体的分析能力**（3.46），那么命令太笼统会导致完成命令的手段模糊和指引错误。因此，监督严密性的影响决定于任务的复杂性。如果要执行的任务与执行任务的个体的能力相比简单，那么监督命令越详尽具体，就越容易诱发与组织不相干的有害的行为选择；如果任务与个体的能力相比非常复杂，那么监督越详尽具体，就会越少诱发这类选择[3.39:3.31，3.45，3.46]。

这个命题至少得到密歇根小组进行的经验研究的部分支持。卡兹（Katz）、麦科拜（Maccoby）和莫尔斯（Morse）（1950）发现，在办公室环境下，与低效率单位的主管相比，高效率单位的主管更愿意给出笼统的而不是详尽的指导。另一方面，卡兹、麦科拜、格林（Gurin）和弗鲁尔（Floor）（1951）在铁路维护部门却没有发现这种关系。他们解释说这与假设是符合的，因为这两种任务的特性和该铁路部门主管的能力有关，他必须运用他的技术知识提供重要帮助（Torrance，1953；Adams，1954；Halpin，1954）。

这就是迄今已发现的与诱发定势有关联的监督措施的主要方式。当然，监督风格的其他重要特性可能被忽略了。

奖励与诱发　即便有，金钱奖励对选择诱发的影响是什么呢？尽管改变奖励的主要影响是改变对后果的估计，但对假定与诱发现象的某些关系还是貌似有理的。我们假设：包括创新在内的选择的诱发定势的可能性是所采用的**奖励计划**（3.47）的函数 [3.39:3.47]。在奖励与创新直接挂钩时最有可能产生创新，其次是全公司采用的奖励制度，再次是与个体生产率挂钩的制度。

个体奖励会促使个体付出更大的努力，因为奖励是与个体活动挂钩的。但除非奖励直接与创新挂钩，否则奖励不能诱发需要较大组织或技术变革的选择（Krulee，1955）。该奖励制度是以注意力为中心的次要刺激，一方面确定了广泛的组织框架，另一方面确定了狭窄的个体框架。

不言而喻，即使这个命题是有根据的，但是在对两种奖励对特定组织生产率的不同影响做出明确预计之前，任务结构特性的某些知识还是需要的。此外，现在该命题还没有有说服力的经验证据。尽管有所保留，但该命题仍不失为既合理又有潜力的重要假设。本书始终认为在组织环境中影响创新行为的因素也是组织理论最重要的因素。我们特别关心组织成员将其注意力从日常事务转向寻找新选择的转换机制。

工作群体与诱发 最后，我们提出一个与工作群体自身内部传播有关联的命题。群体的个体成员互相提供次要刺激（包括标准）。但是，他们也部分地诱发行为选择。一个工人诱发的生产速度规范往往会影响做同样工作的**邻近个体的行为**（3.48）[3.39:3.48]。

这样，人们发现（Wyatt，1934）糖果包装工序的工人会根据邻近工人的速度改变他们的生产速度，至少就某个工人来说，他被调离现场会引起整个小组生产的重大改变（Hewitt and Parfit，1953）。这种结果增加了对诱发现象的信任。在外部次要刺激缺乏的情况下，速度设定是困难的。当几个工人做完全相同的工作时，邻近那个人的速度是最好的次要刺激。

但是，这些结果还是留下一些未解决的问题。如果 A 作为邻近的人是 B 的"环境"，那么 B 同样也是 A 的"环境"。例如，如果一个工人的生产向他自己和邻近工人的有利的中速发展，又如果许多工人是围成圆圈工作，那么小组的总产量与他们的布置无关。在采用其他空间布置或位置不是对称分布的情况下，总产量将决定于个体在布置中位置的分配。但是，长期来看，在这两种情况下，小组成员会趋于同样的产量。由于现有经验资料不能明确区分控制工人布置的长期和短期影响，也还不能确定这个模型是否符合实际关系。特别是，可能还有区分产量高低的其他因素存在——可能包括传播敏感性方面的人格差异。

关于选择的诱发定势的假设如图 3-6 所示。大体上，它们是简单的并且没有得到无可辩驳的证据的支持。但是，本节提出的所有命题实际上还是得到了一些证据的支持，它们至少反映了包括诱发现象在内的工人动机理论的起因。

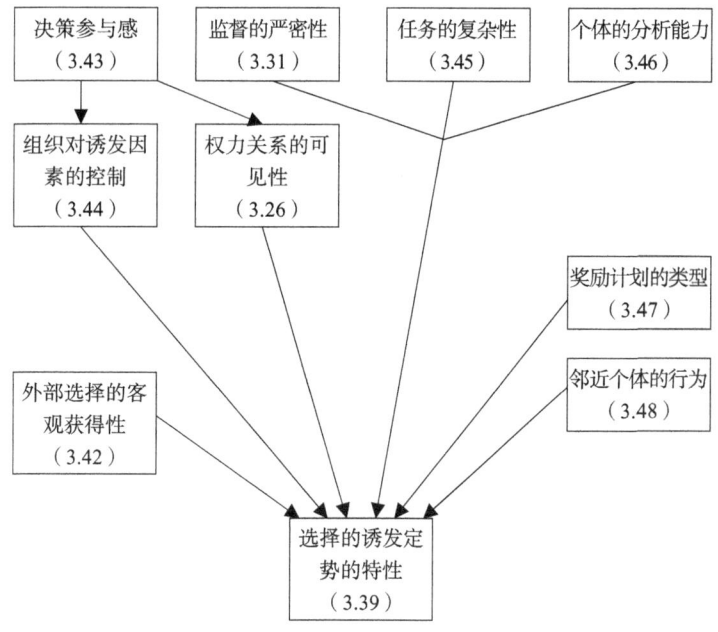

图 3-6 诱发定势的影响因素

诱发选择的可感后果

当一组行为选择被诱发，相关后果和评价也相应被诱发，而可能的选择和可能的后果的联系会随之得到扩展 [A-3.4]。对可感后果的控制是其中关键性的影响之一，个体建立行为后果预期的机制是本节讨论的焦点。

环境因素 我们考察三种建立行为后果预期的主要信息。首先，外部环境状况（特别是潜在选择）十分重要。其次，组织中小集团的压力是影响个体生产后果预期的关键因素。最后，组织制定的奖励制度确定了生产后果选择的重要等级。

至于环境对可感后果的影响，我们可以提出显见但经常被忘记的命题——外部环境已有的**可感参与选择**（3.49）越多，与组织需要一致的变化联系在一起的后果越不重要 [3.40:3.49]。该命题可以解释生产率现象和其他相关命题（Goode and Fowler，1949；Stone，1952a）。例如，总体就业形势与选择的获得性存在明显联系。**失业人数**越多（3.50），参与的可感选择越少

[3.49:3.50]。

个体特性 可感选择的数量是个体特性的函数。由于这些特性会在下一章讨论，我们在此就不细说了。作为具体实例，我们认为减少向其他组织的流动是诸如个体对其他组织的可见性、其他组织对他的可见性、个体寻求外部选择的倾向和个体专业化的程度等因素的函数。

由于外界环境的变化相对其对后果感知的影响缓慢，所以没有受到应有的关注。正如比伦德（Behrend）（1953）所说，在生产力研究中人们容易高估制度因素的作用而忽视外部劳动力市场的影响。我们假设市场条件不但对组织工会（或可能组织工会）的工人是重要的，而且对主管阶层，或许对高层管理人员也是重要的。

群体压力 经常被引用的影响生产率决策的一个因素是小集团和组织外部群体的压力。与行为的"机器"模型假定的有机体不同，雇员从群体其他人而不是从组织的权威人士那里接受物质上和感情上的支持。他们的行为的主要后果被组织内部的小集团或组织外部的群体所控制。例如，雇员的家庭会约束他在组织里的行为（Hoppock，1935）。这些约束的确切性质还要进一步调研，但它们的存在已完全得到证实。同样，小工作群体对个人动机的影响也得到了普遍承认并得到了有说服力的证明。

选择的可感后果（部分）是**群体压力强度**（3.51）和源自组织外部群体的**群体压力方向**（3.52）的函数 [3.40:3.51，3.52]。我们在后面还会谈到影响群体压力方向的因素。现在，我们重点讨论与个人参与者的压力强度联系在一起的因素。

首先，存在认同机制。**群体认同感**（3.53）越强，群体压力的强度越大 [3.51:3.53]。

其次，即使没有实际的认同，群体压力的强度也会随着群体**意见一致性**（3.54）的增加而增加 [3.51:3.54]。意见一致性的增加减少了个体接受和与群体方向冲突的可能性。

最后，群体压力的强度会随着**群体对环境控制范围**（3.55）的扩大而增加 [3.51:3.55]。能控制个体大部分环境的群体比只能控制小部分环境的群体能对个体施加更大压力。

影响群体认同的因素会在后面（第 58 ~ 64 页）讨论。至于群体意见的一致性，我们可以列举两个影响一致性的主要机制。群体成员之间的交流往往会产生一致意见。**群体内部的相互作用**（3.56）越多，群体内部的意见一致性越强 [3.54:3.56]。同时，群体内部交流的作用是群体成员认为留在群体的需要程度的函数。因此，**群体的凝聚力**（3.57）越强，群体意见的一致性越强 [3.54:3.57]。

影响意见一致性这个变量的子系统与费斯廷格（Festinger）、谢克特（Schachter）、巴克（Back）(1950) 和霍曼斯（Homans）(1950) 的小集团行为的模型（Simon，1952a；Simon and Guetzkow，1955a，1955b）有密切关联。我们可以就这个子系统具体说明两个重要的新命题。首先，群体的相互作用随群体凝聚力的增强而增加 [3.56:3.57]。其次，群体意见一致性的增加导致群体凝聚力的增加 [3.57:3.54]。换句话说，不仅群体认同影响认同群体的个体的目标，而且群体其他人认同也影响群体对个体压力的强度。

虽然我们缺乏对群体对环境的控制程度的影响的研究，但可以提出两个至少合理的命题。群体在社会中的地位是不同的，从几乎没有权力和威望到既有权力又有威望。任何给定群体对环境的控制决定于**群体间**对控制的**竞争数量**（3.58）。群体间的竞争越少，某个群体对环境施加的控制越大 [3.55:3.58]。家庭与婴儿的权力地位，往往会在很大程度上是决定于增加群体压力强度的机制。

群体凝聚力与群体施加控制的范围也有明确关联 [3.55:3.57]。群体的凝聚力越强，群体成员越愿意将群体要求强加于个体。群体凝聚力会限制群体内竞争，否则它会削弱群体对个体成员的控制。

虽然群体一致性压力的效果实际上决定于各种已述变量，但压力的**方向**并不取决于这些变量。我们会在后面讨论影响群体压力方向的重要因素（参见第 70 ~ 73 页）。

组织奖励　环境状况和从属组织与组织外部群体的行动只是部分地受组织控制，但它们对可感后果施加的影响却很大。因此，最近美国研究组织行为的学者们打算把管理奖励计划置于次要的背景地位，以便研究我们讨论过的其他因素。但是，对多数人来说，不把经济刺激放在突出位置的模型是差劲的模型。

由于这些原因，我们在此提出涉及组织奖励的许多命题。特别是，我们关心的是限制产量（或提高产量）的决策导致的预期后果。**组织流动对绩效的相依性**（3.59）越强，对增加产量的可感后果越有利 [3.40:3.59]。提升计划完全由年资决定的组织比把提升与某些产量指标挂钩的组织更缺乏效率（Stone，1952a）。同样，我们预计以生产力作为提升基础的公司比以家族关系、内部政治或校友纽带作为提升基础的公司要更具有生产优势。

尽管提升制度似乎具有上述提到的后果，但它们也有其他后果，特别是在人际关系方面。在某些情况下，这些后果会促进组织目标的实现，但在其他情况下则不会。例如，提升计划对小集团凝聚力的影响是机能的还是机能障碍的取决于小集团对组织目标的贡献。小集团并非始终如一地支持组织。

但是，无论如何对该命题需要谨慎。假设组织建立提升制度，那么提拔取决于产量、质量、管理潜力和守时。对于雇员绩效标准有两个主要特征：首先，这几个因素的权重分配没有详细说明。其次，没有说明这些因素如何测量。因此，该标准几乎没有提供与具体行为有关联的信息，因为没有建立具体行为与"成绩"之间的联系。用于提升决策的**标准的主观作用**（3.60）越多，该提升制度对行为的可感后果的影响越大 [3.40:3.59，3.60]。（K. Davis，1953；Denerley，1953）。

值得注意的是该命题指的是"感知的绩效标准"而不是一般的"具体指定的绩效标准"。既然雇员怀疑和讥讽宣布的绩效标准，那么影响绩效标准主观作用的因素就是未来研究的重要领域。这方面研究的方向将很快会提出来。

提升制度只是组织奖励计划的一种。而在其他奖励计划中最重要的是工资和薪水制度（包括"附加福利"）。我们不讨论业已设计出来的众多工资计划。奖励制度的细节可以在许多标准工具书的任何一本中找到（Britton，1953；Dickinson，1937；Louden，1944；Lytle，1942）。我们的目的是根据与个体雇员对其行为后果的感知有关联的一些简单特征探讨奖励制度的广泛分类。一个主要的选择是不依赖生产率而是按小时、星期或年定时支付的制度。当然也有按个体和／或群体产量付酬的制度。最后，各种类型的制度的组合也很普遍。

金钱奖励与绩效的相依性（3.61）越强，提高产量的决策带来的可感后果越有利[3.40:3.61]。一般说来，采用奖励工资计划比采用简单的小时工资或日工资更能提高产量，而在以前采用奖励制度的地方采用固定计时工资会降低产量（Wyatt，1934；Feldman，1937；Viteles，1953）。通常建立在固定计时工资基础上的雇用合同被看作对执行活动种类而不是对**速度**的控制。

我们还可以假定绩效标准的主观作用越强，金钱奖励制度对行为的可感后果的影响越大[3.40:3.60, 3.61]（Marriot，1951；Byrt，1954）。因此，个体奖励制度比群体制度对个体生产动机的影响更大、更直接。在流动制度的情况下，我们应谨慎地理解该假定，因为群体压力或群体凝聚力要求产生的次影响还没有被完全理解（Learner，1955）。

在这些命题中我们假定参与者有在组织中向上流动和增加金钱奖励的愿望。这个假设大体上是合理的，除非我们承认奖励对不同的人有不同的重要性。我们会在下一节讨论这一点。我们还要指出在典型的商业组织中，与流动制度有关联的雇员和与流动制度毫无关联的雇员之间是不同的。例如，对多数组织中的多数蓝领雇员来说，提升奖励几乎不存在。

标准的作用 在讨论提升制度和工资支付制度的影响时，我们认为绩效标准的主观作用最重要。这个因素的重要性有时被认为是"方向感"的需要，无须具体说明为什么追求此方向而不追求彼方向（Friedman，1954；Krulee，1955）。多数组织参与者可能希望对他们的行为做出成功的评价，因为成功的标准肯定会同时促进学习和满意（Thorndike，1927；Elwell and Grundley，1938；Bilodeau，1954；Payne and Hauty，1955；Viteles，1955）。但生产率标准并没有特别神圣之处，其他标准也可以并且经常用于生产情形。因此，既定精确的绩效标准的有效性取决于促使接受它的机制而不是其他选择（例如，建立在标准基础上的奖励制度）的机制。相反，建立在既定绩效标准基础上的奖励制度的有效性取决于标准是否精确（主观上的）。

许多命题可以或已经提出了影响绩效标准作用的因素。其中首要因素是**工作群体的规模**（3.62）。我们预计奖励计划在小群体比在大群体中更起作用[3.60:3.62]。**活动的程序化程度**（3.63）越高，绩效标准主观作用的可能性越大 [3.60:3.63]。

如果我们加上这个命题，即**组织层次**（3.64）越高，活动的程序化越少[3.63:3.64]，我们可以预计奖励计划在组织基层比在组织高层更起作用。

图 3-7 显示了我们在本节讨论过的关系。就图 3-6 所示的关系图来说，这组命题比第 2 章概括的人的行为理论的那一组命题要复杂。

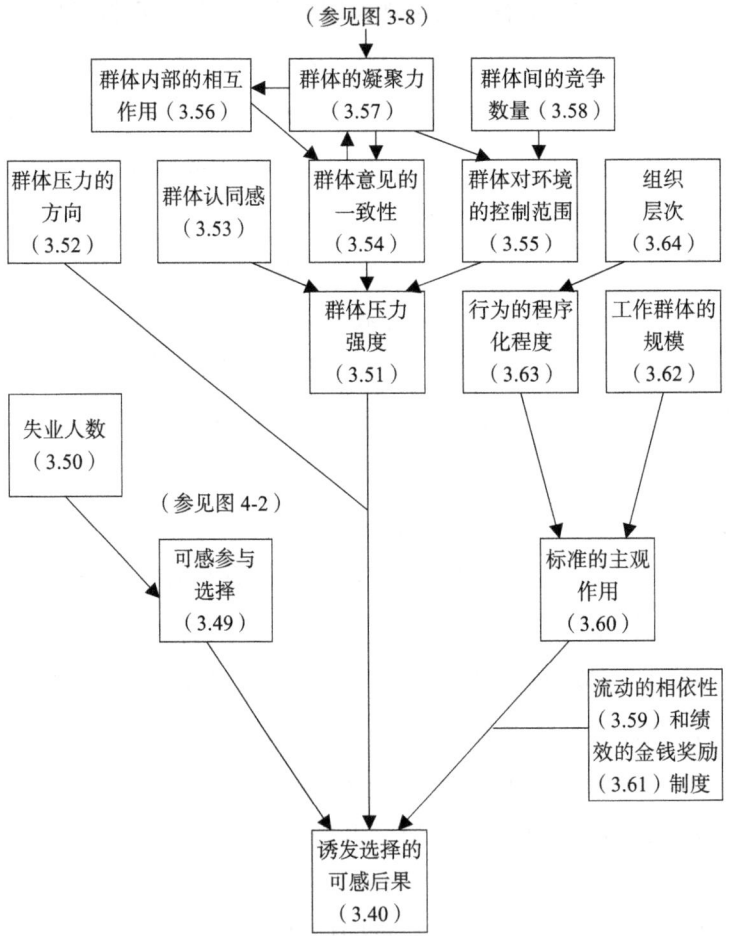

图 3-7 影响诱发选择的可感后果的因素

个体目标

在前两节,讨论被集中在生产环境的认知因素上。本节我们转向个体目标,特别是认同现象。人与机器截然不同,他们用别人的价值观念来评价自己的地位,同时接受别人的目标作为自己的目标。另外,组织的个体成员以偏好优先的结构——就是人格,如果你喜欢这样说——作为他们在组织中决策的基础。因此,个体目标不是组织"既定的",而是随招募过程和组织措施而变化的。

认同有四个最重要的有效目标:(1)组织外部的焦点组织(即外部组织认同);(2)焦点组织自身(组织认同);(3)职务包含的工作行为(任务认同);(4)焦点组织内部的小集团(小集团认同)[A-3.5]。有些我们认为部分属于认知影响的现象至少也可以用认同影响来解释。而且,研究工作动机的学者们通常更偏爱后一种解释。

但是,虽然提出了外部组织认同的命题,我们依然不能得出关于生产动机的结论,除非我们能够识别影响群体目标感知的因素。其中有些因素会在本节后面谈到。

个体对群体的认同越强,他的目标越有可能符合他对群体规范的感知 [3.41:3.53]。该基本命题已得到大量研究成果的充分支持。将注意力转向我们在前面列出的四个选择方向上影响认同强度的因素,我们提出五项基本的假设:

1. **群体的可感声望**(3.65)越高,个体认同它的倾向越明显 [3.53:3.65];反之亦然 [3.65:3.53]。

2. 群体成员**共享可感目标的程度**越大,个体认同群体的倾向越明显 [3.53:3.8];反之亦然 [3.8:3.53]。

3. 个体与群体成员的**相互作用越频繁**,个体认同群体的倾向越明显 [3.53:3.56];反之亦然 [3.56:3.53]。

4. **个体在群体中得到满足的需要数量**(3.66)越多,个体认同群体的倾向越明显 [3.53:3.56];反之亦然 [3.66:3.53]。

5. 群体成员和个体之间的**竞争**(3.67)越少,个体认同群体的倾向越明

显 [3.53:3.67]；反之亦然 [3.67:3.53]。

这些命题和与可感目标共享的相互作用 [3.56:3.8] 的命题、和群体内部需要满足的数量 [3.56:3.66] 有关联的命题，一起构成了提出更多具体命题的基本框架。这个框架如图 3-8 所示。

从上述"反之亦然"的陈述和示意图中可以明显看出反馈环在该体系中的重要性。

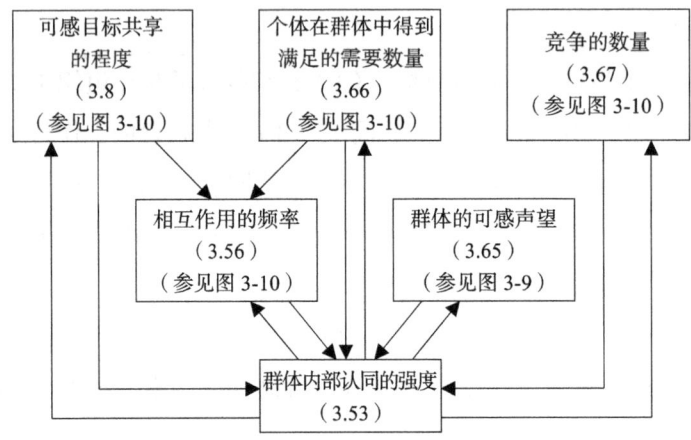

图 3-8 影响群体认同的基本因素

我们没有给出该体系所有可能的反馈环，只是简单地给出了其中几个表示认同现象动态特征的反馈环。相互作用、偏好和感知等这些变量间的广泛的相互影响在人的行为的许多领域已经在不同的严格程度上被探索过了。而其中最值得一提的或许是小群体和投票行为。同样的机制也影响组织动机似乎并不奇怪。

为了方便提出与群体认同相关联的命题，我们把一般陈述与具体的可预计的陈述区分开来。一般命题不依赖特定的群体或群体类型。预计命题指的是具体的经验的情形。这种区别隐含于全书，但在这里它需要清晰，因为不同群体的产量决策是不同的。由于这种不同，最简单的做法是先提出一般的理论命题，然后考察各种具体假设和支持这些假设的证据。

影响群体认同的因素　我们已经具体说明了影响认同和被认同影响的五个变量。现在我们希望描述一些影响这五个变量的重要因素。

首先，影响群体可感声望的因素是什么？一方面，声望随群体的客观地位而变化（即它对其他人的声望）。另一方面，个体如何感知群体声望不仅是别人如何评价他也是别人如何评价个体标准的函数。因此，群体的**可感声望**是**群体的社会地位**（3.68）和**个体声望水平**（3.69）特征的函数 [3.65:3.68, 3.69]。

群体的社会地位是由它在文化中拥有的象征成功的地位所决定的。在此我们不打算列出这些象征的全部，而是强调其中三个重要象征。首先，**群体实现目标越成功**（3.70），该群体的社会地位越高 [3.56:3.70]。其次，群体成员的平均**社会地位**（3.71）越高，该群体的社会地位越高 [3.68:3.71]。最后，**群体的可见性**（3.72）越高，该群体的社会地位越高 [3.68:3.72]。

反过来，可见度是群体特性的结果。这些特性要么使它与其他群体区别开来，要么增加它被关注的可能性。因此，**群体的特性**（3.73）越多（无论是就目标、成员身份而言还是就实际而言），其可见性越高 [3.72:3.73]；**群体的规模**（3.74）越大，其可见性越高 [3.72:3.74]；**群体的成长速度**（3.75）越快，其可见性越高 [3.72:3.75]。

在这些决定个体声望水平的因素中，有两个变量似乎是主要的和重要的。首先，个体的声望水平取决于他曾经和现在所属群体的平均水平。个体的声望水平会接近**群体的水平**（3.76）[3.69:3.76]。其次，声望水平也取决于个人经历。在这种社会比较过程的基础上，我们预计**个体经历的声望水平**（3.77）越高，个体的声望水平越高 [3.69:3.77]。影响群体可感声望的因素如图 3-9 所示。

接下来我们考虑决定个体与群体相互作用的频率的主要因素。其中最重要的因素之一是联系认同与相互作用的反馈。个体对群体的认同越强，相互作用越明显。提高目标共享程度，或增加需要在群体中得到满足的数量，都能增加相互作用。在相互作用的机制中还有其他因素起作用吗？

其中有一个因素是完全公开。**联系公开**（3.78）的程度越高，群体与个体相互作用的频率越高 [3.56:3.78]。

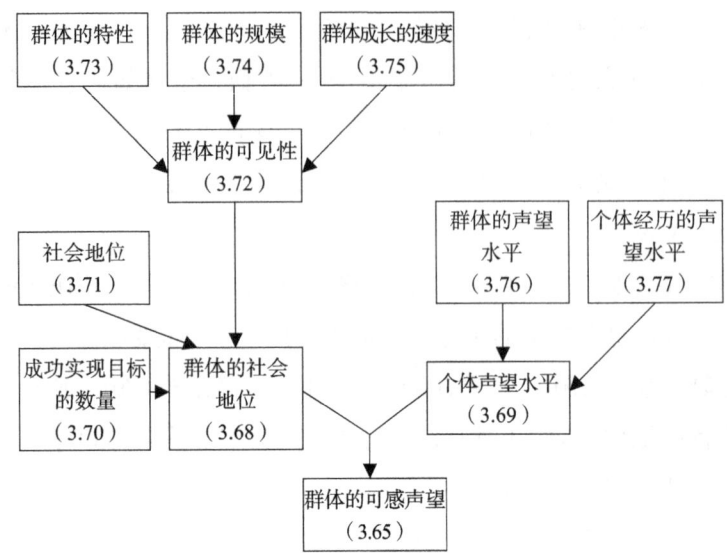

图3-9 影响社会群体可感声望的因素

个体以不同态度对待不同群体。这些态度受他们与群体相互作用频率的影响以至产生偏差。这些态度部分地反映了培育个体成长的文化或次文化的规范。因此，**群体参与者受到的文化压力**（3.79）越大，群体与个体相互作用的频率越高 [3.56:3.79]。这些态度还部分地建立在群体和个体之间由相同的背景、训练和经历等形成的可感相似性的基础上。**背景的同质性**（3.80）越高，相互作用的频率越高 [3.56:3.80]。最后，我们提出一个对相互作用有"巨大"影响的缺规假设。**社区的规模**（3.81）越大，群体与个人相互作用的频率越低 [3.56:3.81]。在此我们用"社区"这样一个不太严谨的词来表示多数个体的需要能够获得满足的或多或少得到自治的社会单位。

我们已经指出了背景的同质性越高，可感目标共享的程度越大 [3.8:3.80]。此外，可感目标共享是**目前**地位相似性的函数。医生们容易团结起来，不仅因为他们都受过特殊训练，还因为作为医生的活动使他们具有相似的社会地位。因此，他们往往会假定这种相似性导致态度的相似性。**目前地位的相似性**（3.82）越高，目标共享的程度越大 [3.8:3.82]。

为了完成对影响群体认同因素的概括，我们强调两个变量，一个变量影响个体需要在群体中得到满足的数量，另一个变量影响群体成员和个体之间的竞争程度。**群体对个体目标实现的允许程度**（3.83）越高，个体的需要在群体中得到满足的越多 [3.66:3.83]。至少在我们的文化中，往往会被认为是群体成员身份的"成本"而不是优势。由于个体需要、一致和独立的关系错综复杂难以理解，我们只陈述非常不充分的假设，即几乎所有个体在大部分时间都发现对他们的个人需要宽容的群体比其他缺乏宽容的群体更有吸引力。

个体奖励的独立性（3.84）越强，群体成员之间的竞争越弱 [3.67:3.84]。反之亦然，实际上个体若处在必须损失别人才能获得的零和博弈中，会加剧竞争和降低认同。

图 3-10 是相互作用的频率、可感目标共享的程度、个体需要在群体中得到满足的数量和个体与群体之间的竞争程度这些影响因素的图示。图 3-8、图 3-9 和图 3-10 共同代表了我们对个体目标通过群体认同发挥作用的变量的一般性概念。现在我们讨论这些因素在各类群体中是如何起作用的。

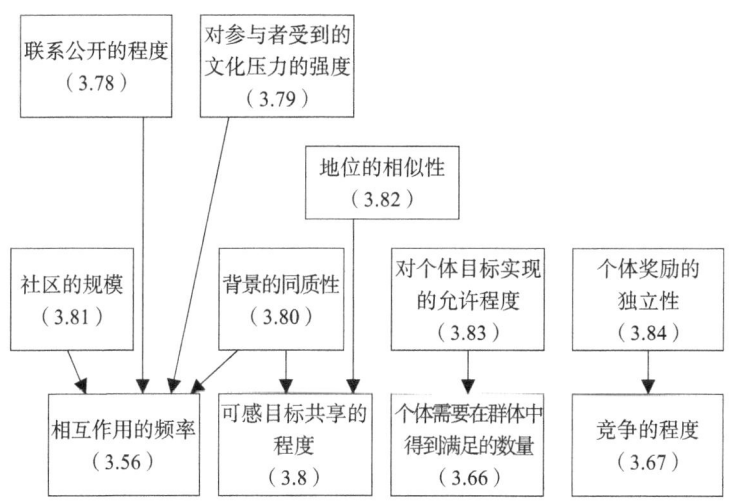

图 3-10 影响相互作用频率、可感目标共享程度、个体
需要在群体中得到满足的数量和竞争程度的因素

对组织外部群体的认同（专业协会、社区群体、家庭和工会）。至于**专业协会**，我们预计个体的工作专业化程度越高，他对专业群体的认同越高。专业化隐含的定义是实现预计的主要变量。专业化意味着具体的、正式的训练和由此产生的同质性背景。它意味着工作行为的正式规章和由此产生的地

位的相似性。工作专业化的程度、技术和绩效标准均是由其他专业成员确定的。既然该群体及其标准在完成专业化工作中是不可缺少的，那么群体对行为的影响就渗透到了工作环境的方方面面。由于需要有像其他专业成员那样的许多特性，那么就存在将这些需要延伸到其他特性的趋向，并要对群体认同（R.C.Davis，1954；Moore and Renck，1955）。

至于**社区群体**，公开的程度似乎对认同更加重要，而公开受居住时间长短等因素的影响。因此，在社区居住的时间越长，个体对社区群体的认同越高（Hoppock，1935）。军队这类组织的显著特征之一是在社区居住时间往往太短，缺少当地社区群体的认同。另一方面，比较而言，像驻外使领馆这类组织经常利用延长假期带来周期性的"重新美国化"，因为他们的任务经常被扩展到外国社区，随之而来的认同是非常机能障碍化的。居住时间越长，非组织的社区联系的广度和频率越大。相互作用导致了认同。

问题分析是我们对这几种现象的综合结果缺乏了解引起的。个体与社区的结合常常受到组织的鼓励，因为它对公共关系有好处且能减少随意的流动性。但同时，与社区结合也能带来可能是机能障碍的非组织认同。

如果我们接受缺规假设，那么我们预计社区越小，社区群体的认同越高。

家庭是组织外部群体的第三种重要形式。家庭经常产生什么工作适合其成员的看法，这些看法影响个体对其工作的定位。同样，家庭对工作表现的看法也是个体表现偏好的重要决定因素。个体的居住流动性越大，对家庭的认同越小。居住的流动性破坏了与大家庭的联系，并往往会限制与已婚家庭频繁的相互作用（Masuoka，1940）。

同样，我们可以在文化差异的基础上做出预计。作为社会基本单位的大家庭利用本源文化越多，个体对家庭的认同越大。因此，例如，我们预计中国家世中的组织成员对家庭的认同通常高于（和广于）土生土长的美国人（Burgess and Locke，1953，pp.35-6）。

作为组织外部群体，**工会**的地位模糊不清。在某些情况下，地方工会实际上是组织的小集团。在其他情况下，地方工会从几个企业组织吸收成员。

而在任何一种情况下，国际工会组织和工会运动都以外部组织中心代表得到认同。个体工人参与工会的活动越多，他对工会的认同越强。当然，这是基本霍曼斯假设（Homans hypothesis）的另一种说法。不管什么原因促使个体加入工会并参加工会的活动，往往会使他更深地融入工会生活。有证据表明多数工会成员加入工会要么有点儿不情愿要么有特殊原因，但参与进来之后，最终他们"深陷其中"（Sayles and Strauss，1953；Rose，1952b）。

工会在与管理阶层的谈判中越成功，个体对工会的认同越强。当然，工会的一般成功与其可感声望有关联。但是，工会的"成功"也与个体成员的变动有关。个体通过工会得到的利益部分取决于个体或其群体在生产过程中的战略地位，也取决于其在工会的权力地位。

我们认为参与促进认同，但是什么促进参与工会呢？首先，参与工会、认同和成功之间存在明显的反馈环。个体工人对工会的认同越强烈，他参与越多，从而感受到的工会的成功越多。而且，当参与和社会或他所属的其他社会群体的规范一致时，他更会参与。男性往往会比女性更多地参加工会活动。来自家庭对工会持赞同态度的个体往往会比其他人更多参加工会活动（Rose，1952b；Sayles and Strauss，1953；Purcell，1953）。

最后，既然工会活动意味着工作群体内部的利益一致，那么参与压力部分取决于那个群体的同质性。相同种族背景的群体比其他群体参与更多，个体密切生活在一起的群体比其他群体参与的更多，个体的工作、工资和地位相似的群体比其他群体参与的更多（Rose，1952b；Sayles and Strauss，1953；Purcell，1953）。

对组织的认同 群体成员往往会认同的第二个重要的群体类型是组织本身。关于组织认同的强度我们有几个重要的预计。

除第一年外，在既定组织服务时间越长，个体对组织的认同越强烈。大多数关于服务时间对认同的影响的研究表明，控制自我选择是困难的。既然我们预计（参见第 4 章）对组织的认同越强烈，自愿离开的倾向越弱，那么根据服务时间长短将参与者样本分类就可以看出，那些时间长的组织成员比其他人对组织的认同更强烈（除那些只参加一个组织的人可能比那些加入时间居中的人有更强烈的认同外）。我们假定除自我选择外，服务时间长短本身也会增强认同。在前面谈机制时曾引用过——个体留在组织的时间越长，与组织发生相互作用越多，他在组织中获得满足的需要越多，因而他对组织也越认同。

组织内部的垂直流动越多，个体对组织的认同越强烈（Stone，1952a）。除下级和上级之间的预期之外，垂直流动的预期也产生相互作用的预期。另一方面，在很少甚至没有跨等级垂直流动的严格的等级制下，有许多真实的高度认同的逸事案例。或许流动与认同关系的一个线索是由文化决定的职业成功的标准。在预期凭能力提升的文化中，不能（或预期不能）在组织里获得更高职业地位的人会认为被上级摈弃。因此，在这种组织环境下个体强调摈弃的影响并往往会避开。在成功标准的不同的文化下，不能实现的流动可能完全不取决于组织的感知接受，因而对认同没有影响。

有些证据表明监督措施影响认同。特别是，主管帮助组织个体成员实现个人目标越多，后者对组织的认同越强烈（Comrey，Pfiffner，and Beem，1952；Katz，Maccoby，Gurin，and Floor，1951）。进一步说，监督越普遍，下级对组织的认同倾向越强烈；参与政策决策越多，下级对组织的认同倾向越强烈；主管越是雇员导向而不是生产导向，下级对组织的认同倾向越强烈。

最后，虽然具体证据很少，但是根据组织吸引个体的因素我们还是提出与组织认同有关的假设。我们证明过，个体在有大量相互作用的组织比在相互作用有限的组织中，更可能认同组织；个体处在接受他的组织中比在拒绝他的组织中，更可能认同组织；个体在允许他满足个人目标的组织中比在他无法满足个人目标的组织中，更可能认同组织。现在我们要证明，个体在他认为声望高的组织比在他认为声望低的组织中，更可能认同组织（Willerman and Swanson，1953）。除了别的以外，认同是获得个人地位的手段。正如我们将在下面提到的，声望可能依附从属单位而不是组织整体，因此应鼓励小集团认同而不是组织认同。但在许多情况下，对组织整体的认同会是一个受广义声望的函数。

组织生产的特色产品越多，组织成员对组织的认同越强烈。组织中高身份职业和/或个体数量越多，个体参与者对组织的认同越强烈。组织越大，个体参与者对组织的认同越强烈。（注：我们详细分析过大型组织起相反作用的其他因素，如相互作用的广度。）组织的成长越快，个体参与者对组织的认同越强烈（Payne，1954）。

除这些因素外，某些个体经历的因素也会影响个人的声望评价。组织的所有声望因素的判断都与针对个人确定的比较标准有关联。来自比其他家庭成员所在组织有更高声望的组织中的个体参与者对组织的认同更强烈。与受过相同教育和拥有相同经历的人相比，属于更高声望组织的个人参与者通常对组织的认同更强烈。其他组织中缺乏经验的个体比经验丰富的个体对组织的认同更强烈。

小集团认同　在我们讨论小集团认同时，我们可以得出许多相同的命题。例如，刚才概述的命题稍加修改就可以用于与组织中小集团声望特征和个体工人对小集团认同倾向有关联的类似命题。此外，组织提供了判断从属单位声望的标准——生产率，并且这个标准也是影响认同的因素。小集团在组织中的生产率越高，个体参与者对小集团的认同越强烈（Katz, Maccoby, Gurin, and Floor, 1951）。小集团认同也取决于相互作用和需要－满足。因此，促进相互作用和个人目标满足的群体比其他群体更有凝聚力。工作群体越小，成员对小集团的认同越强烈（Marriot, 1949; Katz; 1947; Kerr, Koppelmeier, and Sullivan, 1951; Worthy, 1950b; Hewitt and Parfit, 1953）。规模影响明显源自对人际关系闭合的需要，这种人际关系（对多数个体来说）小群体比大群体更容易遇到的。

小集团认同意味着接受并且服从小集团的规范。反之，当环境因素造成难以接受和服从的规范时，认同会受影响。特别是，当外部因素促使工作群体成员之间竞争时，小集团认同会减弱。与奖励制度要么不与个人能力挂钩、要么允许人人得到相同报酬相比，当奖励制度与个体能力挂钩而又人人拿相同奖励时，人们对小集团的认同会减弱。换句话说，非零－和的玩家、群体与外部环境抗争的博弈中的博弈者相比，零－和无伙伴博弈中的博弈者更没有可能建立群体认同（Stone, 1952a; Babchuk and Goode, 1951）。

任务群体认同　任务认同是本节讨论的四种主要认同形式的最后一种。把任务认同看作对执行相同任务的个体等级的认同可能更合适。当然，任务群体可能要么是小集团、要么是组织的外部群体，这取决于任务的性质，但至少在某些情况下任务认同似乎是对独立对待被充分重视的现象的一种保证。

首先，导致对组织外部专业群体认同的所有因素同样适用于任务认同。相关命题这里不再赘述。

其次，工作性质、在组织中服务时间的长短和组织流动性都会影响任务认同。一项具体任务越被看作是训练而不是总装工作，认同越弱。因此，当组织中的基层任务被认为是通往高层职位的垫脚石时得不到认同，但在没有流动预期时却得到认同。结果是，长期做相同工作的人比短期做那项工作的人更可能认同那项工作。如果把任务看作是升职训练和流动预期产生的工作满意，把认同工作看作是职业产生的工作满意，或坚持把任务看作是训练尽管对向上流动不抱期望，那么，与高层工作很少联系在一起的雇员的内在工作满意早晚会在服务中出现，最低满意产生在流动预期破灭但还没有产生任务认同的中间阶段（Morse，1953）。

通过前面讨论过的另一个机制，工作特性主要影响任务认同。通过工作手段，个体需求满足个人需要。当工作特性允许这样的满足时，我们预计会产生强烈的认同。因此，要做出一般性预计，显然人们必须假定既定组织需要共同文化以吸收成员。有些任务特性明显是在暗示导向成功的文化，就像我们的文化那样。因此，既定任务要求的技术技能的水平越高，个体参与者对任务的认同越强烈（R.C. Davis，1954）。既定任务要求的个人决策的自主性越高，对任务的认同越强烈。既定任务如果要求采用许多不同的程序而不是单一程序，那么对任务的认同会越强（Morse，1953）。

群体压力方向　在讨论从属组织与外部组织的认同和对以上后果感知的控制时，我们已经涉及这些群体施加的控制。同时，我们没有提过施加控制的方向。

从属组织或组织外部群体经常会阻碍生产达到管理阶层要求的速度。文献中确实有许多这类案例。但同时，迄今还没有充分的理由从理论上解释为什么非组织群体必然需要与组织目标不一致的方式经营。正如格罗斯（Gross）（1953）指出的，在多变环境下小集团控制支持而不是阻碍制度控制。就某些组织外部群体来说这是显而易见的。例如，专业协会的专业标准的强制执行经常使组织雇用专业技师从事重要职位。通过妻子控制雇员是美国工业公司的常用计策（Dahl and Lindblom，1953，pp.518-19）。至于从属组织群体的情况同样给人留下深刻印象。复杂组织中组织控制系统的问题之一是，抵消或消除小集团组织的机能障碍产生的后果，但又不破坏其执行必要功能的能力。例如，有时组织发现难以强迫基层的领导人服从上级的命令，因为遵照某些最有效的方法会严重损害主管的领导地位（March，1955b）。

在本章我们举出了与生产率预计有明显关联的因素，对组织冲突更全面的讨论推后到第5章。因此，本节的因变量是**群体压力支持组织需要的程度**（3.85）。

我们希望确定由组织和竞争性群体强制执行的**规范的相似程度**（3.86）的变化原因。规范越相似，群体压力对组织需要的支持越大 [3.85:3.86]。在某种程度上，群体与组织之间的规范相似性对组织是"给定的"。有些群体比其他群体更支持组织，而实际上对此缺乏深入研究。同时，群体规范形成的方法影响规范的内容，而那些方法并不需要考虑"给定的"组织。我们可以提出一些影响两种环境类型的命题，然后据此简要陈述具体的经验性预计。

首先，两种机构的**社会地位越相似**（3.87），他们强制执行的规范越相似 [3.86:3.87]。其次，组织的**文化向心性**（3.88）越大，得到相同文化的其他群体承认的规范越相似 [3.86:3.88]。最后，对群体选择的诱发和评估的组织控制越多，组织与群体的规范越相似 [3.86:3.44]。

通过对社会地位、文化向心性和组织对决策的控制的具体预计，我们可以阐述这些机制的作用。

特定工作需要前期的正式教育越多，在工商业组织中来自专业群体的压力支持组织的要求越有可能。该预计建立在这样的分析基础上，即个人接受的教育越多（在某种程度上或许需要研究生教育），他所在的群体声称的规范与企业群体的规范相一致越有可能。在当代美国，受过教育的群体和企业群体通常都是由公认的精英队伍构成的，社会上相似群体的规范都是互相支持的。请注意，我们不是在谈论影响公共政策决策意义上的"权力精英"，而是"社会精英"。因此，该命题即使在美国是正确的，也不意味着在任何地方都是正确的，因为它取决于谁是精英以及社会文化分层是什么。对比之下，在18世纪的英国，因为商人不属于社会精英，受过教育的人和商人的规范是完全不互相支持的。

如果雇员是新教徒而不是天主教教徒或犹太教徒，那么来自组织外部群体的压力更有可能与管理阶层的要求相一致（Dalton，1948；Collins，Dalton，and Roy，1946；Mack，Murphy，and Yellin，1956）。与前一个命题一样，该命题部分出自相同的考虑。一般说来，新教徒比天主教教徒或犹太教徒更可能发现成为社会精英的方式。因此，他们所属的群体的规范更有可能与商人的规范相一致。此外，正如韦伯（Weber）(1930)和托尼（Tawney）(1937)指出的，新教徒的思想意识强烈地支持资本主义制度。

我们认为是宗教群体和专业协会影响组织个体成员的行为，而并不是反过来被个体行为所影响。个体雇员或公司的行为和这些外部群体的联系实际上全部是外部群体影响参与者的"单向"联系，而反向影响链要么不存在要么极不重要以至难以察觉。如果组织不能影响外部群体的态度或组织中具体个体的成员身份，那么它能做的全部工作就是建立选择群体成员的选拔标准以支持规范。

但是，在某些情况下，从属组织和组织外部的群体与组织及其成员构成了内部强烈相互作用的小社会系统。在这种情况下，我们必须考虑双向影响——这些群体对组织的影响和组织对群体的影响。

如果组织的社会测量得到系统的使用而不是被任意决定职位的分派，那么来自非正式工作群体的压力更有可能与管理阶层的要求相一致（Wyatt，1934）。非正式工作群体的组成（和这类群体的规范）部分取决于工作地点的自然布置。自然接近是群体成员身份的重要基础。因此，小集团对个体压力的方向部分取决于个体工作的自然地点。

由成员互相形成的群体压力的平衡取决于这些压力在他们互相强化时的累积影响。一方面，任何个体承受的最终压力对其他规范的未加权平均值可能是完全均衡的。在这种情况下，群体会向均衡规范发展，这也是组织成员最初地位的平均值。另一方面，多数规范可能对少数偏常者或个别规范产生压力，而不是相反的情况。在这种情况下，群体同意向一致发展，与多数人的最初规范相一致。实际情形似乎是这两种情况的结合，并因其他权重因素（如在群体中的资历）而进一步复杂化。

当妻子和家庭成员的社会联系与等级制下的社会地位相抵触时，来自家庭的压力更可能支持管理阶层的态度，而不是这种联系最初发生时的等级制中的"同一社会阶层"。虽然可以唤起家庭道德影响的运用，但这些加强了而不是否定了家庭联系影响个体活动范围的重要程度。当妻子希望与上级的妻子交往时男人清楚地知道打破等级限制交往的后果。在社会衰退中取得商业成功经常是小说和"如何成功"之类书籍的主题。相反现象同样是真实的——在商业衰退中取得社会成功。

居住区群体、俱乐部和类似机构是其他的压力来源。这类压力有些被看作自变量，像专业协会和宗教；有些被看作关系动态系统的一部分，像非正式工作群体和家庭。一般说来，有关这类群体影响的现成证据往往是逸事，我们还不能评价我们的命题的正确性或意义。

我们提起过，影响压力方向的一个因素至少在有些研究中被探索过。除非组织的等级制追求的价值观念和其他参与者追求的价值观念是协调的，否则成员参与的政策与决策越多，来自从属组织非正式工作群体的压力支持管理阶层的要求越有可能（Katz, Maccoby, and Morse, 1950；Katz, Maccoby, Gurin, and Floor, 1951）。从组织的观点来看，参与决策是谋求小集团支持强制地执行组织规范的一种方式。一旦排除了参与的组织的机能障碍后果，这种强制执行的重要性就一目了然了。

影响个体生产动机的个体目标不仅反映了他对现有群体（包括组织）的认同，也反映了群体压力的方向。这些目标还反映了源自早期经历的基本价值观念。我们最终强调认同的理由不是所谓的人格因素而是出于以下两个基本的考虑。首先，虽然认同受许多其他组织因素的影响，但是我们称为人格的基本态度并不容易受外界影响。其次，那些影响生产动机的基本价值观念在与具体组织环境相关联之前需要"解释",而这种解释在很大程度上取决于我们讨论过的现象。

3.5 结论

在本章,我们力图证明的一个问题是组织行为的研究已经超出了把人当"机器"对待的古典理论。我们认为人的行为的"机器"模型容易忽视参与者同时承担的广泛角色,不能有效地对待与角色协调联系在一起的问题。特别显而易见的是,建立在天真的"机器"模型基础上的监督措施会导致组织希望避免的行为。

当然,这个结论就是默顿、塞尔兹尼克和古尔德纳在《论官僚》的著作中的核心假设之一。研究官僚制度的文献主要关注的是管理有机体的问题,它们的动机和学习行为比"机器"模型预期的要更加复杂。

此外,我们考察了影响组织中个体动机的三个不同模型,特别关注了个体态度和组织需要相一致对生产动机的影响。我们的分析认为,对生产动机的影响是对以下三个因素影响的函数:个体行为选择的诱发、诱发选择后果的个体预期和与个体后果联系在一起的价值观念。其中每个因素都部分地受组织控制,但也部分地取决于组织外部因素。组织控制的程度转而部分地取决于组织的行为(例如监督措施),部分取决于重要的外部控制因素(例如总体经济环境)。

我们现在要转向考虑我们要描述的另一个主要动机决策——参与决策——我们尝试证明参与决策如何不仅类似于而且不同于我们刚刚讨论过的生产决策。在第 4 章结束时,我们希望已经全面考察了现有的论述组织参与的知识。

Organizations
第 4 章

动机限制：参与决策

在上一章，我们考察了个体的生产动机并描述了在一般决策框架内的雇员行为。我们提到工人参与组织决策并影响从决策到生产的各个方面。在本章我们探讨参与决策。

参与决策是巴纳德（Barnard）（1938）和西蒙（Simon）（1947）所谓的"组织平衡"理论中的核心——组织的生存条件。平衡反映了组织在给予其参与者适当的报偿以激励他们继续参与取得的成功。在本章我们首先考察组织平衡的一般理论。该理论能使我们识别组织的主要参与者和影响他们参与决策的因素。由于各种原因，我们会把主要精力放在雇员身上，但我们会证明相同的一般命题也可以应用于其他类型的参与者身上。

4.1 组织平衡理论

巴纳德-西蒙的组织平衡理论是非常重要的动机理论——陈述组织可以诱导其成员继续参与并因而确保组织生存的条件。由西蒙、史密斯伯格和汤普森（1950，pp.381-2）提出的该理论的核心假设如下 [A-4.1]：

1. 组织是我们称为组织**参与者**的许多人相互联系的社会行为系统。

2. 每个参与者和每个参与群体接受**来自**组织的**诱因**作为对他**为**组织做出**贡献**的回报。

3. 如果提供给他的诱因与要求他做出的贡献一样大或更大（根据他的价值观念也根据面向他的替代选择），那么每个参与者会继续参与组织。

4. 各种参与群体提供的贡献是组织制造提供给参与者的诱因的来源。

5. 因此，组织是"有偿付能力的"——并会继续存在——如果贡献在很大程度上能足以提供激起以后贡献的诱因。

像许多理论上的普遍原理一样，该理论近于同义反复。为了检验该理论，特别是关键的假设3，我们需要进行下述独立的经验判断：（1）参与者加入、留下或退出组织的行为；（2）每个参与者根据他的"效用"衡量的诱因与贡献的平衡。

参与者加入和离开组织的观察是相对容易的。困难主要在于找到不依赖观察的变量值的证据。但是，在我们能够处理观察问题之前，我们必须澄清诱因和贡献的概念。

诱因 诱因是由（或通过）组织给其参与者的"报偿"（例如，给工人的工资，给顾客的服务，给投资者的收益）。这些报偿可以被参与者效用之外的单位测量（例如，工资和收入可以用美元测量，顾客服务可以用专用于他的时间测量）。因此，对于个体参与者我们可以具体指定一组诱因，这组诱因的每个部分代表由组织提供的诱因的不同特性。这样，诱因的每个部分都可以用由参与者分配的唯一的和独立的效用来测量。

诱因效用 一组诱因的每个部分都有相同的效用价值。我们暂且不考虑效用函数的具体形式，但不能不考虑阶梯函数。对特定个体而言效用函数降低了诱因若干部分的一般特性。

贡献 我们假定组织的参与者确实"报偿"了组织（例如工人做工，顾客付费，投资者投资）。我们称为贡献的这些报偿可以被参与者效用之外的单位测量。因此，对于任何个体参与者我们可以具体指定一组贡献。

贡献效用 把个体贡献者的贡献效用变成效用函数的定义方法不止一种。贡献效用的较好定义是个体为了做出贡献而放弃的替代选择的价值。正如我们将在下面看到的，贡献效用的这个定义使我们引入了面向参与者的行为选择的范围分析。

诱因和贡献的这些定义提供了观察问题的两种方式。一方面，我们可以通过观察参与者的行为（包括对相关问题的反应）直接判断效用平衡。另一方面，如果我们准备提出有关效用函数的某些简单的经验假定，那么我们可以根据诱因和贡献的数量变化做出预计而无须考虑它们的效用。

要直接判断诱因–贡献的效用平衡，最符合逻辑的测量形式是个体满意（关于工作、服务、投资等）的若干随机变量。假定诱因与贡献的差异越大个体满意也越大似乎是合理的。但是，满意量表的临界"零点"不必与诱因–贡献的效用平衡相同。满意量表的零点是一个人开始显示不满意的程度而不是满意程度的点。因此，显然它与抱负水平有关，如第3章指出的，这是我们预计会大大增强有机体搜寻行为的点。

一方面，诱因－贡献效用量表的零点是个体对离开组织不感兴趣的点。特别是，我们有这两个零点不相同的大量证据，几乎没有"满意的"参与者离开组织，只有"不满意的"参与者离开，但通常不是全部（Reynolds，1951）。

我们如何解释这些差异？原因主要在于当前活动选择是计划的一部分（这也是根据机会放弃解释贡献效用的理由之一）。不满意是搜寻行为的次要刺激。由于存在不满意，有机体扩大探索替代选择的程序。如果这种搜寻长期不起作用，那么抱负水平会渐渐下降。但是，我们假定抱负水平的变化是缓慢的，因此短期不满意是非常可能的。另一方面，诱因－贡献的效用的平衡会快速适应选择感知的变化。当更少且更差劲的选择被认为是现成的时候，对活动效用的放弃也会减少，调节会迅速发生。

因此，如果与对现有可感选择的判断结合使用的话，我们可以用个体表露出来的满意来测量诱因－贡献的效用平衡。粗略地说，满意的判断只是流动愿望的一部分，流动愿望加上轻松容易的流动的获得又是诱因－贡献效用策略的一部分。许多研究流动（特别是那些与工人的流动有关的）的学者往往会忽略参与决策的这两个因素中的其中一个（Rice，Hill，and Trist，1950；Behrend，1953）。

但是，直接观察并不是判断诱因－贡献效用的唯一可能方法。除非弄清楚效用函数的假定，否则我们不可以根据观察以非效用方式测量的诱因或贡献的变化而直接推断效用平衡。三种主要假定是有帮助的，或许是有根据的。首先，我们假定效用函数的变化是缓慢的。其次，我们假定每个与诱因或贡献一致的效用函数是无变化的。虽然我们可能不知道增加工资的效用会是什么，但是我们假定它是有事实根据的。最后，我们假定非常普通的人的等级的效用函数几乎是完全相同的，在既定的次文化下我们不能预计价值观念有根本上的不同。而且，如果特定诱因的增加导致某个个体的效用增加，那么我们可以预计它也会导致其他个体的效用增加。

还有其他有关个体效用函数的合理假定，有些假定会在后面我们谈到个体参与的其他因素中予以陈述。但是，这三个假定本身导致了种种的判断程序。根据第一个假定，诱因或贡献变化的短期影响不受反馈效果的影响。根据第二个假定（特别是加上第三个假定），许多有序的预计以诱因和贡献的变化知识为基础被做出。第三个假定使我们可以判断诱因－贡献平衡的某些最基本的特性，且避开效用的人际比较问题。

列举的这些假定都有先验的正确性，但更重要的是目前有关参与行为的现有证据与它们是一致的。因此，至于组织计划提案的可能性，成功的预计经常是由商人们做出的。

考察商业投资的可能性要考虑投资者的分析。他的第一步是制定显示拟建企业需要哪些活动和设备的经营计划，包括对所有各种"投入"和"产出"的数量估计。用经济学的话说，他估计"生产函数"；而用组织理论的话说，生产函数确定了诱因转换为贡献的可能速率（Simon，1952-3）。

他的第二步是估计获得大量投入所需要的金钱诱因，以及预期产出的金钱贡献——比如，产品和生产因素的价格。在估计这些金钱诱因时，各类参与者的诱因－贡献平衡的估计也被做出。让我们给出一些假设的例子：

薪水与工资 信息是通过同一地区其他公司相似工作的"现行工资率"获得的。其他诱因言隐含其余情况相同的假定，或是（比方说，如果特别讨厌工作，如果计划的工作条件特别好或特别糟，等等）金钱诱因被上下调整以补偿其他因素。如果问题是吸引其他组织的工人，那么这就是对说服他们改变所需的工资差异或其他诱因的假定。

资本 获得"金钱市场"的信息——即现有的其他投资机会、各种风险影响因素的权衡和投资率水平。假定是要诱导投资，条件（利率、担保等）必须至少与现有其他投资的诱因相当。

同样的程序也适用于其他参与者的诱因。在每种情况下，所需信息是其他组织提供的替代诱因和这些替代诱因建立的净诱因－贡献平衡的"零点水平"。如果非金钱因素在替代选择中是不可比较的，那么估计的调整会采取工资方式的金钱诱因。当然，调整也可能是非金钱因素的（例如产品质量）。

如果有计划的诱因（包括金钱诱因）带给所有参与群体积极的平衡，那么该计划就是合理的；如果计划后来实现了，那么实际经营与估计的比较就为假定和估计提供了经验检验；如果结果不能证实假定，那么这个商人可能仍会选择他将会改变的两组假定中的一组。他可能把结果当作基本诱因-贡献假设不正确的证据，他也可能认为是对诱因-贡献平衡的一个或多个零点做出了不正确的判断。但是，事实是做出的这类预计经常是非常成功的。

理论检验并不被限于预计新企业的生存。组织生命周期的任何阶段变化都会发生：（1）明确改变了提供给任何参与群体的诱因；（2）明确改变了对他们贡献的要求；（3）以任何方式改变了影响诱因或贡献的组织活动。在这些情况下，参与的改变会影响预计。这些影响在雇员流动率和销售等方面也许是可测量的。

4.2 参与者

我们在此阐述的组织平衡理论隐含的结构——组织——平衡的含义。特别的是，包括参与者在内的社会系统必定存在。它不仅与整个社会环境中的其他系统有高度的相互联系而且有许多差异。

由于这个原因，我们不打算详细定义参与者。实际上，在识别某些个体是否是某个组织的参与者时，有些专断是必要的。许多个体并不是我们确认的接受组织的诱因并做出贡献的企业组织的主要参与者，在某些环境下，这些"参与者"可能承担了决定组织平衡的重要作用。但在描述大多数企业组织的主要参与者时，我们通常仅限于关注以下五种主要类型：雇员、投资者、供应商、分销商和消费者 [A-4.2]。

在组织参与者的各种分类中，最明显的是包括经理人员在内的雇员。当谈到组织参与者时，我们通常所指的就是工人和企业组织中通常被看作平等雇用的成员。雇员领取工资和其他赏钱，为组织工作（生产）并做出其他贡献。正如下面将要清楚阐述的那样，雇用是组织参与中的研究最充分的领域。

作为参与者，投资者在组织中的作用在公司经济理论中是明确的，但在其他组织行为分析中却极少被提到。在某些公共管理论文中有类似的分析，投资者被当作外部权力的群体（Simon, Smithburg, and Thompson, 1950; Truman, 1951; Freeman, 1955）。尽管在企业活动中投资者的参与经常不如政府管理机构中的政治权力群体那样活跃，但在美国企业界投资参与者的行为也并非不重要，而把他们排斥在考虑之外。

在生产-分销过程中"流入"组织的单位和"流出"组织的单位之间的区分通常是遵循具体公司边界的法律定义的。我们认为对多功能标准的运用是有利的，这种标准包括了组织制造核心的供应商和分销商（或组织的核心不是制造这样的类似情况）。因此，汽车工业把汽车经销商视为汽车制造组织的组成部分是有利的。

最后，像投资者的作用一样，除经济理论外，消费者在组织中的作用通常被忽视。由于消费者是平衡系统的组成部分，组织理论必须把消费理论的主要内容纳入其框架内。

不夸张地说，组织的这个概念几乎包括了组织理论中有关人的行为的全部知识。但是，我们的分析主要限于雇员的参与。劳工流动在一个时期曾是经济学家和社会心理学家研究的课题。因此，我们至少能够找到印证命题的一些证据。一般说来，对投资行为、供应商行为和中间商行为等领域的研究还不够充分，有关命题没有得到充分证明。但是，有关消费者行为的情况有点儿不同，我们对该学科进行过大量研究（Clark，1958）。不过，我们会在4.7节讨论我们对该领域的一般观察。

4.3　雇员参与：参与标准

一方面，雇员与组织的联系同其他参与者有很大差异。在加入组织期间，他接受权力关系，就是说，他同意在一定范围内（根据雇用合同有些规定明确，而有些不明确）接受组织向他发布的命令和指示的行为假定。与这种接受的联系在一起的通常是"合法"沟通的理解程序并授予雇员权力。雇员的权力接受为组织提供了影响他们的强有力的手段——比说服更强有力，而且更比得上引起刺激反应行为的整体计划的诱发过程。

基于雇员以主观理性的方式行事的假设，我们可以根据雇员和其他组织成员的诱因与贡献的知识对权力关系的范围做出某些预计（Simon，1952-3）。

雇员愿意接受雇用合同的约束，只要活动对他"实际上"不是问题（在合同允许的接受区域内），组织会教他执行。或在组织将令人不愉快的活动强加于他的可能情况下，他能得到某种形式的补偿。当对组织最有利的雇员活动（即对雇员活动其他参与者的诱因效用最大化）不能事先被准确预计时，建立权力关系对组织是有利的。

这些命题可以换一种方式，即允许他们通过查看雇用合同条款来检验。雇员的具体行为可以是，雇用合同具体规定的（例如，工资率通常就是）、下放给雇员的谨慎性（例如，他当班时是否抽烟，有时是，但不总是）和雇主权威的影响（例如，在职务说明的规定范围内他执行的具体任务）。对规定合同的行为面有利的条件是尖锐的利益冲突（例如，关于工资水平）和利益的某些不确定性。对雇主是小利而对雇员是大利的那些斟酌决定权下放给雇员是有利的；对雇主有较大利益的、较不重要的和在执行之前雇主不能做出准确预计的那些组织权力交给雇员是有利的。

我们在第3章提到权力关系不是简单的权力关系。签订和执行雇用合同是所有组织参与者都关心的和有潜在冲突的事情。在重新讨论程序化组织活动的权力关系（第6章）的重要性之前，我们会在本章和第5章进行一系列类似的观察。

为了建立与雇员参与的外部变量相关的一系列假设，我们首先必须确定"参与"标准。三种测量参与的方法有完全不同的结果。首先，我们可以测量个体工人的产量，该标准成为第3章参与现象的具体标准。其次，我们可以使用缺勤标准——与公司在册人员离职联系在一起的长期自然缺勤意味着极值偏低，虽然在职生产率的差异不是由缺勤标准引起的，但可以根据缺勤率和流动率来区分雇员。最后，我们可以使用流动率标准，我们可以根据组织在职或离职人员名单的全有或绝无现象确定参与程度。

尽管乍一看这些标准只是反映了脱离组织关系的不同程度，因此只是普通连续体的不同点，但是现有经验的证据证明产量、缺勤和自愿离职测量之间并不存在一致联系（Acton Society Trust，1953；Morse，1953；Brayfield and Crockett，1955）。三者的联系有时高有时低，并且每种结果的前提条件难以被详细说明。尽管难以证实，但是现有研究还是提出了对这些发现的某些理由。

首先，在什么情况下我们预计可能会发生与高自愿离职联系在一起的低缺勤（和/或生产率）？我们可以预计如果对缺勤施以重罚（相对那些对雇用群体的预计而言），那些选择继续在职的雇员的缺勤率往往会下降。但我们也预计到可能会发生高离职率。同样，在离开组织的能力受约束时（例如，受政府法令约束），我们应预计可能会出现低自愿离职率和（特别是如果劳工匮乏）相对高缺勤率（Mayo and Lombard，1944）。

其次，在什么情况下我们预计缺勤和流动之间可能会有正相关的关系？假定避免工作情形要求（即贡献）的动机主要来自对诱因 – 贡献平衡的不满；假定多数人通过临时缺勤寻求轻松的动机通常与辞职动机有关；假定导致个体不满意的因素通常不是个别工人而是全体工人。在这些假设下，当与缺勤和退出联系在一起的处罚是"正式的"时，缺勤与自愿离职正相关。

尽管我们几乎没有涉及缺勤、病假和流动之间的复杂关系，但我们可以看到参与标准的选择对参与命题有极大影响。在此我们建议采用流动标准，不仅因为在某种直觉意义上该标准更有意义，也因为我们在前一章讨论过产量标准（至少在概念上与缺勤标准有密切关联）。但是，同时我们会尽量指出缺勤标准如何支持类似的不同命题。

4.4　雇员参与：一般模型

我们对人员流动问题的一般看法已经在 4.1 节简要陈述过了。我们得出一般假设，即增加**诱因效用和贡献效用的平衡**（4.1）会减少**个体参与者离开组织的倾向**（4.2），尽管平衡的减少会产生相反的结果 [4.2:4.1]。

如前所述，诱因 – 贡献平衡是两个主要组成部分的函数：**离开组织的可感愿望**（4.3）和**离开组织的可感安逸**（4.4）（即选择放弃效用 [4.1:4.3, 4.4]）。尽管这些不是完全独立的因素，但下述多数命题是对其中某一个变量的陈述。满意（或退出动机）因素通常既适用于缺勤也适用于自愿离职。缺勤和流动的区别不在于内在驱动因素不同，主要是退出形式选择的后果不同。

另一方面，永久退出组织的可感安逸与缺勤或病假相比经常有很大差异。

4.5　影响预期离开组织的可感愿望的因素

本节列举影响离开的可感愿望和离开的可感安逸的某些因素。但是，在多数情况下，在现有研究中给出的干扰变量是不明确的，所以至少该理论结构的某些部分不能被直接检验。不过，有充分的现有资料支持这两种不同的机制。保留干扰变量的好处之一在于它能使我们使用与流动问题尽可能有关的缺勤资料，即使（如前面提到的）我们有理论上的理由和经验证据相信缺勤和流动在各方面不是完全相关的。当然，要质疑该假设的读者也要质疑这里引用的主要依据缺勤研究收集的资料得出的命题。

有关雇员离开组织的动机因素的文献表明，影响该动机的主要因素是由雇员定义的工作满意度。个体的**工作满意度**（4.5）越高，离开的可感愿望越低[4.3:4.5]。许多工作特性是相关的，因此个体对雇用的不满可能会影响众多工作特性中的任何一项。识别这些特性是密歇根大学进行的一项研究的主要目标之一（Katz，Maccoby，and Morse，1950；Katz，Maccoby，Gurin，and Floor，1951；Mann and Baumgartel，1952；Morse，1953）。我们的目的不是在因素分析的意义上识别这些特性，而是具体说明操纵产生工作满意的心理机制。

关于对个体退出雇用的动机的最合理的假设与第 5 章讨论的冲突现象有密切关联。我们可以提出三项主要假设。第一项假设，**工作特性和个体的自我特性越一致**（4.6），满意度越高 [4.5:4.6]。不满是由现实和个体自我理想之间的差异引起的。差异越大，逃避工作环境的倾向越明显。

第二项假设，**工作的工具性关系的预计性**（4.7）越高，满意度越高 [4.5:4.7]。在工厂经理的工作中，预计达到大量特定生产所需成本的能力是这类预计的一个例子。决策冲突的形式之一来自不完全预计，第 5 章会简要陈述这一点。一般说来在很大程度上，对多数人——特别是对主要工具性活动的人来说，增加预计会提高满意度。例如，人们可以预计汽车司机的满意度会随其他司机和对其行驶的道路条件的预计而增加，但如果他参加比赛情况就不同了。同样，工作环境预计在大部分关系但可能不是所有关系中都是受到重视的（Reynolds，1951；Coch and French，1948）。

第三项假设，**工作要求和其他角色的要求**（4.8）越相容，满意度越高 [4.5:4.8]。正如柯尔（Curle）(1949a) 指出的那样，人与人之间对工作满意的差异的主要原因之一在于社会并不总是对个体工人提出相互一致的要求。人们会预计为了将因要求不同所引起的冲突保持在低水平上，组织参与者会尽量选择其群体成员。

这三项命题都具体说明了决策冲突的先决条件，在该环境下退出其中一个群体的程度代表了这类冲突的一种解决方式，我们可以推断出我们具体说明过的关系。但是，具体研究的目的在于我们已识别但没有明确定义的主要干预因素和流动（或缺勤）之间的关系，在于推断出支持前述机制的命题。

首先考虑与雇员的工作自我特性一致的变化有关联的经验资料。三种类型的个体自我评价似乎是重要的：个人独立性的估计、个人的价值和个人的特有能力或兴趣。**监督措施和雇员独立性的一致性**（4.9）越高，工作特性和个体自我形象之间的冲突越小 [4.6:4.9]。因此，雷诺兹（Reynolds）和希斯特（Shister）(1949) 认为最常引起的工作不满的原因是工作环境提供的独立性和控制的相反设计。由于个体渴望独立决策，但监督措施越独裁，引起的不满越大，那么退出的压力越大（Morse and Reimer，1955；Morse，1953）。当物质出路被阻塞时，因拒绝而退出和精神受到某种程度的刺激就是证据（Stouffer et al.，1949）。

我们在前面（第 3 章）讨论过，在美国文化中独立规范使这类命题合理化。我们在处理总体资料时，通常可能会采用这类普遍的规范。当要求个体预计时，我们必须尽量区别个体在独立性规范的强度上的差异。

组织提供的**奖励数量**（就地位和金钱来说）(4.10) 越多，工作和个体自我形象的冲突越少 [4.6:4.10]。该命题（其他类似命题）几乎被普遍接受，但作用机制仍要具体说明。因为它不像边际经济分析建议的命题那么显而易见。最近的研究对劳动力市场的传统性质提出了许多质疑，特别是对工资和薪水信息在雇员中广泛共享的程度（Reynolds，1951）。在此我们认为雇员对他的金钱和地位价值是有想法的，他的想法与他在劳动力市场上的价值并非全无关联，但又完全不取决于市场价值。引用一个明显不过的例子，眼下对教师职业与其国民收入份额的不满就是用经济模型做出的片面解释。

个体参与工作分配（4.11）越多，工作和个体自我形象之间的冲突越少[4.6:4.11]。对军队和工业部门的研究表明，尽管加入组织的行为使个体暂时承担了指派给他的任何任务（因为这是其雇用合同的本质），但是所有这些任务最初都被认为能产生良好的诱因 – 贡献平衡，雇员对几种替代选择并非不感兴趣而是偏好其他选择 (Bolanovich, 1948 ; Stouffer et al., 1949)。这并非是令人惊奇的发现。因此，根据个人偏好得到分配的雇员比不是这样分配的雇员有更好的诱因 – 贡献平衡。

自我观念改变，特别是他们对环境条件的反应如同对抱负的反应一样。地位、工资和工作抱负变成经历和个体认为可与之相比的其他人的比较的函数。因对抱负水平变化的了解引起的离开可感愿望的变化，我们能说些什么呢？

给定职业水平，**受教育程度**（4.12）越高，工作和个体的自我形象之间的冲突越多 [4.6:4.12]。雷诺兹描述过该假设的某些证据（1951）。他发现在一群体力工人中，受过高中教育的工人比没有受过高中教育的工人更想离开目前的工作。对第二次世界大战期间的军队的研究也得出类似的结论（Stouffer et al., 1949 ; Morse, 1953）。但这种关系在组织高层是否存在还不清楚。

给定升迁阶梯，**过去的职位和/或收入的变化率**（4.13）越大，工作和个体形象之间的差异越大 [4.6:4.13]。用"变化率"这么严谨的词语可能会夸大其意义。个体参与者是根据过去的成就估计自己的价值。例如，如果定期进行提升和加薪，那么可以推断出将来会发生类似的情况；如果在升迁的某些阶段，增额百分比或绝对值明显减少，那么我们可以预计会引起不满和自愿退出，或两种情况同时出现（Stockford and Kunze, 1950 ; Morse, 1953）。在非工商业的环境，布林顿（Brinton）(1952) 认为该机制是政治制度的主要革命压力的来源。工作和个体自我特性的比较使该工作的一致性与社会要求的其他角色密切联系。自我特性的许多特点是以来自其他群体的压力为基础的。在自我特性中，社会要求被内在化了，以至于即使一致性不再被现有成员群体执行，它们仍会坚守。但是，许多角色要求不是通过内在化而是通过环境——特别是其他个体和群体提供的即时奖励和惩罚来执行的。例如，不得不在假日工作的人会联想到自己的家人，会和他（他们）因为工作而必须放弃的事情联系在一起。

因此，我们可以预计工作要求的活动很难达到或不可能达到。其他社会群体的一般预期的程度越高，离开的可感愿望越强烈（Bullock，1952）。为了从这个一般结论中得出具体预计，我们需要估计测量的"正常"偏差，而其中最明显的是工作时间的安排。**工作时间方式和其他角色的工作时间方式**（4.14）越一致，该工作和其他角色越一致 [4.8:4.14]。当工作要求严重偏离一周工作五天、一天工作八小时的期望时，星期天放假和正常白天工作时间会出现问题。所有这些显然是特定文化的典型产物，特别是后者。这是文化模式的恰当特征，现在我们可以得出具体预计了：离开的可感愿望对夜班的工人比对白班的工人更强烈 (Brissenden and Frankel，1922)；对离家时间要比正常工作日长的工人来说，离开的可感愿望比其他工人更强烈；离开的可感愿望在工作地点不断变换的工人中要比其他工人更强烈。

这些命题和许多类似命题被认为是决定工资差异的经验法则。一般说来，该命题如此"显而易见"以至于没有人想到提供直接证据。如果我们可以假定工商企业的长期倾向是适应现实，那么工资差异的继续存在为该命题提供了某些间接证据。

刚刚提到的这些命题是以文化规范和通过像家庭和社区这类机构施加的压力为基础的。规范是给定的，它们与工作的一致是要被评价的。但是，有许多角色（例如友谊角色），工作和其他活动的一致更取决于其他群体的特性，就像它取决于工作的特性一样。个体的潜在问题来自群体成员身份重叠的要求。当工作刺激了许多成员身份重叠的单一目标时，可以预期工人们会发现这种工作群体比多重目标整合在一起的群体更缺少乐趣。因此，我们得出一对缺规假设：**工作群体的规模**（4.15）越小，组织和其他角色的一致性越高 [4.8:4.15]。**组织的规模**（4.16）越小，组织和其他角色的一致性越高 [4.8:4.16]。这两个假设在极端的情况下可能不成立：一个人的工作群体对于多数个体来说不是非常满意的群体。一个人（或两个人）的群体和十个人的群体之间的差异还没有被研究过，可能两者的关系是相反的。同样，100人的群体和200人的群体之间的差异也没有研究过，很有可能存在"最佳"的群体临界规模。由于这个附带条件，有许多经验证据支持该假说，特别是我们使用的缺勤和流动可换用的资料（Acton Society Trust，1953；Blackett，1928；Reynolds and Shister，1949）。

最后，另一个假设可能会使缺勤和流动之间的重要差异显得非常清楚。我们证明过组织越大，个体卷入具有重叠和冲突的群体成员的组织中的可能性越大。我们认为这是离开组织的想法产生的原因。一般说来，该命题得到现有缺勤资料的支持。但是，流动的资料根本不能一致地支持该命题。我们如何解释这种差异？这可能是由于我们的流动资料的任意性造成的。组织越大，**组织内部转换的可感可能性**（4.17）越大 [4.17:4.16]，因此，离开组织的可感愿望越小 [4.3:4.17]（Brissenden and Frankel，1922；Rice，1951）。通常流动的定义是离开正式定义的组织（例如工商企业）。因此，离开制造工作转向分销工作且公司发生变动就算是流动，否则就不是流动。小公司的许多所谓的"流动"其实是大公司里的"部门之间的转换"。

与个体参与的可感流动愿望有关的这些命题的结构如图 4-1 所示。

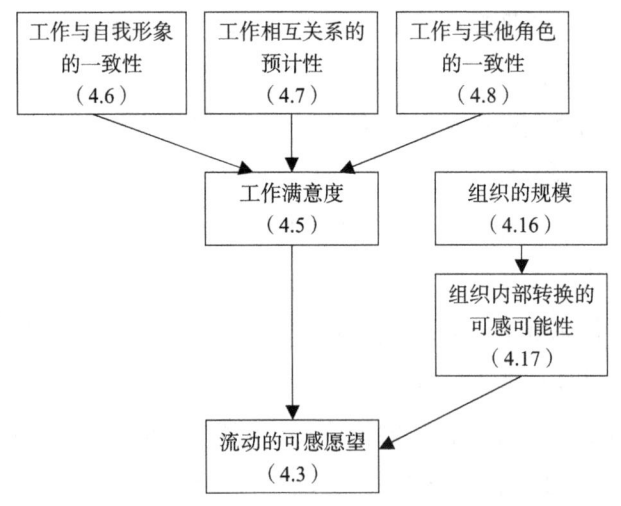

图 4-1 影响流动可感愿望的因素

4.6 影响离开组织的可感安逸的因素

在几乎所有条件下，劳动力流动的最精确的单一预计是经济状况。即使像国家离职率这类的总体统计数据也会呈现出与总体解雇和失业率的强负关系。工作供大于求时，自愿流动高；工作供不应求时，自愿流动低。本节的目标是对这些命题提出一些可能的改进。

我们假设，个人流动的可感安逸取决于在他所在的组织中，他能胜任（也愿意接受）的工作的获得性。**可感的组织外部的选择**（4.18）越多，流动的可感安逸越强烈 [4.4:4.18]。我们希望考察与组织可见性和工作的获得性都有联系的因素。但某些初步评论还是要的。

假定我们有若干组织和若干潜在的雇员。每个潜在的雇员有一些特性，但不是与其作为工人的特定能力相关的唯一主要的特性。每个组织可以对这些特性组合进行排序，以便工人们可以根据他们作为雇员的有利条件（几乎独立于特定的工作要求以外）进行相应的排序。由此可见，它遵循的是组织扩张时不（即实际上不）解雇，而组织收缩时不聘用的原则。即使人们不希望存在这种关系，但在政府更替中，试图缩减组织整体规模并重新调整职位是非常困难的（例如，1953年的共和党政府）。

在这些条件下，个体离开某个组织的安逸感知取决于他能够详细了解排序的组织数量、他在这些排序中的位置，以及与目前反映解雇点的排序。第一个因素是可见性因素，其他两个因素是工作获得性因素的不同方面。**企业活动的水平**（4.19）越低，组织外部选择的数量越少 [4.18:4.19]。当失业数据用做测量企业状况的标准时，该命题几乎是同义反复的。既然实际上所有企业活动的标准测量都显示出很高的相关性，那么经营萧条时自愿离职率下降就不奇怪了。企业转型被认为是改变每个行业工作排序的临界"中断"点，并因此改变了雇员的选择。对具体行业的具体预计，企业周期影响的差异可能导致流动差异，但一个地区衰退的影响会扩展到地区以外，因为一个行业中断点的变化不仅改变该行业的个体选择，而且改变相关行业的个体选择。

该命题的证据是充分的。雷诺兹（1951）指出，在1948～1949年的衰退中，在调查的 39 家公司中月平均自愿离职率从 3.5% 降至 1.6%。一般说来，市场对劳动力的需求是自愿流动的主要因素。比伦德（1953）、布莱克特（Blackett）（1928）、布里登森（Brissenden）、弗兰凯尔（Frankel）（1922）、帕默（Palmer）（1954）和沃伊廷斯基（Woytinsky）（1942）等人也报告了类似的结果。

但是，并非所有的行为差异都可以用该模式解释。个体特性限定了个体被雇用的排序，因而决定了企业变化产生的不同影响。因此，我们希望能确定影响个体排序的因素。

外部选择的可感获得性是**参与者性别**（4.20）的函数 [4.18:4.20]。男性工人比女性工人更容易感知流动。一般说来，研究表明男性流动率高于女性，尽管深入研究可能要区分已婚女性和未婚女性。迈尔斯（Myers）和麦劳林（MacLaurin）（1943）、布里森登（Brissenden）、弗兰凯尔（Frankel）（1922）、帕默（Palmer）(1954) 和贝克（Bakke）等人（1954）报告过支持该命题的资料（帕默的资料略有不同）。但是，尤德（Yoder）（Bakke et al., 1954）没有发现重大差异。霍瑟（Hauser）（Bakke et al., 1954）的有些资料表明女性流动率和婚姻有密切联系。对于女性工人，家庭是工作的替代选择。

外部选择的可感获得性是**参与者年龄**（4.21）的函数 [4.16:4.21]。工人年龄越大，流动的可感安逸越小。年龄影响流动的可感安逸的第二种方式会在后面的内容中陈述。刚才提到的机制显然是重要的。在工作特性排序中，年龄是负值特性。因此，年龄小的人的流动比年龄大的人高——即使技术和其他特性相同（Myers and MacLaurin, 1943；Reynolds, 1951；Bakke et al., 1954）。

外部选择的可感获得性是**参与者社会地位**（4.22）的函数 [4.18:4.22]。低社会地位的群体成员比高社会地位的群体成员可感流动更困难。因此，我们可以预计黑人的自愿流动比白人低，犹太人比非犹太人低，在外国出生的人比在国内出生的人低。

刚才提到的所有命题或多或少是对当代美国文化中经营组织的静态环境而言的。但是，影响个体可雇性的某些重要特征反映了更多的动态特性。

外部选择的可感获得性是经济**技术**（4.23）的函数 [4.18:4.23]（Palmer and Ratner，1949；Jaffe and Stewart，1951）。例如，最新的技术进步往往会提高女性工人和白领人员的相对排序，会扩大他们达到受雇条件的工作的范围。自动化可能对排序有类似洗牌的影响。

雇员**服务时间**（4.24）越长，他越**专业化**（4.25）[4.25:4.24]；他越专业化，组织外部可感选择越少 [4.18:4.25]。先前的命题讨论了特性排序的变化，现在的命题取决于给定个体的特性变化。当个体长期在一个组织中，他的技术对所在组织就越来越"特有"。因此，他对所在组织来说越来越是必不可少的，而对其他组织则越来越可有可无。在专业化理论上，我们碰到非常有趣的限制情况，就是大量特殊能力的需求与供给往往会减少，这种减少直到组织能够以高昂的费用找到替代物和雇员能够以高昂的代价找到新工作为止。在经理层中，这种两边垄断的情况可能很普遍，其薪水由讨价还价和 / 或经验法则来决定。关于企业经理人员报酬的资料与这种环境特征是一致的（Roberts，1956；Simon，1957）。大量研究证实了技能水平和自愿流动负相关（Brissenden and Frankel，1922；Reynolds，1951；Morse，1953）。

迄今提到的所有命题都是通过工作的实际获得性的变化（或重大变化）起作用——要么通过雇用 – 解雇点的重大变化，要么通过个体受雇条件的重大变化。但是，这些因素并不是唯一的。选择感知部分取决于实际可获得的选择，而部分又取决于诱发机制。因此，对于具体的潜在参与者，组织选择的可见范围的个体与个体是不同的、组织与组织是不同的、环境与环境也是不同的（Reynolds，1951）。

参与者**可见的组织**（4.26）越多，可感的组织外部选择越多 [4.18:4.26]。这是来自劳动力市场理念的基本命题之一。考察的组织越多，考察到包括中断点以上的备选工作的可能性越大。对于参与者，什么因素影响组织的可见性？组织的特性使其比其他组织更可见，个体的特性使更多组织对他比对其他个体更可见。关于后者，我们能够确定导致大量具体命题的简单机制。**组织的声望**（4.27）越高，**组织的可见性**（4.28）越大 [4.28:4.27]。如果我们现在应用与第 3 章提到的组织声望相关联的命题，我们就可以归纳出一系列的具体预计。组织越大，越可见。组织生产的产品差异性越大，越可见（Reynolds and Shister，1949）。组织中高社会地位的职业和/或个体越多，越可见。组织的成长速度越快，越可见。

一般说来，得到高可见性组织评价的个体比低可见性组织要求技能的个体更容易感知流动。

研究发现，为了企业组织潜在成员的典型搜寻过程受地域限制（Reynolds，1951）。工作机会搜寻通常主要是口头交流，并且取决于包括个体平时交往在内的组织范围。除个体的流动预期或偏好相对高这样的特殊情况外，对组织的了解会随距离而迅速下降。

因此，雇员的**各种个人交往**（4.29）越多，他可见的组织越多 [4.26:4.29]（Reynolds，1951）。因此，人们可以做出大量附带预计，尽管看来好像缺乏资料。例如，郊区居民的可感流动安逸比城市中心的居民高（假定城郊住宅区比城市中心这样的类似地区的组织多样性更大）。随着时间推移，由于市区与郊区公共交通的发展，可感流动安逸会提高。个体参与的组织越是非工作性，他的可感流动安逸越大。例如，观察行业的工会成员经常利用他们的工会来了解可能的工作（Reynolds，1951）。

但是，组织招募并不像个体选择搜寻那么简单。与此同时，组织也在找人。工作找人，人也在找工作。因此，决定组织搜寻模型的因素也影响个体搜寻的成功。

个体对组织的**可见性**（4.30）越大，对个体可见的组织越多 [4.26:4.30]。根据现有资料是无法确定工作中市场影响个体的可见性因素。但是，有充分的理由假定组织对个体的可见性和个体对组织的可见性之间有很强的反馈关系。因此，个体可见的组织越多，他对相关组织的可见性越大 [4.30:4.26]。工作市场的搜寻过程必须是——至少部分是一个人查看的同时也被查看的双向搜寻。但是，该机制并不是反馈的典型情况，因为随着个体的可见性或组织对他的可见性的改变，其他因素会立即调整至平衡位置并保持不变，直到一个变量或其他变量被某些独立因素改变为止。

不管怎样我们已经确定了影响组织可见性的某些独立因素，现在我们分析影响个体可见性的某些个体特性。个体在组织中的交往范围越广，越可见 [4.30:4.29]。个体的社会地位越高，越可见 [4.30:4.22]。**个体的独特性**（4.31）越大，越可见 [4.30:4.31]。由于缺乏经验证据，除符合我们的经验和直觉外，这些命题几乎不能被证明。

最后，我们需要考虑显而易见的动机因素：个人从事搜寻活动的倾向。在任何方面，个体不仅要根据现有证据决定选择什么，而且要决定是否搜寻新的证据（或选择）。**个体的搜寻倾向**（4.32）越强烈，对他可见的组织越多 [4.26:4.32]。在文献中，根据搜寻倾向的方法，我们可以区分两种主要机制。这两种机制以更一般的方式在别的地方讨论过，但现在的情况是这两种机制是一个重要的具体例子。一方面，搜寻通常是由不满引起的。另一方面，它又受到个人对环境习惯的限制。

个体对其工作越满意，搜寻替代工作的倾向越小。一般说来，满意存在临界水平，在此之上搜寻会受到很大限制，在此之下搜寻是非常广泛的 [4.32:4.5]（Reynolds，1951）。之前我们认为，满意－不满量表有临界水平，在该临界水平个体开始搜寻以前未考虑的替代工作。的确，对可感流动愿望的整体搜寻被认为是一组与这个问题相关的命题。虽然可感流动愿望和可感流动安逸是两个不同因素，但与搜寻有关联的命题表明它们是互相依存的。不满意使流动更有利，也（通过刺激搜寻）使它显得更可行。

习惯也会限制搜寻。越**习惯特定工作或组织**（4.33），搜寻替代工作的机会倾向越小 [4.32:4.33]（Hill and Trist, 1995）。从某种意义上说，这个命题被包含在先前的命题里，因为替代选择的习惯选择表明它是可接受的选择。但是，区分当前的满意与过去的满意可能是有利的——特别是我们对抱负水平的某些调整。因此，如果搜寻限于适度不满的情形，那么在限制搜寻的因素被克服（或被识别）前可以调整该情形。习惯大大缩小了考虑的选择范围，它往往从评价和选择的范围中去掉具体的决定（在这种情况下组织的选择），因此工作很少被看作个体的控制变量，而是被看作由它定义的常量。

遗憾的是，与习惯关联的具体命题多少受其他因素的影响。例如，我们假设习惯是服务时间和参与者年龄两者的函数 [4.32:4.21，4.24]。但与服务时间和年龄相联系的结果可能受大量不同解释的影响，并且这仅仅是起作用的机制之一。

图 4-2 概括了本节的主要命题（即与可感流动安逸有关联的）。图 4-2 与图 4-1 提到的那些因素共同构成了影响雇员参与组织的主要因素。

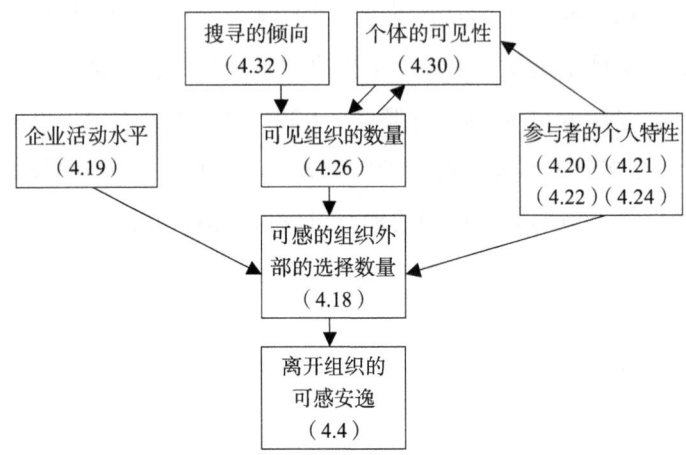

图 4-2　影响流动可感安逸的主要因素

4.7　其他参与者

我们在某种程度上讨论了影响雇员工作决策的因素。我们不能对其他参与者——采购商、供应商、代理商或投资者——的参与决策——进行类似的详细研究。但是，考虑到他们对组织系统的重要性，我们会简要陈述雇员参与决策的命题如何能扩展到其他领域。

对雇员参与的讨论我们具体说明了两个主要变量：

1. 流动的可感愿望。

2. 流动的可感安逸。

类似的主要机制在其他领域也起作用。消费者转换品牌的决策可以从改变倾向、由现在和过去对品牌的经验决定，以及改变安逸（即市场结构）的角度分析。商人改变其特许经销权的决定既取决于这样做的可感愿望，也取决于替代选择的获得性。

由于它们的共同特征，类似框架适用于这些不同领域也就不足为奇了。但是，并不是说前面提到的每项命题对所有领域的参与者都可以直接类比。例如，就选择的相对比较而言，投资行为和雇员行为不同。虽然投资决策不是根据容易比较的因素和对环境的一定了解就能做出的决定，但我们可以假设投资者（至少多数投资者）的主观不确定往往会低于雇员。在这种环境中，我们可以预计投资者的抱负水平对外部环境做出的调整比雇员更快。

消费者行为与雇员行为的重要差异在于选择"不作为"的程度。雇员很少会像消费者那样用光存货。如果他什么也不做，他仍可以拥有目前的工作；可如果消费者什么也不做，他只会饿死。制造商为消费者的"不作为"情形准备给予的优惠（例如，推销附送杂志）部分地反映了这两种情形的差别。

在简短讨论本章的一般框架和主要变量如何运用于雇员之外的其他参与者之前，提及这种差异是必要的。只考虑主要假设，我们关心四个基本变量：

1. 替代选择的可见性。
2. 搜寻替代选择的倾向。
3. 对现有替代选择的满意程度。
4. 离开组织的可接受选择的获得性。

替代选择的可见性　在所有的买家和卖家都了解替代选择这个意义的基础上，我们认为雇用市场不是"完全市场"。同样，广告是替代选择的可见性，是消费者行为因素命题的典型。与可见性相联系的因素（诸如广告和销路特征）成为与普通零售市场有重要关系的公司的主要来源（Howard，1957）。

搜寻倾向　决定雇员工作决策的基本因素是雇员搜寻活动的频率。同样，在雇员之外的其他参与者的情形中，搜寻倾向也非常重要。例如，我们预计"受制"供应商的特性之一是不愿通过主动搜寻去寻找新选择。消费者的品牌忠诚和小投资者在 AT&T 股票方面的行为都是低搜寻活动这种现象的类似反映。

满意　在讨论雇员的流动性时，我们指出满意不仅受可感流动愿望的影响，也受可感流动安逸的影响（促进或阻碍搜寻活动）。我们特别提到抱负的改变对雇员的参与有重要影响。如果考察投资行为和组织筹资行为，我们会看到类似情况。例如，公司往往会在正常年景支付额外利润作为增补，而不是支付固定股利，这是为了避免产生将来难以实现的支付预期（Walter，1957）。有特约经销商的组织也发现，在"暂时的"繁荣期过后大幅度向下调整的报偿会遭到经销商的抵制，甚至是退出的威胁。

流动的替代选择 雇员参与模型最后的重要特性是替代选择的重要性，即表现出一种不离开组织的改变。这种替代选择经常存在——有时一个组织比另一个组织多，或一个人比另一个人多。同样，最近的市场研究强调市场分销结构对品牌转换的重要性（Kuehn，1958）。其他领域（例如，投资者、供应商和销售商）的主要参与者经常利用他们的权力地位迫使组织接受一项政策。因此，重要股东对不可接受的组织政策的第一反应可能是力图改变政策而不是退出组织。

4.8 机会主义与组织生存

当组织内部或外部环境发生变化对其报酬－贡献平衡产生极大的不利影响并危急其生存时，组织成员可能会主动改变行为并采取新行为以恢复到有利的平衡。（这种主动过程会在第7章详细讨论。）通常，被称为"经理"或"管理人"的参与者们对这种调整负责，但偶尔其他群体也可能执行该项功能。例如，银行或投资者经常会对财务状况不佳的企业采取主动管理，受到失业威胁的雇员们也可能这样做（例如，ILGWU⊖自愿对陷入困境的小服装厂承担管理责任）。

在这种适应或"机会主义的"过程中，积极参与的个体或群体的特性尤为重要，因为在很大程度上他们决定了要采取的变革类型和行动顺序。一般说来，没有单一的唯一适合组织生存的环境（Simon，1952-3），而存在的是多种能产生良好诱因－贡献平衡的备选环境。组织为生存做出的调整可能会朝其中任何一种环境的方向发展。

组织的诱因－贡献平衡的机会变化往往不会影响主动变革的个体的诱因

⊖ 国际妇女服装工人联合会（International Ladies' Garment Workers' Union）。——译者注

和贡献目标。特别是，这些个体可能支持组织目标或组织中的社会群体，也可能原来受个人诱因激发。在他们支持组织目标的限度内，他们会寻求维护这些诱因和贡献而改变其他诱因和贡献。在他们支持群体或个人目标的限度内，他们会首先关心组织的生存，无论怎么说，这是最容易实现的（Simon, Smithburg, and Thompson, 1950, p.389）。

我们可以利用我们对特定类型的人的具体识别的了解（参见第3章）详述这些命题。例如，我们可以预计志愿组织（例如福利救济组织）的带薪全职经理比该组织中的普通志愿人员更愿意改变组织的目标以确保组织的生存（Messinger, 1955）。

对于那些能够影响组织活动的群体，在缺乏满意度时，机会主义是可能诱发离开组织的替代选择。我们可以预计，在下述情况下，诱发机会主义的可能性远远大于离开组织：（1）参与者认为自己在组织活动的决定中有影响力；（2）替代诱因不容易从其他组织获得；（3）恢复有利的诱因－贡献平衡而不影响个体重要诱因的可能性。变量（2）和（3）经常起相反作用，那就是说，那些完全支持组织当前活动方式——因而抗拒活动方式变革——的人通常也是很少有机会在其他组织中找到替代满足的人。

4.9 结论

组织参与决策——加入或退出——是组织成员需要做出的第二种主要决策，它把注意力集中放在利用人力完成组织任务的动机问题上。与第3章讨论的决策一样，参与决策在组织中的地位要比古典理论认为的更复杂、更重要。在本章，我们考察了最早由巴纳德提出的诱因－贡献假设和劳动力流动的证据。我们提出把雇用参与的一般模型推广到雇员之外的其他参与者。

检验诱因－贡献假设需要测量（根据个体效用）组织提供的诱因和参与者做出的贡献的程序。测量问题的困难取决于三个关键假设满足的程度：（1）个体效用变化缓慢；（2）效用功能无变化；（3）各类人群都有大体相同的效用功能。我们认为这些假设是合理的，即使它们实际上没有得到证明。

诱因 – 贡献平衡有两个主要部分：离开组织的可感愿望和为了留在组织而放弃的选择的效用（即离开组织的可感安逸）。流动的可感愿望是个体对目前工作满意的函数，也是个体对不离开组织的替代选择的感知函数，我们讨论了影响这些变量的某些因素。离开组织的可感安逸是组织外部许多可感替代选择的函数，我们也讨论了影响这些感知的因素。

对组织的不满是否导致退出取决于参与者是否把"雇用合同"看作给定的或可改变的。当合同被认为是不可改变时，唯一的选择只能是"接受"或"拒绝"。当合同被认为可以改变时，参与者肯定会产生内心冲突和争辩。作为流动的替代选择，内心的谈判在各种类型的组织参与中都是要考虑的因素。由于这种现象和组织冲突对组织理论的重要性，我们会在第 5 章讨论导致组织冲突的环境、冲突的后果，以及组织对冲突的反应。我们会从第 3 章和第 4 章讨论的半意识的动机因素逐渐地转向完全意识和审慎的权力现象。

Organizations

第 5 章

组织中的冲突

冲突是有许多用法的一个词。它通常用于标准的决策机制失效的情形，因为个体或群体发现难以对备选行动方案做出选择。我们采用这个一般化定义。因此，只有在个体和群体经历决策时才会产生冲突。我们简要介绍几种根据我们早先讨论的决策模型定义的冲突类型。

我们可以把冲突现象分为三种主要类型：

1. 个体冲突，个体决策中产生的冲突。
2. 组织冲突，组织内部的个体或群体冲突。
3. 组织间冲突，组织或群体之间的冲突。

这三种类型的冲突通常是由完全不同的基本机制引起的，尽管有部分的重叠。我们的主要兴趣是第二种冲突——组织冲突。但是，我们也会陈述有关其他两种类型冲突的主要命题。我们不能完全忽略个体冲突，因为有一种组织冲突是由个体决策的问题引起的。我们也不能完全忽略组织间冲突，因为大型组织内部经常会发生不同群体之间的冲突。

在本章，我们的目的是考察冲突的三个主要特征：

1. 在什么情况下产生冲突？我们希望能预计在什么时候和什么地方会产生组织和个体冲突。

2. 个体和组织对冲突的反应是什么？一般说来，我们希望这种反应是试图解决冲突，我们也希望能说明这种努力采取什么形式。

3. 冲突的后果是什么？特别是在谈判的情况下，我们的兴趣是谁得到了什么。

因为最后一个问题主要涉及的是组织间冲突，所以我们的主要兴趣是前两点。我们会在第5.5节讨论谈判的理论。

5.1 个体冲突

为了说明个体冲突如何产生，我们由简单的决策环境谈起。如果诱发的备选行动方案中有一个方案明显优于其他方案，或者优先诱发的备选方案好到足以被接受，那么简单的决策环境就形成了。在这些条件下，决策会被很快做出，而且也无须对决策进行事先的评价。另一方面，如果没有哪个方案明显优于其他方案，或者最好的备选方案不是"足够好"，那么决策会推迟并需要事后的评价和合理化解释。

冲突有三种主要的产生方式，我们可以将其区分为**不能接受**、**不能比较**和**不确定**。在**不能接受**的情况下，个体至少知道每种备选行动方案的后果的概率分布。此外，他也能够毫不费力地确定会优先选取的备选方案，但这个方案不是足够好，即它不能达到令人满意的标准。在**不能比较**的情形下，个体知道后果的概率分布，但不能确定最优先选取的备选方案。在**不确定**的情形下，个体不知道行为选择和环境后果的概率分布。

我们该如何描述个体决策环境的三种主要类型呢？为了避免分类过于复杂，我们仅限于有五种可感后果的选择。它们是根据导致正面评价形势的选择概率（u）和导致负面评价形势的选择概率（w）来划分的。

1. **良好的**备选方案是有高 u-价值和低 w-价值的备选方案。关键价值 u 和 w 是主观决定的，并且因人而异。良好的备选方案超出了个体确定的可接受水平，因而是"切实可行的"。

2. **温和的**备选方案是 u 和 w 都低的备选方案。它几乎不可能造成对个体正面或负面价值的形势。

3. **混合的**备选方案是有高概率的不仅能产生积极评价后果也能产生消极评价后果的备选方案。在这种情况下，u 和 w 都是大。

4. **差劲的**备选方案是不可能产生有利后果，但可能产生不利后果的备选方案（即 u 小 w 大）。

5. 如果个体没有概括出与备选方案有关联的概率的概念，那么它就是**不确定的**。在这种情况下 u 和 w 是不确定的，因为后果是不被知道的或后果的主观效用是不被知道的。

为了建立个体冲突的分类框架，我们设想有 A 和 B 两种备选方案的选择环境，每种都包括上面提到的五种备选方案。那么，会有 25 种不同的选择环境，而其中的 10 种是另外 10 种的映像。因此，有 15 种产生三种冲突的不同情形，如下：

	备选方案 A	备选方案 B	冲突类型
1	良好的	良好的	不能比较
2	良好的	温和的	无冲突
3	良好的	混合的	无冲突
4	良好的	差劲的	无冲突
5	良好的	不确定的	无冲突
6	温和的	温和的	不能接受和不能比较
7	温和的	混合的	不能接受和不能比较
8	温和的	差劲的	不能接受
9	温和的	不确定的	不确定
10	混合的	混合的	不能接受和不能比较
11	混合的	差劲的	不能接受
12	混合的	不确定的	不确定
13	差劲的	差劲的	不能接受和不能比较
14	差劲的	不确定的	不确定
15	不确定的	不确定的	不确定

有些情况（类型 2～5）的无冲突是预期的。在这些情况下，一个备选方案可接受，另一个不可接受，因此决策并不困难。其他情况分别是不能比较、不能接受和不确定。

这些分类与米勒（Miller）和多拉德（Dollard）（Hunt，1944；Miller，1951；Miller and Dollard，1941）的冲突情形分类的关系是显而易见的。我们的类型 1 相当于"接近 – 接近"情形。类型 6～12 表示"接近 – 避免"情形的不同形式。类型 13 是"避免 – 避免"的冲突情形。类型 14～15 介绍的特性（不确定）在米勒 – 多拉德的理论中并不重要。这里和下面概述的冲突理论与古典冲突理论最显著的区别是，我们强调把冲突当作搜寻行为的发生器。尽管有适合古典模型的情形，从一套固定的行动备选方案中做出选择，但我们认为有机体对冲突情形的最普通的反应是寻找脱离困境的办法。当然，这与米勒 – 多拉德和卢因（Lewin）（1935）的主要命题是一致的。

对冲突的反应

我们不会全面探讨个体对冲突反应的命题，但我们会分析与组织与冲突相关的主要命题。

现在我们详细说明**可感冲突**（5.1）是**选择的主观不确定**（5.2）、**选择的主观不能比较**（5.3）和**选择的主观不能接受**（5.4）的函数 [5.1:5.2，5.3，5.4]。我们假定冲突被感知时，**减少冲突的动机**（5.5）就产生了 [5.5:5.1]。冲突表示系统失调的假定隐含了对该现象的所有讨论。

对冲突的反应取决于其来源。当冲突来源不确定时，个体会首先增加对已经被诱发的后果的**澄清**（5.6）的搜寻 [5.6:5.5，5.2]。若不能做到，他会增加对**新选择的搜寻**（5.7）[5.7:5.5，5.2]。换句话说，在搜寻新选择之前，个体会全面评价某些选择的倾向。这种优先努力有几种解释。首先，如果把世界看作有利的，并能提供许多良好的选择，那么只需要研究少数备选方案就能找到满意的方案。其次，把诱发选择的过程视作包括拒绝明显差劲的选择的无意识筛选机制，那么理性至上的解释会减少。最后，从准经济理论到准学习理论的所有解释中，我们可以假定个体会向过去的经验学习，而在类似情形下会做出被接受的可能性相对高的反应。在这种分析中，在寻找新选择之前，个体解决不确定的倾向的"平常"情形比"不平常"情形更强烈。这符合学习反应的普遍原理的一般学习命题。但是，即使情形是全新的，潜意识筛选大部分是无效的。如果他不是对情形的真实内容而是对问题解决的特性进行概括，那么个体决策者可能会以标准方式对情形做出反应。

当冲突的来源不能被接受时，个体会搜寻新的选择 [5.7:5.5，5.4]。减少冲突的动机（和搜寻率）的强度取决于**温和选择的获得性**（5.8）和**时间压力**（5.9）[5.5:5.8，5.9]。在前述的情况下，现有选择不能接受的认知触发了搜寻活动。发现"可接受"选择多次失利通常会导致对"可接受"的重新定义（Hunt，1944，pp.333-78）。因此，上述命题本质上是对抱负发生转变而需要多少次失败的陈述。该命题是脆弱的，因为它简单地假定抱负在调整之前**某些搜寻**会发生。在前一个命题中，搜寻倾向取决于世界本质上是良好的基本预期。

假设的第二部分认为搜寻速度是变化的，不仅取决于时间压力，也取决于作为出路的温和选择的获得性。一般说来，时间压力越大搜寻力度越大。在没有温和的选择可以获得时，搜寻的力度也会加大（Lewin，1935）。这是与创造与压力有关的普通命题。证据表明（至少对某些个体）当压力和时间压力达到极限时搜寻会变得无效。搜寻力度可能非常大但也非常老套。（Birch，1945；Lazarus，Deese，and Osler，1952）。

当冲突来源是不能比较（但不是不能接受）时，**决策时间**（5.10）会缩短 [5.10:5.3，5.4]。在这种情况下，选择取决于注意力和提出选择的顺序。我们并不认为个体从不评估选择之间的微小差别，但在几个满意的备选方案中选择更多地取决于注意力的次级刺激和提出的顺序，而不是对曲线漠不关心。例如，市场研究的文献有大量证据可以解释。

我们对个体冲突反应的主要假设如图 5-1 所示。

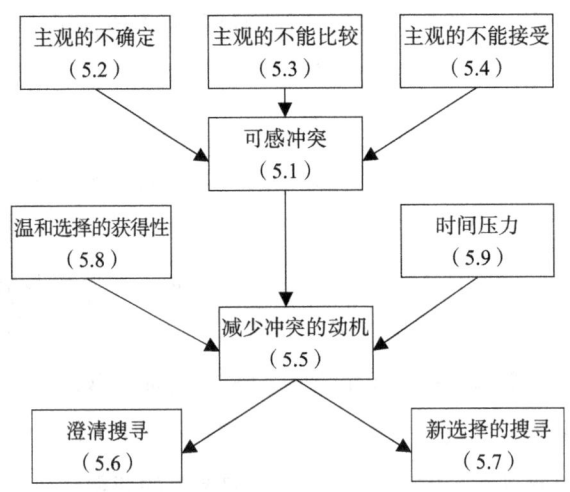

图 5-1　影响个体冲突和个体冲突反应的因素

5.2　组织冲突：组织内部的个体冲突

在这本书的几个地方，特别是对生产率和流动的讨论，我们考察了组织中引起个体冲突的具体问题。冲突也隐含了官僚目标转变的某些命题。在本章，我们会看到这些现象如何影响组织内部的冲突，冲突是如何产生的和组织如何对冲突做出反应。这些是我们现在要讨论的主题。

在组织中，每个成员可以公开地（或表面上公开地）评价组织的选择。

因此，通过描述个体成员的状态和在组织中起作用的决策规则，我们可以描绘出组织冲突情形的特性。

组织决策的难度至少部分是确定决策程序的函数。在独裁的、多数裁定的或一致同意的原则下，群体所起的作用是不同的。但是，在我们的讨论中，我们假定群体在一致同意的原则下起作用，至少是含蓄的。我们的意思是群体认为做出全体成员都同意的决策通常是重要的，即使在形式上可能采取其他的决策原则打破僵局。在我们的印象中这个限制不是特别严格，因为大多数的任务导向型组织都有追求意见一致的强烈倾向。尽管这些倾向强度不同，但如果在一致同意的模型下进行研究，我们可能不会走错路。

正如我们提出的，组织冲突是如何发生的呢？我们在区别组织冲突的两种主要类型。第一种组织冲突是，决策问题开始主要是由个体——内部的个体成员——引起的。在这种情况下，根据他自己的目标和认识，没有（或几乎没有）成员知道可接受的解决组织问题的备选方案。第二种组织冲突不是由个体在做出他们的决定时引起的，而是由组织中不同个体做出的选择的差异引起的。在这种情况下，不是个体参与者而是整个组织处于冲突状态。

出现冲突状况的类型可能不止这些。个体之间和个体内部的各种冲突组合也能够或将会出现。但是，我们希望区分组织冲突的情形通常是这种类型或是其他的类型，也希望根据冲突类型指出组织对决策问题反应的差别。本节我们关心的是组织中发生的个体冲突。在下一节我们会考虑群体间的冲突。

上述简短的讨论指出了个体冲突的三种类型：不确定、不能比较和不能接受。对于组织冲突的个体的内部类型，决策问题必须把所有（或几乎所有）与组织相关的成员与三种个人的冲突类型中的一种联系起来。相反，个体之间的冲突需要：（1）每个个体参与者都接受备选行动方案和；（2）不同参与者偏好不同的备选方案。因此，我们需要考虑个体内部冲突的影响，组织对这种冲突的反应和态度，以及平常讨论更多的个体之间的冲突。

根据先前的假设我们可以直接预计，当组织决策的外部环境存在广泛的不确定性或缺乏可接受的备选行动方案时，个体内部类型的组织冲突最有可能发生。当然，个体会改变，但许多环境特征会在这些方面影响个体判断。用"不确定"或"糟糕"来描绘环境或决策情形的特性是有意义的。这种意义在于：首先，在这种情形下个体的主观确定性比其他情形低；其次，个体通常认为环境几乎没有提供或没有提供良好的选择。

影响不确定的因素

我们可以提出两个假设：决策情形的**过去经验**（5.11）越**丰富**，个体内部的组织冲突越不可能发生 [5.2:5.11]；**决策情形的复杂性**（5.12）越低，个体内部的组织冲突越不可能发生 [5.2:5.12]。根据这些命题，我们推断个体内部类型的组织冲突为新产品定价或为基本技术发生重大改变的新产品线挑选生产设备，要比在稳定环境下为标准产品定价或为技术上没有重大变化的生产线选择生产设备更频繁。这些命题的证据事实上并不存在，尽管它们与把个体决策的时机看作复杂体和以前经验函数的现有资料的合理延伸是一致的（Cartwright，1941a，1941b；Festinger，1943a，1943b；Cartwright and Festinger，1943）。

同时，组织特性影响组织内部的不确定。例如，频繁的部门之间的人事变动的组织政策往往会停留在低水平的经验上。组织政策产生的不充分或难懂的"记忆"往往会强调不确定。

影响不能接受的因素

在我们转向讨论对现有选择产生或多或少"不能接受"感的因素时，我们必须再次主要依靠来自内省和个体行为推断的推论，特别是第 4 章提到的个体对组织选择的不满行为。抱负和实现的可能性之间的总体差异导致组织内部的个体冲突。我们知道从调整到抱负实现往往会存在时滞，当调整的滞后期很长时冲突就会产生。**抱负水平与实现之间的差异**（5.13）越大，组织内部个体冲突的可能性越高 [5.4:5.13]。

当**丰裕的环境**（5.14）突然向衰退转变时，这种抱负与实现之间的差异发生的最频繁 [5.13:5.14]。在商业组织的环境中，最明显的突如其来的逆转例子就是商业衰退。在衰退期间，个体的抱负水平远远高于得到满足的水平。因此，许多个体发现自己陷于各种不能接受的个人冲突中（Argyris，1952）。因此，我们可以预计相对正常的年份，这种类型的组织冲突在经济衰退和萧条期间会增加。

在没有实际衰退的经济趋势时，类似的结果也可能会发生。我们可以预计如果成就增长的速度突然停止，抱负水平会超过得到满足的水平。由于抱负水平可以和变化速度连在一起，因此一直发展良好但速率放慢的环境很可能会产生不能接受类型的冲突。因此，不仅在衰退期，在繁荣期，当发展减速时也可能会增加个体内部的组织冲突的频率（Stockford and Kunze，1950）。

我们也可以详细说明特别容易发生冲突的组织。例如，在增长的工业中，相对不成功的组织比其他组织更容易发生个体内部的组织冲突。

本节的主要命题如图 5-2 所示。

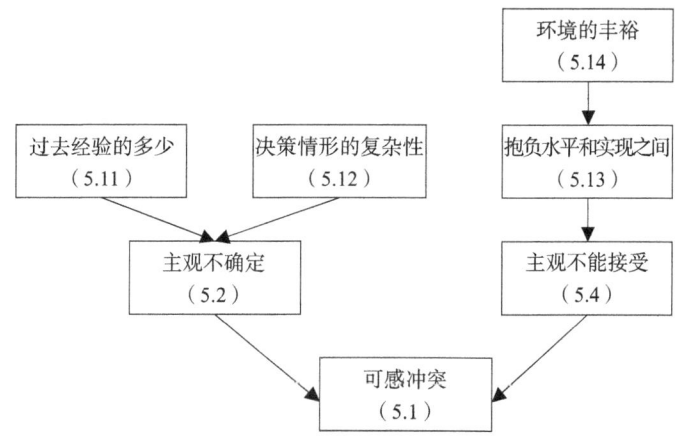

图 5-2　组织中影响个体冲突的因素

5.3　组织冲突：组织内部的群体冲突

由于存在广泛的个体冲突，组织内部群体冲突的必要条件之一——即不同的个体承诺——没有被满足，因此这种冲突会最小化。另一方面，不确定和不能接受的缺失不是群体间冲突的充要条件。假设个体有明确选择，我们需要明确说明在组织参与者中间产生不满而导致群体冲突的机制。

群体冲突的必要条件和个体冲突的总体缺失可以用三个变量来概括。积极的**联合决策感知需要**（5.15）和组织的参与者中间存在的**目标差异**（5.16）或**感知差异**（5.17）（或者二者同时存在），是**群体冲突**（5.18）的必要条件 [5.18:5.15，5.16，5.17]。因此，我们认为影响群体冲突有三个主要因素，并且它们没有以一种严格附加的方式列入机制，尽管这三个因素中的任何一个发生变化通常都会对潜在冲突的数量产生正面影响。

影响联合决策感知需要的因素

我们会在第 6 章详细讨论组织的互相依存。没有联合决策需要的组织（人们可以想象）可能要忍受其参与者中间的广泛的意见分歧。另一方面，当许多个体决策成为联合组织的决策时，冲突的潜在领域是大范围的（Schachter，1951）。

组织中联合决策的感知需要可以由许多因素引起，但有两个因素似乎特别关键。组织联合决策需要是由组织决策的两个中心问题产生的：资源分配和调度。**对有限资源的共同依赖**（5.19）越大，对那种资源联合决策的感知需要越强烈 [5.15:5.19]。**对活动时机的互相依存**（5.20）越大，对调度联合决策的感知需要越强烈 [5.15:5.20]。这些命题下的机制是显而易见的。只要有与稀缺资源和调度问题联系在一起，那么对于要控制其环境的参与者来说，任何内部压力都会导致他产生控制资源分配和影响其活动时机的压力（Sherif and Sherif，1956）。这就产生了由其他参与者做出相关决策的压力，因而也就产生了联合决策的压力。

为联合决策选择适当的领域本身也是决策，而其中非常可能出现组织冲突。例如，如果联合决策的压力基本上是单边的，我们会因抵制它而产生冲突。在大型任务导向型的组织中，一个重要的冲突领域是权威和权力关系领域。在第 3 章和第 4 章，我们提到过美国文化的平等主义规范和组织的权威等级制度之间的差异引起的人际关系问题。这个问题的强度（根据先前的假设）应该是等级制度中等级之间互相依存程度的函数。在这个例子中，组织冲突的特征之一特别明显——对部门之间互相依存的主观判断可能会改变；

上级和下级不会把同样的外部环境必然地视作相同数量的协调要求。后面我们还会讨论这个观点。

遗憾的是，一般命题只是得出了许多我们几乎无法找到可靠资料的具体预计。分享共同服务的单位之间比不分享共同服务的单位之间会有更多冲突，冲突的中心是服务单位提供的资源。在生产流程上，邻近的两个单位比其他单位会有更多冲突，而冲突的中心是流程代表的资源、产品等（Whyte，1947）。组织从属单位之间的冲突在预算和资金分配上特别尖锐，（一般说来）组织决策的其他方面没那么尖锐（Argyris，1952）。

虽然这些是联合决策的关键点，因而也是组织冲突的焦点，但它可能会限制相关机制的发挥作用。当联合决策的压力起因于调度问题时，至少其中某些问题可以通过建立缓冲存货加以减轻，以便单位的活动不会产生严重的时间依赖。因此，我们可以预计，使用存货的地方比没有使用存货的地方冲突要少。同样，在为不同经营单位服务的从属单位中间，如果服务单位以或多或少的固定区分的方式组织，那么协调的压力会减轻。在这种情况下，联合决策问题转变为不常发生的服务单位人员的分配决策。因此，我们可以预计，利用不是半固定分配的联合秘书的个体之间比利用半固定分配的秘书的个体之间会有更多冲突。

最后，对于预算分配中心的冲突，联合决策压力的强度取决于组织整体的资金限度。只要没有分配无限量馅饼的特别问题，只要组织现有资源的分配有可能与前一个预算期的分配一样多或更多，组织从属单位在协调和讨论时就不会感到任何强大的压力。只要出现这种情况，预算冲突会比资金的供给资源紧张要少（Kornhauser，Dubin，and Ross，1954）。这就提出了与联合决策的环境状态的感知需要有关的命题。环境越丰裕，联合决策的感知需要越少 [5.19:5.14]。

正如下面要指出的，通过部分相同的资源供给和调度，部门"相互联系"的总体水平也会影响（主要是与人际相互作用有关的）冲突的减少。

正如我们在前面提到的，联合决策的压力通过个体对协调需要的判断起作用。我们的命题忽略了在这种判断中人际关系的变化。在有些条件下，我们可能感到不能忽视人的因素。例如，我们假设，一个部门两个小组之间的互相依存度对两个小组负责人来说似乎要比对部门负责人少。一般说来，**组织层次**（5.21）越高，对联合决策的感知需要越强烈 [5.15:5.21]。我们期待这种结果，因为部门存在的根本原因主要在于其下属各部分协调的需要。因此部门负责人发现存在需要协调的问题时会警觉，而认为缺乏协调问题时他们会被激发。虽然这个机制由于向上认同和抱负而有点令人费解，但我们还是期待组织中任何层次的首长把他们的下属单位视作高度互相依存的单位，把他们所在单位视作高度自给的单位。

联合决策的压力是群体冲突的一个必要条件。此外，如果不确定性低、可接受备选方案常有，以至于个体冲突不占优势，那么群体间意见分歧和冲突的可能性就产生了。

影响目标差异的因素

正如前面指出的，如果有联合决策的压力，个体间冲突会在个体目标存在差异时或个体对现实的认识存在差异时产生。组织内部群体冲突在公司经济理论中几乎没有受到关注的一个原因是，这些理论假定组织内部在目标和认识上没有差异（Black，1948）。通常，组织目标被假定是给定的（例如，工商企业的利润最大化），对目标的不同解释或其他目标影响个体参与者行为的可能性就会被忽略了。同样（正如我们将在第 6 章提到的），人与人之间在知识上的差异也没有被考虑到。

假定个体动机的变化不是雇用合同的重点。假定个体动机是不同的，通过采用报偿（通常被看作金钱报偿）的手段满足他们的个体目标，组织参与者被诱导符合组织目标。因此，我们认为个体目标是组织目标的一部分，就像饥渴压力是学习实验中的特定行为一样。

但是，这种类型的"学习"取决于刺激环境和个体参与者的许多变量。对于大多数具体目标，金钱是非常有效的而被普遍采用的手段，但对于某些目标，它则无法满足要求。因此，金钱奖励的有效性是因人而异的。

我们会描述某些促进（或阻碍）个体参与者或从属单位之间目标差异的组织特性。这些特性通常划分为三种类型：

1. 组织内部影响个体目标共性的特性。
2. 影响奖励结构透明度和一致性并因而影响强化系统的特征。
3. 影响个体奖励一致性的特性。

与组织个体参与者的目标共性相联系的因素在其他地方讨论过（参见第3章）。目标共享往往是组织的招聘程序和相互作用模式的函数。首先，通过改变"准入"要求它可能会改变目标的同质性。因此，从某些院校雇用工程师的组织比没有这种要求的组织会雇用更多的同质参与者。全部由会计师组成的组织，比包括会计师、工程师、心理学家和艺术家在内的组织，有更高的个体目标的同质性。

一旦参与者被录用，个体目标同质性的变化会导致建立在假设之上的参考群体认同程度的变化。这些反过来又取决于组织内部相互作用模式的程度和特征（参见第3章）。另外，它们往往是时间的函数，而从属单位目标的差异是组织成熟的特征。

要克服个体目标多样化带来的问题，我们需要精心设计组织的奖励结构。雇用合同明确地说明，作为对金钱和其他报酬的交换，雇员要服从组织的目标。但是，奖励制度防止目标分歧的效果取决于组织的其他特征。

首先，模糊的奖励标准在协调个体目标上是无效的。**组织目标的主观作用**（5.22）越少，组织中个体目标的分歧越大 [5.16:5.22]。我们在第3章已经提到了影响目标主观作用的许多因素。这些因素包括组织类型（其日常活动程序化的程度）、组织规模和你在组织中所处的层次。因此，我们预计研究型组织比生产型组织由目标差异造成的冲突更多，通用汽车公司比萨姆经济市场（Sam' Economy Market）的冲突多，高层比基层的冲突多。

同时，虽然让个体成员或小集团竞争稀缺资源的奖励制度完全起作用，但会引起目标冲突。我们已经提到了无限量资源往往会减少联合决策的需要。同时，它们也会增加目标分化 [5.16:5.19]。在有利环境中经营的组织比在复杂环境中经营的组织能用更少的"能量"实现它们的具体目标。因此，组织的大量活动是为了满足个体或小集团的目标。由此产生的"组织宽裕"（Organizational slack）有几种后果。

这就意味着组织在危机期间通常能找到生存的方法，尽管在顺境期间出现可能会发生的经济状况非常困难（Cyert and March，1956）。

其次，组织内部的组织宽裕对群体冲突有直接影响。当资源相对无限量时，组织无须决定小集团要求的相对价值。因此，这些要求及其合理化往往不会受到挑战，但组织内部目标的重大差异发生了（Simon，1953b）。当资源有限、宽裕收紧时，组织内部个体成员和小集团之间的关系会变成近乎严酷的博弈竞争。由此我们预计随着资源的减少（例如，处在商业衰退期的工商业组织、引入法制经济的政府组织），群体冲突往往会增加。

最后，组织中的奖励制度很少会达到内部一致。一个原因是大多数制度是通过谈判和逐个策划"设计"出来的，因此不是每次都能清楚地考虑到一致性。另一个原因是没有一个制定奖励制度的机构。正如我们在前几章提到的，正式的等级制度并不是唯一的奖惩机构。传统的会计师对成本是高估还是低估的可取态度部分是在其职业培训中学来的，部分是由其职业群体加强的，（通常）部分是组织的等级制强化的。组织研究的主要领域是存在部分利益冲突的组织行为。

影响个体感知差异的因素

组织内部的冲突并非都是目标冲突。正如我们要在第6章和第7章提到的，构成组织决策基础的认知过程是主要因素。无论任何规模的组织，不同层次会有不同数量和种类的信息。这种不完全的信息共享导致组织内部意见分歧并产生组织内部联合决策的压力（Cartwright and Zander，1953）。

大部分与目标差异有关的命题都可以在第3章找到。大部分有关个体感知差异的命题会在第6章和第7章提到。因此，我们这里仅限于讨论有关的主要因素。

首先，个体目标和认知之间存在大量的相互作用关系。个体目标的差异越大，个体感知差异越大 [5.17:5.16]，反之亦然 [5.16:5.17]。这种与期望的价值一致的压力被许多人类行为的观察者所提到。部门划分和从属群体内部的社会影响结构的后果使组织的这种压力更严重了（Dearborn and Simon，1958）。

另外，组织特性影响参与者信息的共性有三种主要方式：

（1）组织成员可以分享共有信息来源；（2）组织内部信息处理的正式技术可以提供广泛的交流；（3）非正式信息渠道可以提供广泛的信息共享。

独立的信息来源（5.23）越多，组织内部的感知差异越大 [5.17:5.23]。因此，我们可以预计，在一个外部个体或一群个体垄断相关信息来源而不是有许多外部来源时，感知冲突会减少。这意味着有些领域（例如医疗服务）比其他领域（例如政治策略）认知差异会更少。它还意味着组织中的冲突程度可能取决于它从外部同质群体收集信息的程度。如果组织中收集外部潜在市场信息的人都是经济学家，那么他们可能会比那些既是经济学家又是心理学家的人获得更同质的对世界的认识。

信息处理渠道（5.24）越多，组织内部的感知差异越大 [5.17:5.24]。传送信息指的是限制发送信息的组织成员的人数。传送的信息量受正式组织流程的影响。例如，如果对原始成本数据的估计与组织其他部门所共知的不一样，那么数据的收集取决于传送这类资料的标准经营流程和审查这些估计的人所面临的时间压力。同样，组织的非正式沟通结构也会影响信息的共享。在部门有紧密"联系"（在工作方面、雇员类型方面等）时，我们可以预计个体感知差异比他们相对疏远时要小。换句话说，两个单位发生相互作用时（无论什么原因），这往往会激发其他相互作用并促进信息共享。部门中拥有更大自主权的组织比集权的组织有更多感知冲突（Simon，Kozmetsky，and Tyndall，1954）。

现在我们说明了部门的互相联系影响组织群体冲突的三种方式。联系越紧密，对联合决策的感知需要越强烈，目标差异越小，感知差异也越小。由于其中两个因素阻止冲突，另一个因素激发冲突，因此具体预计取决于个体的影响强度和他们之间的相互作用。因此，我们的预计不仅要明确说明他们的大致联系，而且要说明他们发挥作用的方式和关键变量的价值。

我们的主要命题参见图5-3所示。

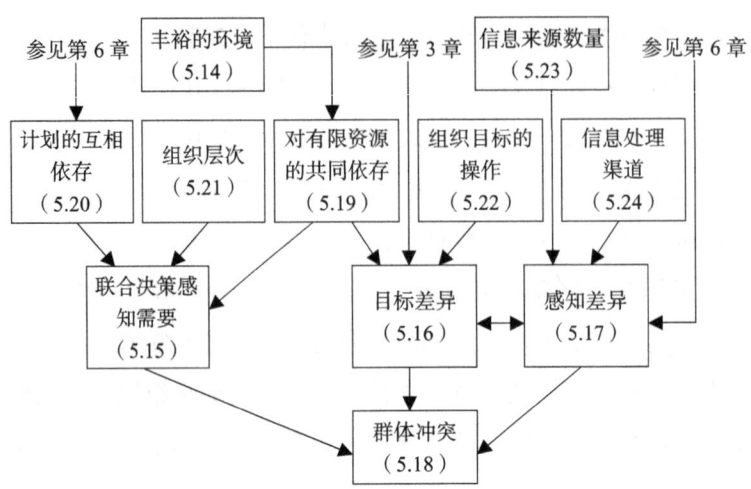

图 5-3 影响组织内部群体冲突的因素

5.4 组织对冲突的反应

迄今我们一直把冲突当作因变量,并且指出了可能发生冲突的条件。现在我们可以考虑组织冲突是自变量的命题了。同个体冲突的情况一样,我们假定内部冲突不是组织的稳定条件,解决个体冲突和群体冲突的努力是被有意识提出的。

组织对冲突的反应由四个步骤组成:

1. 问题解决。

2. 说服。

3. 谈判。

4. "政治"。

问题解决假定目标是共同的,决策问题是确定满足共同标准的解决办法。因此,在问题解决过程中,收集信息的重要性得到强调,搜寻行为得到加强了,而重点放在了激发新备选方案上。

在说服情况下,假定个体目标与组织目标不同,但目标被认为不是不能改变的。运用说服的假设是**在某个层次**目标是共同的,次级目标的分歧可以通过调解达成一致。比起问题的解决，说服较少地依赖信息收集，更强调对次级目标与其他目标一致性的检验。但是，同问题解决的情况一样，激发现象十分重要——在这种情况下激发相关标准(即被忽视的目标)。

谈判时，目标分歧被认为是不能改变的，无须说服的一致性被追寻着。流行的谈判理论的主要问题之一是，"解决办法"的谈判代表求助共享"公平"或"公开"的价值观念（即我们所说的说服），而不是坚持不懈、实力等方面的斗争（Schelling，1957）。在任一种情况下，我们都可以通过承认利益冲突、威胁、弄虚作假和花招等手段确定谈判程序。

"政治"过程在基本环境方面与谈判过程是一样的——群体之间存在利益冲突——但参与者们并不认为谈判的场所是一成不变的。在与强势者的关系上，弱势者（无论是组织的从属单位还是国内各州）的基本战略是不要两边都建立关系，而是与其中一方发展关系并建立潜在的联盟。群体谈判的组织冲突向政府机构扩展的趋势已是众所周知，与股东争论的情形一样激烈但没那么频繁。组织内部政治手段的适当运用也是解决群体冲突的重要技术（Selznick，1949；Lipset，1950）。

前两个过程（问题解决和说服）试图使个人决策与公共决策达成一致。我们把这两个过程称为**分析过程**。后两个过程（谈判与"政治"）与此不同，我们称为**谈判过程**。我们的目标是，明确地说明组织何时采用分析过程解决冲突，以及何时采用谈判过程。

采用分析过程解决冲突（5.25）的程度是**组织冲突类型**（5.26）的函数[5.25:5.26]。组织冲突越表现为个体冲突而不是群体冲突，采用更多的分析过程。换句话说，组织的决策不能达成一致是因为组织的个体参与者不能达成一致。我们预计组织的行为会与我们对个体冲突反应的命题相似。组织成员开始搜寻现有备选方案的新信息和那些备选方案的结果。相反，组织冲突越是表现为群体分歧的组织冲突越多，谈判的使用越多。

但是，通过谈判过程解决群体冲突和通过分析过程解决个体冲突的倾向不是不变的。这两个主要过程对组织的影响是不同的。特别是，谈判作为决策过程有潜在的分裂后果。谈判对组织的等级和权力系统必定造成压力。如果是力量更强的一方获胜，那么会造成更强烈的组织等级和权力差异的感知（在我们的文化中通常是机能障碍）；如果他们没有获胜，他们的地位会被削弱。此外，谈判等于承认组织目标的多样性并使其合法化。这种合法化破坏了组织等级制现有的控制技术。

由于谈判过程的这些后果，我们预计组织的等级制会感知所有冲突（并做出反应）——事实上不是群体冲突而是个体冲突。具体说，我们预计组织的所有争论几乎都可以确定为问题分析；而对冲突的最初反应会是问题解决和说服。这些反应会持续，即使它们看来好像不恰当。与有共同目标相比，没有共同目标时会更加明确地强调共同目标。谈判过程（当它出现时）会经常地隐蔽在分析框架内。

遗憾的是，虽然每项预计看来好像经得起检验，但我们没有检验它们的确凿证据。

5.5 组织间冲突

由于前面所说的原因，我们不会详尽地讨论组织间冲突。组织内部的群体冲突的许多现象与我们现在要考虑的现象几乎难以区别。组织的内部关系和外部关系的区别经常是模糊不清的。但是，在组织内部采用分析技术通常比在组织之间采用分析技术的压力更大。当然，这种压力通过广泛的社会机构和参考群体起作用，但影响大大减少了。

由于这个原因，有关组织间冲突的文献特别关注通过谈判过程解决冲突——谁得到什么。尽管对组织间的冲突问题已有各种各样的解决方法，尤其在经济学方面（Zeuthen，1930；Hicks，1932；Harsanyi，1956），但最近几年的谈判理论还是引起了博弈论者的特别关注。应用博弈论对解决寡头垄断行业公司之间（Shubik，1956）、民主国家政治党派之间（Luce and Rogow，1956）和国家之间（Deutsch，1954）的冲突进行了尝试。本书不打算考察从冯·诺曼（von Neumann）（1928，1937）首次提出，后来由冯·诺曼和莫吉斯坦（Morgenstern）（1944）发展的博弈论的全部文献，我们只简要地指出它解决了冲突理论的哪些问题,以及博弈论当前哪方面的发展方向最有希望。详细评价请参阅卢斯和雷法(Raiffa)的论文(1957)。

博弈论最令人满意的发展领域也是与组织间冲突的主要问题联系最小的领域——总的来看,两人和零和理论对谈判理论并没有多少贡献。另一方面,两人和 n- 人的合作博弈虽有关联却发展缓慢。更不用说它们的数学证明了。博弈论者指出了心理或社会假定对解决普通博弈问题的重要性,但没有对这些假设进行心理学的和社会学的研究。不过,1944 年以后 n- 人与非零和理论取得很大发展。

对组织间冲突特别有影响的发展是谈判过程的两个问题:(1)博弈者有可能形成什么联盟?如果形成,什么联盟是稳固的?(2)谈判的后果是什么?我们会简要说明这两个问题。

联盟结构

当有两个以上的参与者参加博弈时,联盟的可能性和稳固性的问题就会产生。谁会与谁联合?联合多久?在冯·诺曼和莫吉斯坦的研究中,联盟形成是 n- 人博弈理论的核心部分。他们在论述中假定所有可能的联盟都会被考虑;每个博弈者都精通博弈论知识(其他博弈者的战略除外);每个博弈者对后果和努力的最大期望效用有明确的优先顺序;报偿是根据无限可分的、无限制转让的商品决定的。根据这些假设有可能得到某些与联盟形成有关的"合理的"定性命题。但是,这些假设在先验根据和少数经验证据上都受到了挑战(Kalish,Milnor,Nash,and Nering,1952)。由于这些挑战,我们进行了修改或改变关键假定的研究,而我们为修改关键假定进行的所有研究却远远离题了。但是,特别有意义的是对拟建联盟施加限制的研究。卢斯(1954,1955a,1955b)认为联盟的变化通常只是一些小的局部改变(例如,每次轮换一人)。如果我们做出这样的限制并允许多个而不是一个稳固联盟的存在,一般说来联盟的最终形成不仅取决于博弈的特性而且取决于起始联盟的存在。传统博弈理论强调替代联盟的评价,尽管实际行为可能取决于起码同样的拟建联盟。卢斯的均衡理论可以被视作搜寻行为理论(具体说是搜寻替代联盟)。如果我们给它增加控制搜寻强度的机制,它会成为我们在本书讨论过多次的另一个行为模型的例子。

谈判结果

在对谈判结果的精确预计上，博弈论最初并不比传统经济理论更让人满意。它提供的是一组对可能结果是什么的说明——博弈的"解决办法"。例如，在一个高度专业化的经理与其所在组织谈判薪水的情境下，支付的薪水应该在该经理在别处可以得到的最大价值（即经理保证自己无须协调）和组织雇用与培养替任者的成本（即组织保证自己无须协调）之间。由于这个范围可能很大，因此该理论没有多大帮助。

有很多改进预计谈判结果的决定建议。这些研究提供了下述问题的答案：考虑到前面描述的冲突类型，什么是"公平的"结果？从这个角度观察问题时，有时它被描述为仲裁问题，因为它反映了公正的仲裁人的观点。此外，如果我们假定在我们的文化中有各党派必须（长期）遵守的一般公平标准，那么把谈判看作促进公平机制执行的社会规范和含蓄的仲裁是有可能的。在谈判情形下达成唯一结果的更知名的程序——纳什（Nash）（1950，1953）、沙普利（Shapley）（Kuhn and Tucker, 1953）和雷法（Raiffa）（Kuhn and Tucker, 1953）等人的——都满足"合理"公平的定义。纳什的程序或许是最知名的，他把公平的结果定义为个体效用结果最大化。这个结果主要取决于参与者对待风险的态度。一般说来，越愿意冒险的参与者会得到更有利的协定。纳什方案的新含义来自一般情况也来自如双寡头垄断情形等某些特殊情况（Mayberry, Nash, and Shubik, 1953）。

最近几年，博弈论的方法吸收了谈判过程略有不同的各种观念。或许最有意义的是最近谢林（Schelling）（1957）的非博弈进攻问题。他认为谈判情形的结果取决于谈判双方表现出的"公开"性。如果我们设想谈判情形难以被认识，我们可以预期个体会对这种情形做出"正常"的反应。这些反应被新情形诱发。"公开"与"公平"的关系是不清晰的。大体上，谢林的方案比博弈论建议的方案更少地取决于参与者对风险的态度和他们运用威胁的能力。一种用博弈论调和谢林的观念的方法是用谢林的理论确定谈判的替代方案，然后运用博弈论方法（例如纳什的理论）从中选择解决办法。

我们对谈判的讨论要到此结束了。罕有例外，谈判理论是在缺乏经验的状态下得出的。而对人的动机和行为的假定通常是建立在内省、具体案例的观察和数学分析基础上的。一般说来，如果严谨的经验研究在精力和能力方面能赶上最近十年数学的发展，那么我们对该理论的未来发展会更有信心。由于缺乏这样的研究，我们不得不研究谈判可能结果的细节，不得不说"现实世界"的谈判情形太复杂无序以至无法发展出一般的谈判理论。我们的看法是，让人失去希望的建议是不明智的。我们需要理论和证据的大量比较或许会证明，决定备选方案的（即联盟和解决办法的）因素与决定选择哪个备选方案作为解决办法的因素可能是完全不同的。

5.6 结论

在本章我们分析了冲突如何在组织内部产生和冲突产生了什么行为。我们讨论了两种完全不同的组织冲突：

1. 个体内部的冲突，组织成员自己难以做出选择。
2. 个体之间的冲突，组织成员的选择相互不一致。

我们认为个体冲突是由备选方案不能比较、备选方案不能接受或备选方案后果不确定引起的。我们认为组织环境和组织特征是造成组织内部个体冲突的部分原因。

同样，我们讨论了组织内部的群体冲突、它产生的条件和组织对它的反应。我们认为联合决策的感知需要、目标差异或感知差异或两者兼之对群体冲突是必要的。在这些情形下产生的条件，根据组织的知识是（部分）可以预计的。

由于组织冲突导致谈判和权力斗争的现象，本章与讨论组织行为动机因素的前几章不同。动机经常是明确的，利益冲突问题是直接的（尽管这不是组织情愿的）。因此，我们由对科学管理运动的动机因素完全回避转向博弈理论的人际冲突的中心角色。我们试图说明，动机和认知因素的相互作用在我们讨论的几个观点中是重要的。为了完成我们对"组织人"的描述，我们必须强调他作为理性决策者的贡献。这是我们要在下一章讨论的主题。

Organizations
第6章

理性的认知局限

在前面三章，我们讨论了动机和目标如何影响组织中人的行为。接下来的几章我们对把雇员看作"工具"的古典组织理论做了重要修正。在本章和下一章我们重点关注组织成员的一组不同特性——作为理性人的特性。在第7章末尾，我们会总结我们对这些特性的研究以及它们在组织理论中的意义，我们要完成我们为自己设定的主要任务：

1. 逐一地消除把雇员看作工具的古典理论的观念。

2. 用新概念代替古典理论的概念，即承认组织成员有需求、动机和欲望，同时也承认他们受他们的知识和他们的学习与解决问题的能力的限制。

首先，我们关注影响组织决策过程的人的理性的某些特性。其次，我们考察组织决策如何组织成"程序"或战略。在本章的第3节，鉴于导论的分析，我们再次考察组织识别现象，看看识别在多大程度上是理智的而不是动机的过程。本章的第4节我们考察决策过程对分工的意义，第5节讨论由分工引起的交流需要和过程。本章的最后一节我们陈述源自决策过程分析的有关组织结构的某些一般性命题。

6.1 理性的概念

如何比较"管理人"的理性与古典"经济人"或现代统计决策理论的理性？经济学和统计决策理论的理性人做出"最优"选择是在非常具体和明确的环境下：

1. 我们第一次遇到他在决策时，在选择行动之前，他已经筹划好了整套备选方案。这套备选方案是简单"给定的"，理论没有说它是如何获得的。

2. 每个备选方案都有一组后果——如果某个备选方案被选择因而会发生的事件。现有理论将其分为三种类型：

（1）**确定**，理论假定决策者掌握每个备选方案带来的后果的完全和准确的知识；

（2）**风险**，理论假定决策者掌握每种备选方案后果概率分布的准确知识；

（3）**不确定**，理论假定每种备选方案的后果属于所有可能后果的某个子集,但决策者不能确定某个后果发生的概率。

3. 起初,决策者拥有对所有后果由最偏好的到最不偏好排序的"效用功能"或"偏好顺序"。

4. 决策者选择导向偏好后果的备选方案。

在**确定**情况下,选择是明确的。在**风险**情况下,理性通常被定义为选择期望效用最大的备选方案。期望效用在这里被定义为以发生概率为权重和所有可能后果效用的平均值。在**不确定**情况下,理性的定义有争议。普遍流行的一种观点是"极大极小风险"法则,即认为采用任何备选方案都可能带来最坏的后果,因此选择与其他最坏备选方案相比"最坏后果"更可取的备选方案。还有其他观点(例如"极大极小后悔"法则),不过我们不在这里讨论了。

古典理论的某些问题

这个理性人模型有问题。首先,只在确定情况下它才与理性的常识概念相一致。特别是在不确定情况下,它们几乎是不一致的。即使在统计决策理论的代表者中间,对"正确"的定义或者对"正确"一词的理解都是不同的(Marschak, 1950)。

其次,现有理性人模型对决策机制有三个非常重要的要求。它假设:(1)所有供选择的备选方案是"给定的";(2)每个备选方案相应的所有后果是已知的(分别对应于确定、风险和不确定三种理性之一);(3)理性人对所有可能后果有完全的效用排序(或基数函数)。

人们几乎不反对规范模型的这些要求——模型告诉人们他们**应该**如何选择。因为如果理性人缺乏信息,他可能会以"要是他知道"的不同方式做出选择。他至多是"主观"理性而不是"客观"理性。但客观理性的概念假定存在"现实的"备选方案、"现实的"后果和"现实的"效用等客观现实。如果是这样,为什么在风险和不确定情况下的选择被认为是理性的就完全不清楚了;如果不是这样,在理性模型中为什么只考虑知识的局限后果,为什么忽略备选方案和效用知识的局限也不清楚了。

从现象学的观点来看,我们只能证明与参照系有关的理性,而这个参照系是由理性人的知识局限决定的。当然，我们可以引入主观选择观察者的概念，可以证明与观察者参照系有关的主观理性。如果观察对象是老鼠，观察者是人（特别是如果他是设计这个实验环境的人），那么我们可以把这个人对环境的感知看作客观的，把对老鼠的感知看作主观的（我们忽略和不考虑老鼠可能比人更清楚自己的效用函数这一具体困难）。但是，如果观察对象和观察者都是人——特别是如果在自然环境而不是在观察者为实验目的而设计的环境下——那么描述客观环境就变得困难了。在这种情况下，我们要非常谨慎地证明理性只与某些指定的参照系有关。

在第 2 章叙述的古典组织理论中，如古典经济理论，没有具体说明理性的主观性和相关特性，没有考察某些关键前提。在组织和社会环境中，决策者会发现什么是自己期望的后果，什么不是自己期望的；什么是他会考虑的备选方案，什么不是。在组织理论中不能把这些变量看成无法预期的独立因素，但它们本身仍必须由该理论决定和预计。

惯例化和问题解决反应

理性选择理论体现了两个基本特性：（1）选择总是在有限制的、近似的、简化的实际情境"模型"下进行的 [A-6.1]。我们把选择者的模型称为他的"情境定义"；（2）情境定义的因素不是"给定的"——换句话说，我们不能把这些因素作为我们的理论的数据——但它们本身是心理和社会过程的产物，包括选择者自己的行为和他所在情境中其他人的行为 [A-6.2]（Simon，1947，1955；March，1955a；Cyert and March，1955，1956；Newell，Shaw，and Simon，1958）。

（个体或组织的）行动通常可以找到某种环境刺激物，例如顾客订单或火警。对刺激物的反应有各种类型。在一种极端情况下，刺激物诱发的反应是事先已经开发和发现的对这类刺激物的恰当反应——有时非常复杂。这就是连续体末端的"惯例化"，刺激物几乎即时引起行为程序。

在另一种极端情况下，刺激物诱发更大量或更少量的问题解决活动，直接寻找做出反应的执行活动。事实上区分这些活动可以使已发现的行为程序成为不必要的程序。问题解决活动通常可以根据它们**搜寻**的程度加以识别，搜寻的目的是发现行动的备选方案或行动后果。"发现"备选方案可能包括建立和健全总体行为程序，而这些程序在问题解决者的储存中并不总是现成的（Katona，1951）。

如果刺激物是过去重复经历过的，那么反应通常是高度程序化的 [A-6.3]。连同最低限度的问题解决或其他计算活动，刺激物会诱发结构良好的情境定义，包括反应程序的储存和从储存中选择适当的具体的反应程序。如果刺激物相对新颖，它会诱发问题解决活动，最初的目的在于构造情境定义，接着是开发一个或多个适当的行为程序 [A-6.4]。

研究创造思维和问题解决的心理学家——例如，沃思艾默（Wertheimer）、邓克（Duncker）、德格鲁特（de Groot）、梅尔（Maier），和观察力敏锐的外行人——例如，波因卡尔（Poincaré）和哈达马德（Hadamard）一致同意把这些现象的大部分作用归因于搜寻过程。搜寻在一定程度上是随意的，但在有效的问题解决中它不是盲目的。搜寻过程的设计本身经常就是理性决策的对象。因此，我们可以区分实质性计划和程序性计划，前者开发新的行为程序，后者为问题解决的过程本身开发程序。对特定刺激物的反应可能不只涉及行为——刺激物可能诱发问题解决活动——还涉及问题解决活动惯例化到多大程度。例如，搜寻过程可能被检查清单的运用系统化了。

满意标准对最优标准

搜寻的类型和其他问题解决的活动需要为选择发现充足的备选方案和后果，而这取决于选择的应用标准。特别是，寻找最优备选方案与满意备选方案是完全不同的。一个备选方案是**最优的**，则：

1. 有一套可以比较所有备选方案的标准。
2. 根据这些标准，比起所有其他备选方案，是优先被考虑的备选方案。

一个备选方案是**满意的**，则：

1. 有一套描述最低满意备选方案的标准。
2. 被考虑的备选方案等于或超过所有这些标准。

不管是个体决策还是组织决策，大多数的人类决策都是发现和选择满意的备选方案；而只在例外情况决策是发现和选择最优的备选方案 [A-6.5]。达到最优需要的过程比达到满意需要的过程复杂几个数量级。从干草堆中寻找最细的针和从干草堆中寻找细到可以缝纫的针，这是两种搜寻差异的例子。

在做出达到满意标准的决策时，标准本身是情境定义的一部分。因此，我们不必把标准看作既定的——情境定义的其他因素很多——理论上应该包括这些标准设置和修改的过程。标准设置过程本身要满足理性标准，例如，设置标准的"最优"原则是获得新备选方案的边际增值，这要与搜寻满足最高标准的备选方案的边际成本达到平衡。当然，在实际中"边际增值"和"边际成本"很难用可比的单位或准确度测量。不过，如果备选方案容易被发现的标准提高，那么备选方案难以被发现的标准会降低，类似结果会自动出现。在这些情况下，如果考虑搜寻成本，被选择的备选方案不会离最优方案太远。既然在多数情况下人为标准往往会有这个特性，有些理论家引入搜寻成本以求完善最优模型。然而我们怀疑在多数情况下这是否能给该模型带来有利的备选方案，因为没有一个预计目的的模型能用于最后的判断。

行为程序

我们知道在某些情况下，搜寻和选择过程被大大简化。在此限度内，环境刺激物可能立即诱发来自组织的高度复杂的和组织化的一系列反应。这种一系列的反应我们称为行为程序，或简单称为程序。例如，消防局警铃的响声就是这种程序；在社会工作者的办公桌前的救济申请人同样是程序；装配线上工人的面前的汽车底盘同样是程序。

相对简单的刺激物就能激起复杂的活动程序，而在没有任何明显差别的环境下搜寻、解决问题和选择并非罕见。它们引起所有人的绝大部分行为，引起从事相对例行工作的人的所有行为。大部分行为，特别是组织中的大部分行为，是由行为程序控制的。

"程序"一词的意思不是完全刚性的。程序的内容对引起它的刺激物的大多数特性是有适应性的。甚至在简单的火警情况下，反应也取决于火警地点和火警次数。程序也视刺激物以外的情况而定。把行为程序称为行为战略更准确。例如，当库存记录显示现有货物数量降到进货点时，影响采购人员行为的决策原则可能要求他以过去 12 个月的销售量为基础以确定补充方案和订购量。在该例中，略去了问题搜寻，但保留了选择——当然是非常惯例化的。

我们把一系列惯例化的活动看作简化对特定刺激物的固定反应的开发的选择程度。在清楚确定的和系统分析的例行事务的惯例下，即使省略了搜寻，只要保留选择，我们仍然说活动是惯例化的。我们把必须先于问题解决的程序开发活动看作非惯例化的。

6.2 组织中的行为程序

确定某个组织采用什么程序有以下几种方法：

1. 观察组织成员的行为。对相对例行的职位容易根据行为推断程序，因为这些职位的相同情形会重复发生，且可以根据相当明确的程序处理。这是使组织新成员了解程序的常用方法。

2. 与组织成员面谈。大多数程序储存在执行该程序的组织成员的头脑中，或储存在他们上级、下级或同事的头脑中。实际上，了解人们做什么的最简单、最准确的方法就是问他们。

3. 查阅描述标准操作程序的文件。程序应该是书面的，而且要尽可能完整准确。书面操作程序与实际行为程序的关系是复杂的，但在下述情况程序应该是书面的。

（1）作为开始执行新程序和向将要执行程序的人传达程序的手段；

（2）叙述现有程序以训练组织新成员；

（3）解释（修正或不修正）现有程序使其合法化或"正式化"。

除这三点以外还有其他可能性。不管怎样，当文件被用作程序信息的来源时，准备它的目的就与对它的解释有关了。

利用这些或其他技术，受过组织观察训练的人能够得到决定例行行为的大部分程序。事实上这一常识的重要性被忽视了——组织的程序知识使组织有很大可能预计组织成员的行为细节。组织个体活动越**程序化**（6.1），他们的行为越**可预计**（6.2）[6.2:6.1]。

当然，通常来自程序知识的行为预计没有一个是与科学预计有联系的"令人感到意外"的因素——不会超过预计剧台上哈姆雷特的台词。常识显然并非不重要。

一般说来，我们预计程序是依据既定环境下的过去经验和未来经验的预期产生的。因此，个体活动的**重复度**（6.3）越高，程序化越高 [6.1:6.3]。由此可以预计程序化最适合文书和工厂的工作，特别是按流程组织的工作。

当任务相对简单和例行时程序的行为预计是格兹考和西蒙（1955）的 Bavelas 网络五人实验小组的研究成果。应用方法分析技术，他们能够预计小组平均的试验次数在小组用来执行任务的方法知识的 10% 以内。

如果程序决定个体和群体执行相对例行任务行为的某些细节，那么我们可以预计我们能回答下列问题的行为到什么程度：（1）什么动机使组织成员接受决定他们行为的程序？除了动机，程序执行包括什么流程？这个问题在前几章已有叙述。（2）什么决定程序的内容？根据任务要求程序能预计到什么程度？程序是如何建立和开发的？该过程的决定因素是什么？（3）对组织的目标和次目标结构，已开发和执行的程序的后果是什么？（4）在非惯例化和与非程序化领域什么是行为的预测器？这个问题会在下一章讨论。

现在我们转向第二个和第三个问题。

程序的内容

自动化的推广普及表明许多人类活动（包括体力活动和文书活动）可以程序化到完成越来越广泛任务的程度。为了用自动程序代替人工操作，详尽地描述任务并按步骤进行是必要的。任务被分解成基本的程序步骤在现代计算机执行上千程序的例子中能得到最惊人的体现。计算机的能力现在扩展到许多被认为相对复杂的领域，包括相当常规的解决问题的活动。小型电动汽车和变压器自动设计的几种计算机程序——能使计算机为某个数学定理寻求证明的程序和语言翻译程序——是其中的几个例子。

即使日常工作，**程序内容**（6.4）也是不同的。我们曾经提到的极端例子对人工装配操作的产量、方法和速度有详细说明，但并非所有程序都是如此。它们可能不包含详细的时间说明（例如典型的机器操作）。事实上，程序通常比时间安排更需要说明活动的具体内容 [A-6.6]。它们具体说明的也许不是所用方法的细节而是产品的特性（例如，行动计划、公差等）。我们需要依据这些维度来解释各种程序内容的命题：

1. 使速度原则成为程序的程度。
2. 程序中工作活动的详细程度。
3. 程序中产品说明的详细程度。

由于行为程序是组织体系的重要方面，程序的内容往往会与它们执行的功能有关。我们可以识别程序执行或至少打算执行的两种主要功能。首先，它们是组织控制体系的一部分。组织试图通过详尽的标准操作流程控制雇员和实施组织的奖励和惩罚。其次，行为程序是组织协调体系的重要部分。它们有助于满足互相依存的预计需要 [A-6.7]（Blau，1955）。

程序要发挥控制功能，必须与可观察、可测量的变量相联系。我们预计程序内容是**观察工作活动的安逸**（6.5）、**观察工作产量的安逸**（6.6）和**与产量有关活动的安逸**（6.7）的函数 [6.4:6.5, 6.6, 6.7]。因此，我们预计在以下情况中活动说明比产品说明被优先包含在程序中：（1）活动方式容易观察和监控；（2）产品数量与质量不容易观察和监控；（3）活动方式与产量的联系高度技术性，是科学和工程知识问题，组织中的专家比工人更熟悉（Ridley and Simon，1938）。

相反，程序包含产品数量和质量程度说明的是：（1）活动方式不易观察和监控；（2）产品的数量与质量容易观察和监控；（3）活动方式与产量的联系是常识问题，是受过专门职业训练的操作技能问题，是高度变化的和视个别情况而定的，工人比主管和专家更熟悉。

由于行为程序起协调手段的作用，它们必须与组织的协调需要联系在一起。因此，我们假设程序内容是**活动协调需要**（6.8）和**产量协调需要**（6.9）

的函数 [6.4:6.8，6.9]。组织的其他成员需要与某个成员的活动协调行动越经常，程序对这些活动的类型和/或速度的说明越具体完整。但前者活动的程度取决于后者的产量特性而不是他的活动，程序会详细说明产品特性。

这些有关程序内容的命题源自程序会理性地适应组织目标的假设。实际上这个假设在一定程度上决定程序，程序内容完全成为技术问题，与生产功能是技术问题在形式上是一样的。前面提到，在Bavelas网络实验中，最有效的执行任务的程序的决定因素是依赖于人的生理常量知识的方法研究的运用——那个时代要求完成具体简单的行为。如果假设组织在某个时期实际上会实现有效的程序，那么我们可以根据我们的技术分析来预测该组织的长期行为。

但是，假定我们用预计假设的这种方法，即前述的行为是有限意义上的理性代替最大化假设，那么被搜寻的程序会"令人满意"地起作用，没有必要搜寻或寻找"最优的"程序。在这种情况下，预计程序变得更困难了。在这种环境下，满意的程序（大概无数）中哪一个是组织潜在程序取决于组织用来建立新程序和完善现有程序的流程。这些流程将是下一章的主题。

程序的结构

为了进一步阐释处理重复性事件的程序结构，我们会叙述企业控制库存经常采用的某些正式流程。我们会首先分析常见的库存控制"双箱"的系统，然后是更复杂的系统。

在库存控制的双箱系统中，为保持存货要建立两个量：订货量（一次订货的采购量）和缓冲库存（新定单发出时手头的留存量）。这个程序非常简单。

1. 从库存中领取原材料时，记录剩余库存量是否等于或超过缓冲库存。

2. 如果确实等于或超过缓冲库存，那么为具体订货量填写采购单。

我们把第一个步骤称为"程序激发"步骤，把第二个步骤称为"程序执行"步骤。分支点是程序的特征——程序包括诱发程序的环境说明 [A-6.8]。在刚才提到的例子中，程序详细说明了特定观察，即出现特定事件（从库存领取原材料）时发生的情况（缓冲库存是否足够）。决定行动还是不行动（实施还是不实施程序）是以观察的结果为基础的。

程序激发步骤可能只是对某些其他活动的辅助性观察（如上述例子），或者可能诱发对环境某些部分的系统审视（例如质量检验人员的工作）。此外，一个组织成员的程序执行步骤可能有助于另一个成员的程序激发步骤。在上例中，采购人员收到库存人员的订单就是采购部门的程序激发步骤。

在这个非常简单的例子中，程序执行步骤既不要求自行决定也不要求问题解决。在更复杂的情况下，程序会成为战略，即行动会是各种环境特性的偶然事件。例如，在更复杂的库存控制计划中，采购量可能取决于销售预测。这个程序可以这样描述：

1. 从库存领取原材料时，记录剩余库存量是否等于或超过缓冲库存。

2. 如果是，根据销售部门提供的下月（k）预期销售量的销售预测做出决定。

3. 将需求量代入"订购量公式"，确定采购量并填写采购订单。

尽管它是受具体变化影响的偶然事件，但这个程序也不允许执行该程序的人自行决定——至少是在"斟酌决定权"这个词的一般意义上。但是，如果组织不向该职员提供正式的销售预测，或不确定具体的订货量，那么在这种情况下我们说该职员的活动是有斟酌决定的自由的。通过观察与访谈我们可能发现该职员实际上遵循非常明确和不变的程序，只不过这个程序储存在他的记忆里，没有记录在正式说明中而已。

斟酌决定的性质

组织参与者获得的**斟酌决定权**（6.10）的数量和类型是其行为程序，特别是该程序说明活动（手段）的具体程度和说明产品或产量（目的）的具体程度的函数 [6.10:6.4]。程序对后者的指导越多，它允许执行该程序的人在满足手段-目的关系上的斟酌决定的自由越多。比较前面提到的程序和下面的替代程序：

> 库存人员的职责是决定每种货物何时订购和订购多少，并向采购部门发出订单。他在履行这项职能时应关注库存保有成本、缺货成本和大量订购的经济性。

如果我们把最后一句话解释为责令该职员做到指定总成本最小化，我们认为这个程序指定了目标，但没有规定手段。由这些前提出发，要构建"理性的"程序需要下列步骤：

1. 用确切的词语确定总成本函数。
2. 估计成本函数的系数。
3. 得出说明订购原则的公式或"战略"作为下列因素的函数。
   - 成本函数的系数；
   - 销售预测（即找到最小化步骤 1 的政策）。
4. 把步骤 2 估计的系数和销售预测代入公式。

在传统的理性行为理论框架中没有斟酌决定的位置。但是，在这个理论中大量现象归入这个题目的范围。

首先，当程序包括搜寻活动时，行动的实际过程取决于发现了什么。我们可能把搜寻后的行动过程的选择看作斟酌决定。

其次，当程序是战略时，某些环境下的战略应用需要预测或估计其他资料。我们可能把行动过程选择的战略应用看作斟酌决定。

最后，程序可能存在于应用程序的个体的记忆里，这要么是外部组织训练（例如职业训练或学徒）的结果，要么是向经验学习的产物。它不会是正式说明的结果。在这些情况下，我们经常把他的行为方式看作斟酌决定。

在前面列举的所有例子中，决策程序实际上是高度惯例化的——"斟酌决定"一词在这些例子中指的是行为程序的方式或获得它的来源。这些例子要与"斟酌决定"的第四种含义区别开来——程序可能只确定总目标，不指定实现目标的具体行动。此外，手段–目的关系的知识可能非常不完整和不准确，这些知识事先不可能得到充分说明。因此"斟酌决定"指的就是通过解决问题和学习过程行为程序的发展和修改。虽然难以在改变程序和改变应用程序的资料之间划一条明确的界线，但我们还是认为两者存在重要程度的差别。考虑到"斟酌决定"一词有这几种意义，我们就不需要根据"斟酌决定"的程度划分命题，因为这些都包含在提到的说明程序的形式、内容和完备性的命题里了。

程序的相互关系

不管简单的还是复杂的，程序被某些刺激物诱发时就开始了。组织程序化活动的总体模式是程序执行的复杂交织，每个程序都是由与其相应的程序诱发步骤引发的 [A-6.9]。

在诱发程序的刺激物来自组织外部的情况下，这种个别交织只与大家对相同时间和资源都提出要求并因而引起的分配问题有关。不过，如果最优化目标是当真的，那么这个分配问题通常会使问题的解决过程极其复杂化，因为它要求对任何特定刺激做出反应活动的边际收益与对其他所有刺激做出反应活动的边际收益相等。因此，所有程序必须同步决定。

当目标是以满意的而不必以最优的方式对刺激做出反应时，选择就简单多了，因为标准可以在对每个刺激做出满意的反应而无须考虑其他刺激物水平上的设置。在这些条件下，组织通常会有些松懈，会降低几个行为程序的互相依存性。

除分享资源外，程序之间还有其他且更基本的联系。例如，A 程序可能是较高层次的程序，即问题解决活动的目标是改变其他计划，要么设置新程序，恢复原有程序；要么简单修改现有程序的个别前提。在这种情况下，与 A 有关的较低层次程序的**内容**将取决于 A 程序。或者，A 程序可能是这样的程序，它的实施步骤是启动 B 程序的刺激物。

存货的例子说明了这两种可能。对于第一种可能，A 程序可能是预测程序，或者是定期修改成本函数的系数的程序。对于第二种可能，库存人员对采购部门发出的订单是后者采购程序启动的刺激物。

程序和组织结构

在组织成员的等级关系和程序要素的层级关系之间，组织通常有大量平行级别。换句话说，组织高层成员的程序是基层个体程序修改或启动的主要产出 [A-6.10]。

任何组织都有程序储存，可以将目标导向方式应用于广泛情形。当新情形出现时，考虑细节因素的全新程序的设置很少是经过深思熟虑的。在多数情况下，程序修改是通过已有基层程序的重新组合实现的 [A-6.11]。标准化的主要目标是通过相对少数基本程序的组合和重新组合尽可能地扩大程序应用的情形范围。

从认知观点来看，限制高层程序的重组活动而不是限制用细小因素详细设置新程序，是非常重要的。我们对理性行为的讨论依赖这个命题，即"实际"情形几乎总是太复杂了，以至不能从细节上处理。随着我们在基层主管到高层经理的等级制向上发展，个体的相互关系范围变得越来越广泛、越来越复杂。如果问题以整体或总体方式来处理，那么问题的不断复杂只能和个体的有限权力相一致。做到这一点的一个途径就是，限制通过程序储存的组合，重新考虑行动的备选方案（Simon，1953b）。

我们再次以库存为例来说明这一点。高层管理决定总库存费用但不控制个别货物库存费用的分配。具体的库存控制程序由组织的较低级部门制定。

6.3 感知与识别

我们已经知道，不管是管理组织内部的人还是外部的人，他们的理性行为只是相对于某些"给定的"情境特性。这些"给定的"特性包括关于未来事件或未来事件的概率分布、行动的现有备选方案的知识、备选方案后果的知识——或多或少完整的知识——和根据偏好给后果和备选方案排序的准则或原则。

这四组给定的特性确定了理性行动者面前的情境。为了预计他的行为，我们需要这方面的详细说明，准确地说，情境说明即使不是"实际的"，外部观察者也能明白。

对于行动者，导致他以特别方法明确情境的步骤是一个情感与认知交织的复杂过程。一个人的需要和偏好影响他的观察，而他的观察影响他的需要和偏好。

在前面三章，我们主要考察动机和情感因素。我们考察了个体目标和组织目标的关系、由参考群体获得目标的途径和遵从群体目标的动机基础。认知是与达到目标相关的情境定义的一部分——决定什么方法会达到预期目的。但认知也是目标形成过程的一部分，因为目标用作选择标准是很少代表"最终的"或"终极的"价值观念的。它们反而影响手段与目的的可感关系，并因此被这些关系的新看法所修改。既然目标架起了动机和认知之间的重要桥梁，我们将以子目标形成为主题考察情境定义的认知因素。

子目标形成的认知面

个体每次注意的事情数量是有限的。行动者的情境定义与客观情境有很大差异的基本原因是后者过于复杂以至不能处理所有细节。理性行为是用简单到能够用问题解决过程处理的理性模型代替复杂的现实。

在整个复杂问题的不同方面由不同个体或不同群体处理的组织中，简化问题的基本技术是把问题分解成许多个几乎独立的部分。这使得每个组织单位能处理其中一部分，并能排除情境定义的其他部分 [A-6.12]。这项技术在个体和小集团行为中也是重要的。大型的复杂任务被分解成一系列较小的任务，而它们的结合意味着大任务的完成。组织比个体能更详尽地把大任务分解成不同部分，但基本理由是相同的——情境定义必须简单到能被人的心智随时完成。

分解问题的首要途径是建立手段–目的分析。用这种方法确定的手段成为指派个别组织单位的子目标 [A-6.13]。这种权力分配经常被称为"目的型组织"或"目的型部门划分"。

这种特殊的子目标形成过程的动机相当简单。激发个体或群体接受通过组织的合法（正式或非正式）过程分配给他们的任务的任何东西都会为子目标提供动机。因为子目标在情境定义中是含蓄的或明确的，像它被并入任务分配中一样。

子目标把任务分配给组织单位后，组织的其他子目标或目标的其他方面往往会被从属单位的决策所忽略。这种决策偏差部分地归因于**注意焦点**（6.11）的转移。由于忽略某些准则和特别强调其他准则，从属单位面临的情境定义被简化了。我们特别预计注意的是**子目标差异**（6.12）和**子目标持续性**（6.13）的函数 [6.11:6.12, 6.13]。

即使子目标与组织目标相冲突，组织单位的成员也仅仅根据子目标评价行动的倾向，而这至少被三个认知机制所强化。第一个与个体决策者有关，第二个在组织单位内部，第三个在组织单位的环境中。

个体方面的强化体现在选择性认知和合理化上。那就是，子目标的持续性被其产生的注意焦点所促进 [6.13:6.11]。个体看待与他们建立的参照系相符合的事情的倾向会在个体心里完全形成。与参照系不一致的认知在形成意识前就被过滤了，或者被重新解释或"合理化"以消除不一致。参照系使认知生效的作用就像认知使参照系生效的作用一样大。

在组织单位内部，强化体现在**小集团交流的内容**（6.14）。这种交流影响**信息的焦点**（6.15）[6.15:6.14]，并因此提高子目标的持续性 [6.13:6.15]。我们大量的事实知识不是通过直接的感觉获得的，而是从各种社会传播渠道传播的其他人感知的第 n 手叙述中获得的。由于这些感知已经过一个或多个传播者（他们多数人的参照系与我们类似）过滤，他们的叙述通常与经过我们的感知过滤后的叙述相一致，并会强化我们的叙述。在组织中，小集团的两种主要形式在过滤方面具有重要意义，这两种小集团是由特定组织单位成员组成的小集团和由相同职业成员组成的小集团 [A-6.14]。因此，我们可以区分**组织**认同和**职业**认同。当然，还会有其他方式，但在经验上这些最重要。

最后，强化体现在对环境刺激物的选择性公开上。**组织内部的分工**（6.16）影响不同成员接收的信息 [6.15:6.16]。信息差异是子目标差异的部分原因 [6.12:6.15]。这种环境感知甚至在接收者的参照系过滤前就有偏差了。销售人员生活在顾客环境中，公司财会人员生活在银行职员环境中，他们各自看到的世界有天壤之别（Dearborn and Simon，1958）。

这个强化来源与前面提到的两种来源有一个重要区别。通过选择性认知和合理化的强化与通过小集团交流的强化可以解释，一旦它在个体或群体中建立起来，特定情境的定义能非常稳固地保持不变。但是，这些机制没有解释在特定环境下会建立什么环境定义——它们解释行为持续性而不是行为的起因。为了预计我们在组织的特定部门可能会找到什么样的特定子目标，必须把下面两点作为我们的出发点：(1) 由于组织目标分析而发生的子目标分配体系和 (2) 每个组织单位在执行分配任务时面临的各种刺激物。在后一种情况下，我们必须包括与特定子目标有关的那些行动后果的组织单位的选择性反馈。

通过这些子目标和子目标认知形成机制，注意力有选择性地集中于备选方案的某些后果，并有选择性地忽略其他后果。这些影响的重要性部分取决于组织个体参与者的"能力"变化。**注意的范围**（6.17）越小，注意的焦点越集中，这样上面提及的筛选机制越重要 [6.11:6.17]。当然，决定注意范围的特别重要的一个变量是**时间压力**（6.18）[6.17:6.18]。通常我们预计在时间紧迫时我们的选择性认知最敏锐。这些变量之间的关系如图 6-1 所示。

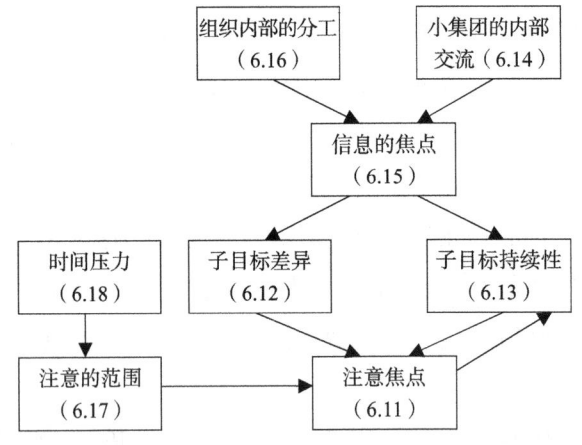

图 6-1 影响子目标选择注意的某些因素

情境定义中的其他认知方面

对上一节的所有陈述进行适当修改后，适用于情境定义中除了目标和价值观念之外的其他因素。换句话说，情境定义代表客观情境的简化的、经筛选的和有倾向性的模型，所有过滤影响构成决策过程一部分的"给定条件"——关于未来事件的知识或假定；现有备选行动方案的知识；备选方案后果的知识；目标和价值观念（Levin, 1956; Gore, 1956）。

仅仅考虑未来和现在事件的知识和假设——"限定因素"、"不确定性专注"。ABC 公司 1961 年将销售什么是个实际问题，但这个问题可能会成为组织情境问题——组织内部所有与1961年销售数字有关的行动都是建立在"正式"销售预测基础上的。处理不确定的未来和现在实际情况的组织技术会在本章的下一节讨论。

相关现象是对在组织里进一步沟通的原始信息的归纳。气象人员要观察气温、湿度和气压，但仅以天气预报的形式公布他的结论。在组织沟通中，证据被来自那些证据的结论所代替，并且这些结论成为组织其余行动的"假设事实"[A-6.15]。一个特殊的形式或总结就是分类。当一个特殊事件被归入某一类时，这一类的所有属性会归属于它的个别情况。优先系统就是一种重要的正式分类策略的例子。

同样，个体和组织建立行动程序的储存以适应不同环境。这些程序经常与分类系统结合，一旦情境被归属于具体类别，相应的行动程序能够应用于它。这种行为程序的储存，加上能使用的必要习惯和技能，构成了专业和职业训练的大部分。

认知的结论与子目标的选择性注意密切有关，这里不再详细阐述了。

为了决定备选行动方案和目标满意之间的关系（实际的或不实际的），包括情境定义在内的目标会影响选择——这种选择仅仅取决于目标是否能得到实现和在多大程度上得到实现，也取决于选择的具体行动。当检验行动的方法被认为与特定目标或可能的行动过程的标准有关的，这个标准被称为**操作性的**。否则，这个标准被称为非操作性的。这个区别在探讨组织奖励制度时已经讨论过了。

为某些目的我们需要进一步区分可在行动前评价手段-目的关系与它们在事后被评价的差异。我们把前一种情况的操作性目标称为事先操作性，后一种情况称为事后操作性。

提高总体福利的目标经常是政府政策制定中情境定义的一部分。它是非操作性目标，因为它没有提供（事先的或事后的）比较备选政策方案的测量标杆，只是通过子目标的介入与具体行动有关。这些与广泛的"总体福利"相关的子目标是假定的而不是可检验的，在实际选择情境中成为操作性目标。（严格地说，目标是操作性的还是非操作性的不是是与不是的问题，而是"操作性"的程度问题。但是，说成是连续体的两端经常是为了方便）。

导致用子目标代替总目标作为决策标准的重要环境是，前者被看作操作性的而后者是非操作性的 [A-6.16]。例如，公司可能在某种程度上理解自己的具体行动如何影响市场份额，但很少理解自己的行动如何影响长期利润。那么，维持某个市场份额的子目标可能成为有效的行动标准——操作性目标。

结合预期组织行为理性的普遍原理，操作性和非操作性目标的差异导致与这两种目标联系在一起的两种性质不同的决策过程。当许多人正在参与决策过程时，并且这些个体有相同的操作性目标，行动的不同意见会通过占主导地位的分析过程得到解决，即通过对预期行动后果的分析和对共同目标的理解。当情境中没有一项假定条件（当目标不是共享的，或当共享目标不是操作性的和操作性子目标不是共享的）时，决策会通过占主导地位的谈判过程做出。当然，第5章对这些进行了区分和预计，并得到前面提出的命题——理性的分析过程先于谈判过程到前者可行的程度。可行性条件是有共享操作性目标，当它不能得到检验时，该命题是完全可检验的。决策过程中参与者的目标结构可以通过观察他们的相互作用、面谈或民意测验技术确定。他们对手段–目的关系和对测试这些关系的可能方法的理解，也可以用同样方法确定。已发现的谈判数量根据这类方法为他们的实际相互作用编码并不难。

操作性和非操作性目标的区别已经成为区分单一组织和联合组织单位的基础（Simon，Smithburg，and Thompson，1950，pp.268-72）。这个区别会在下一章探讨。

操作性和非操作性目标的区别也适用于解释为什么公共支出理论的发展完善从未比得上公共税收理论。公共支出理论的经济方法假定了一些"效用"或"福利"函数。理性支出模型是每个支出方向上的边际支出和福利的边际贡献相等的模型。尽管这个陈述在公共财政文献中经常看到，但很少有人继续发展此理论。原因是，福利最大化目标没有任何操作的基础（因为政府服务子目标没有共同的操作性标准），这使得一般陈述既不能说明又不能规定行为（Simon，1943）。

在组织文献中，子目标的认同通常被认为是动机。因此，在组织单位间的冲突分析中，冲突的情感面被强调了。在本节，我们已经知道认知过程对子目标认同的产生和强化是非常重要的。为决策和行动目的，子目标可能取代总体目标成为用现实的简化模型代替复杂现实的整个过程的一部分（Blau，1955）。

子目标认同是由动机还是由认知产生的有什么不同吗？对子目标的情感是被内在化了还是仅仅是间接通过某些其他目标的认知联系？短期内它可能确实很少或根本没有区分，我们从短期行为中也很难发现区分这两种机制的证据。但在改变认同的过程中它可能会有巨大差别。对与其他目标的**认知联系的认同相依性**（6.19）越大，**改变目标的重点注意力的直接刺激影响**（6.20）越大 [6.20:6.19]。由于同样原因，认同取决于认知联系、评价备选行动方案和目标之间手段 – 目的关系的新技术的发明，会把谈判过程改变为理性分析过程。这些假设在经验上可以得到检验。

6.4 分工

在任务高度程序化的情况下，分工是在个体中间和组织单位之间有效分配活动的问题——分配问题在第 2 章已经讨论过了。但是，我们需要区分往往会被古典理论忽略的两种差异：首先是个体雇员的专业化问题和组织单位的专业化问题。没有理由认为两个问题的答案是完全一样的，或这两个问题适用于相同的一般原则；其次，分工对相对程序化任务的执行是最有效的，这与相对非程序化任务的执行是不相同的。在本节，我们主要讨论程序化任务，非程序化任务留到下一章讨论。

个体专业化经济学主要是由重复应用程序的机会产生的 [A-6.17]。为了让个人有能力执行具体程序就需要投资训练。在自动化操作中，为了让机器执行程序同样需要资本投资。在采用计算机的情况下，大部分投资实际上是由机器执行具体操作的程序成本构成的。在所有这些情况中，经济性都源自为使程序执行每单位投资成本最小化的工作安排。

使机器成为程序或由人获得程序通常采用归纳法的形式——能够广泛用于执行各种不同任务的技能或操作能力。例如，打字技能是一种把任何手稿转变为打字形式的技能，打字是作为范围广泛的程序中的子程序出现的。同样，钻床是一种钻孔能力，当某些产品的制造需要钻孔时会启用该程序。

这个相当明显的观点是高度程序化专门活动的核心问题的基础。设想在一个执行大量任务、每项任务都由产品制造组成的组织中，如果我们把制造过程分解成子程序，我们会发现安排工作变得经济了。这有利于用专业化手段（机器和受过训练的雇员）执行这些程序。但许多这类专业是每种产品制造都需要的，我们以这种方式在它们中间创造了大量互相依存和协调需要。**子程序专业化程度越高**（6.21）（过程专业化），**组织从属单位间的互相依存程度**（6.22）越高 [6.22:6.21]。

如果互相依存形式是稳定和固定的，则互相依存本身不会产生问题。对于这种情况，在设计每个子程序时要考虑到它与所有其他子程序的相互作用。如果程序执行依靠事先不能准确预计的偶然事件，那么问题才会产生。在这种情况下，协调活动要求确保对活动基础的判断要一致，要求提供每个从属单位涉及其他从属单位相关活动的信息。因此，我们得到这个命题，即情境越是重复和可预计，**互相依存的包容性**（6.23）越强 [6.23:6.3]。反之，变化和偶然性因素越多，协调过程专业化活动的压力越大（MacMahon，Millett，and Ogden，1941）。

因此，我们的第一个预计是预计过程专业化在稳定环境中会受到最大限度的推动。在快速变化环境下，为确保各项程序的最大自给性专业化会被牺牲 [A-6.18]。第二个预计是，为了使最大限度的过程专业化成为可能，组织会想出提高环境稳定性和可预计性的方法 [A-6.19]。

在这个题目下有三个重要策略。这些策略可能被认为是减少许多明确变化的普通标准化措施的例子——减少世界上潜在的或现实的无限多的事物。**情境的标准化**（6.24）越强，从属单位互相依存程度越大 [6.23:6.24]。

在从自然原材料到产成品的所有主要制造顺序中。第一个步骤是提炼。在炼钢厂，自然原材料——矿石、焦炭和熔剂——的混合冶炼出相对均质的、标准的物质——生铁。在自然纺织业中，纤维通过梳理和纺纱工序被转化为统一尺寸、强度和弹性的线。这类例子都是通过高度变化的自然材料转变成同质的半成品，以减少后续制造过程的复杂性和原材料的偶然性 [A-6.20]。获得同质化后，制造过程的后续步骤可能再次生产多样化产品——在第一个例子中是合金钢，在第二个例子中是花布。但后续制造程序经常是困难的和昂贵的，除非程序由已知属性的简单的同质化的材料开始。

第二个是应对由专业化产生的互相依存的重要策略是互换零件的应用 [A-6.21]。通过设置最小和最大限制确保两个零件契合。两个单位的互相依存会减少，协调压力会部分消除。

第三个是前后工序步骤之间协调时机的需要可通过持有缓冲库存而减少 [A-6.22]。如果在某产品的制造中工序 A 先于工序 B，建立工序 A 加工好的产品库存，那么可以大大消除工序 A 的速度变化对工序 B 的影响。

即使采用了这些策略，协调的需要通常仍会存在。在过程专业化程度很高的子程序之间确保协调的一般策略是调度。日程安排是事先建立的简单计划，确定什么任务在什么时间被处理。它可能有点儿详细，可能有点儿精确。组织采用的**协调类型**（6.25）是情境标准化程度的函数 [6.25:6.24]。到了发生日程安排中没有预期的偶然事件的程度，协调需要沟通以事先发现偏离计划或预计条件的偏差，或发布采取行动的指令以纠正这些偏差。我们把基于事先建立日程安排的协调称为**计划协调**，把包含新信息传送的协调称为**反馈协调**。情境越稳定和越可预计，对计划协调的依赖性越强；情境越变动和不可预计，对反馈协调的依赖性越强。

在协调被程序化和情境范围受到充分限制的情况下，我们预计在协调机制和正式组织的等级制之间没有任何特别密切的联系。换句话说，调度信息和反馈信息对协调的要求通常不能通过等级制渠道沟通。等级制对程序建立和合法化是重要的，但对涉及高度程序化行动执行的沟通，通常并不遵循"命令统一"原则 [A-6.23]（Bakke，1950）。

此外，从任何具体组织的观点来看，专业化和子程序结构与其技术一样是社会化的。组织在很大程度上依靠雇员培训——通过学徒或学校获得的培训。因此，个别工作的专业化界限往往会由广泛的社会环境中职业和专业结构所决定。

6.5 沟通

在前面几节分析的基础上,我们可以把沟通的理由分为以下几类:

1. 非程序化活动的沟通,这是包含甚广的类别,后面会进一步分析。
2. 开始实施和建立程序的沟通,包括程序的日常调节和协调。
3. 为战略实施提供资料的沟通(即程序实施的需要)。
4. 激发程序的沟通(即充当"刺激物"的沟通)。
5. 为活动结果提供信息的沟通。

前两种类型的沟通和后三种类型的沟通的区别类似于与流程问题有关的沟通和与实际内容有关的沟通的区别。

后三种类型的区别有来自制造业企业中经营部门的会计数据应用研究的经验证据。我们发现会计信息在不同经理层的应用是为了回答三类不同的问题:(1)问题解决类问题——哪一种做法更好?这与我们的第三种类型的沟通一致;(2)注意方向类问题——我应该关注什么问题?这与第四种沟通类型一致;(3)记分法问题——我做得怎样?这与第五种沟通类型一致。有些会计信息也用于与程序活动不大相关的方面(Simon, Guetzkow, Kozmetsky, and Tyndall, 1954),后面我们会考察这一点。

沟通与协调

组织保持复杂的、高度互相依存的行为模式的能力部分地受到其处理协调要求的沟通能力的限制。组织内部**沟通效率**(6.26)越高,互相依存的包容性越强 [6.23:6.26]。这个问题既有定量的方面又有定性的方面。

正如我们前面提到的,在某些情况下以计划协调替代反馈协调以减少日常沟通是可能的。由于这种替代的效力,组织在执行重复性活动时能够包容各组成部分之间非常复杂的相互关系。有了程序,组成部分之间的协调并入程序,持续沟通的需要就相应减少了。随之出现的每种特定情境,大部分会被标准操作程序覆盖。

提高组织对互相依存包容性的另一种办法是提高沟通效率,即用相对少量的符号沟通大量的信息是有可能的。常见例子是行动计划,它是一种提供非常详细的陈述日常的计划。行动计划采用非常明确的、高度发展的"语言"，或一套符号和文字的准则。这种标准化语言可以传送大量信息。在会计制度和其他采用数字资料的报告制度中也能看到对标准化语言的同样关注。

会计的定义和行动计划的准则仍然是很普通的例子：技术语言，其符号对组织成员有明确的和共同的意义。这些技术语言的突出特点是按情境和时间分类。

Bavelas 网络中克里斯蒂 – 卢斯 – 梅西的"彩球"实验（Macy, Christie, and Luce, 1953）证明了明确的技术语言在反馈协调中的作用。实验的参与者被分给一些彩球，同时被要求发现所持有的全部彩球的颜色。控制组分给的是红和黄等纯色球。实验组分给的是色纹球——它们的颜色与普通语言以任何简单方式称呼的颜色不一致。控制组与实验组的结果对比证明：后者受到缺乏足够技术词汇的阻碍，而只有在他们成功地发明了一个词汇并获得全组认可时，他们的结果才能与控制组相比较。

分类策略对沟通的程序激发特别重要。在事件发生要求组织做出某种反应时，问题就会以这样或那样的形式提出来——"这是什么**类型**的事件？"组织有现成的程序储存，因此一旦事件被归类，相应的程序会立即被执行。我们用两个例子具体说明这个过程。

汽车仪表板上的油量计是采用程序激发分类的例子之一。对大多数司机来说，油压要么刚好，要么低。在第一种情况下，无须采取措施；在第二种情况下，补救程序开始实施（例如，把汽车送去修理厂）。有些汽车制造商用红色指示灯取代传统的油量计，当油压不在正常范围内时指示灯会亮。这个例子也表明以满意绩效标准代替最优标准如何能简化沟通。

同样，检验活动经常包括对分决策。在这些情况下，选择并不通常在激发程序和不激发程序之间（行动还是不行动），而是在不同程序中间。因此，如果被检验物符合标准，一个程序被激发（进入下一道工序）；如果它不符合标准，另一个程序被激发（刮削或返工）。

分类可以使沟通经济的一个原因是大多数协调可以既定程序化，因为组织有刺激物反应储存，要实施制定的程序，只需要知道遇到的刺激物是哪一种类型就行了。另一方面，如果沟通系统能够处理对程序激发事件更完整的描述，如果组织的实施部门有立即开发符合当前需要程序的能力，那么毫无疑问，这个沟通系统就能构想出量身定做的程序。而这比能既定程序化的反应更准确地适应不同的情境。

组织设计的标准或适应性问题是平衡问题。如果该问题的现实模型不是如此复杂以至失去作用，组织必定会简化它的反应。这类简化有：（1）标准反应储存；（2）问题激发情境分类；（3）为每种情境类型确定适当反应的一套准则。经济和效率的平衡在此与标准化的所有情形是完全相同的。注意，我们对组织框架的描述与个体的辨别学习是完全可比的。在组织的个体情形中，认知代码采用的分类与操作性决策原则使用的分类有密切关系（Whorf, 1956）。

在我们的文化中，描叙和沟通具体事物的语言得到充分地发展。前面已经提到的行动计划是达到这个目的的重要技术手段。在沟通的事物可以被分类和命名时，语言也是非常有效的，即使它们是无形的。因此，当有标准程序储存时，指称它们是很容易的。

另一方面，沟通无形的事物和非标准的事物是非常困难的。因此，沟通系统最大的压力是组织的任务结构性不足，尤其是问题解释不明确的指示性活动。我们会在下一章指出这种沟通的难度差异对非程序化活动的组织有怎样的重要意义。

现有的沟通手段的简单之处在于——相对于沟通需要——协调体系也是简单的。组织单位的自给倾向越弱，越依赖通过沟通协调，沟通越有效[6.12:6.26]。在可能要被迫采用反馈协调的压力（例如在快速变化的情形）下，这种关系有时可能是模糊的，即使现有沟通是无效的。我们也应该看到，自给减少和互相依存增加带来了发展有效沟通代码的可能性[6.26:6.21]。

不确定吸收

沟通分类策略的采用有深远影响，而其中有些影响可以追溯到我们前面对认知和识别的讨论。组织的技术词汇和分类策略提供了一套能够用于分析和沟通这类问题的概念。根据这些概念，容易描述和讨论的任何事情都可以在组织中无困难地沟通，而与概念系统不适合的任何事情都将难以沟通。因此，根据反映组织词汇的具体概念，现实易于被组织成员感知。对于组织成员，组织采用的某些范畴和分类策略被具体化了，并成为现实的属性而不仅仅是惯例（Blau，1955）。

组织概念策略的具体化在**不确定吸收**（6.27）中特别明显。要从大量证据中得到结论，当这种结论而不是证据本身要沟通时，不确定吸收就发生了。把从一组调查问卷中获得的数据转变成统计表的印刷品的连续编辑步骤为不确定吸收提供了简单例子。

在不确定吸收的整个过程中，沟通接收者的正确性受其判断能力的严重限制。尽管可能有各种有效性、内在一致性和与其他沟通的一致性的测试，一般来说，接收者一定会相信编辑过程，而且如果他完全接受沟通，那么即使沟通几乎中止他也会接受。他对信息的解释以及能够解释的程度主要建立在他对信息来源的信任和他对信息来源主观倾向的知识，而不是对证据的直接检验。

由于专业化，大部分信息在非常具体的方面进入组织。对生产流程的直接认识大大限制了在生产车间从事具体操作的雇员；对顾客的直接认识大大限制了销售人员；对人员绩效的直接证据大大限制了主管、同事和下级。

在所有这些情况中，归纳和评价自己的直接认识并把它们传递给组织其余人的人会成为组织行动前提的重要信息来源。他传递的"事实"可能受到怀疑，但很少会有人核对。因此，由于沟通系统的特性和局限，大量斟酌决定的自由和权力是由那些对组织有重要影响的某些与"现实"直接接触的人行使的。**不确定吸收的地点**（6.28）和数量会影响**组织的权力结构**（6.29）[6.29:6.27，6.28]。

因此，不确定吸收经常有意无意地被作为获取和运用权力的技巧。在不认可直接否认事实断言的文化中，愿意作断言，特别是对不否认其他人直接认识的事情作断言的个体，可能经常做出的这些断言被作为决策前提而接受。

我们可以引证许多影响不确定吸收的或多或少"明显"的变量。认识到的数据越复杂和组织的语言越不够用，我们离发生不确定吸收的信息来源越接近，传递信息的每个步骤的概括量越大。吸收的地点往往会是下列变量的函数：(1) 接收者对与概括信息（取决于选择适当程序所用的各种数据）对比的原始信息的需要；(2) 对纠正传递者偏见的需要；(3) 解释和归纳原始数据的技术能力的分配；(4) 对为了解释数据而比较两个或更多数据源的需要。

不确定吸收的方式在组织单位中有重要的协调作用。在企业组织中，预计销售与组织中许多部门的决策有关：采购决策、生产决策、投资决策，以及其他决策。但如果允许每个组织单位自己做销售预测，那么不同部门的决策对后果的估计会不一致，例如，采购部门采购的原材料不是生产部门预期加工的原材料。在这种情况下，做出**有权威的**预测并把这个正式预测作为整个组织行动的基础可能是完全必要的。

当组织所有部门在相同前提下行动是十分重要时，当不同个体可能会从原始数据中得出不同结论时，正式的不确定吸收点会建立起来。那个点得出的结论会作为"合法"估计在组织中占有正式地位。组织越是需要协调，**合法"事实"的应用**（6.30）越多 [6.30:6.8, 6.9]。

沟通网络

与每个程序联系在一起的是一组激发和执行程序要求的刺激物和数据的信息流。通常这种沟通有明确的渠道，要么是正式计划要么是逐渐形成的非正式程序。信息和刺激物从源头向决策点流动，而指令从决策点向执行点流动，结果信息从执行点向决策和控制点流动。

理性的组织设计要求安排这些渠道以便沟通负荷最小化。但在信息源点和执行点事先确定的情况下，唯一可移动的因素是决策点。无论组织中掌握使决策合法化的正式权威的是什么职位，斟酌决定权行使的程度要在不确定吸收点上。

在大型组织中，沟通功能的专业化会体现在分工上。我们发现，专门沟通的单位是：(1) 以实物设备传送沟通信息的专门部门——电话电传部门或通信员小组等；(2) 记录和报告起草的专门部门——簿记和记录部门；(3) 收集原始信息的专门部门，通常指智力部门，有时也指研究部门；(4) 提供决策技术前提的专门部门——研究部门或技术专家；(5) 解释政策和组织目标的专门部门，通常他们不会行使从等级制组织主要部门中分离出来的功能；

（6）保存信息的专门部门——文件或档案部门 [A-6.25]。

沟通渠道部分是根据程序路线而经过慎重考虑有意被规划的。它们部分是在实践中发展起来的。我们对这种发展提出两个假设：第一，沟通渠道越有效，**沟通渠道使用**（6.31）越多 [6.31:6.26]。由两个人或两个组织单位共同拥有的有效语言促进沟通。因此，相同职业成员之间的联系往往会使用同一沟通体系。同样，语言相容的其他决定因素——种族背景、教育、年龄和经历——会影响组织采用何种渠道。

第二，渠道使用往往会自我强化 [6.31:6.31]。当渠道经常用作某一种目的时，其他不相关目的的使用会受到鼓励。尤其是，正式的等级渠道往往会作为共同的目的渠道使用，无论是非特殊目的渠道还是现有的非正式渠道或已知的沟通者。如果它使个体面对面接触，渠道使用的自我强化特性会特别强大。在这种情况下（霍曼斯假设），社会性明显的非正式沟通会与任务导向的正式沟通一起发展，而且每一种沟通渠道的使用往往会强化其他渠道的使用。

沟通网络部分是规划的，部分是作为对特定沟通需要的反应发展而来的，部分是作为对沟通的社会功能的反应发展而来的。在它发展的任何既定阶段，它的逐渐变化都受已建立的模式的很大影响。因此，虽然沟通网络结构受组织任务结构的很大影响，但它不完全由后者决定。

沟通渠道模式一旦建立，该模式对决策过程会有重要影响，尤其是对非程序化活动。我们可以在下一章的分析之前简要地说明这种影响的性质。

现有的沟通模式会决定组织中具体成员在他们的搜寻过程中遇到某个刺激物或一类刺激物的相对频率 [6.11:6.31]。例如，经常与销售工程师沟通而很少与从事基础研究的人沟通的研究开发部门，比沟通模式相反的研究开发部门会生活在新产品创意的更不同的环境中。

沟通模式会决定行为者关注具体行为后果的频率和强度。例如，对设计工程师和安装与服务工程师之间的专业化程度来说，后者对前者的设计有效性的意识有重要影响。

从前述的关于时间压力影响的命题来看，我们可以预计沟通模式对有最后期限和有时间压力的非程序化活动的影响要比对相对耗时且需深思熟虑的决策过程的影响更大。如果时间充裕，特定信息在组织的任何地方都可以获得，而它与任何具体决策的相关性才可能被注意到。但是，在相对快速地做出决策的地方，则仅限于在一些地方获得的信息可能会被采用。在此我们看到了为什么专业化（在这种情况下专业化是就信息占有而言）在"稳定"环境中比在要适应快速变化的组织环境中更有包容性的另一个原因。

6.6 组织结构和理性边界

本章的中心主题是组织的结构和功能的基本特征来源于人类问题的解决过程和理性选择的特性。由于与个体和组织面对的问题的复杂性比起人的智力有限，理性行为是要求抓住问题的主要特征而不是抓住所有复杂性的简化模型。

这个简化模型有下述特征：

1. 满意取代最优——要求关键变量达到满意水平。
2. 备选行动方案和行动后果是通过连续的搜寻过程发现的。
3. 行动程序的储存是由组织和个体制订的，并为重复出现的情境提供选择方案。
4. 每个具体行动程序处理有限范围的情境和有限范围的后果。
5. 每个行动程序可与其他程序半独立执行——它们只是松散地联系在一起 [A-6.26]。

行动是目标的导向，是有适应性的。但由于其近似性和不完整性的特性，只有少数系统要素是在任何时候都有适应性的，而其余要素至少在短期内是"给定的"。例如，个体或组织可能会专心于改进某个程序，或从现有储存中选择满足具体情境要求的合适程序，但是很少同时专心于两个方面。

理性行为每次处理少数部分的观点首先是由约翰·康芒斯（John R. Commons）（1951）提出的。他提到成为经济行为关注和适应焦点的"限制因素"。切斯特·巴纳德（1938）进一步发展了康芒斯的理论，提出"战略因素"一词。

适应性行为的这种"一次一事"或"无变化"方法是我们称为"组织结

构"存在的基础。组织结构由组织行为模型中相对稳定和变化缓慢的部分构成。如果组织行为是"有意理性的",那么我们会预计相对稳定的行为要么是对相对稳定的环境因素的适应,要么是对既定适应过程的学习程序。

组织会遇到类似阿基米德遇到的问题:为了使组织反应灵活,它需要某些稳定的用来执行适应措施的规则和程序。因此,在任何既定时间里,组织完成其任务的程序都是其结构的一部分,而且是最稳定的部分。决定何时应用这个程序,或何时应用那个程序的转换原则是较稳定的。用来发展、完善、制度化和修改程序的流程也是较稳定的。

事情的情形可能是不同的。如果组织有程序储存,也有从储存中选择适合具体情境的程序的流程,那么它在短期内是适应的。用来选择合适程序的过程是保持短期适应的"支点"。如果现在组织有添加新程序进入或修改储存中的程序的过程,那么这些过程就成为实现长期适应性的基本支点。短期适应性通常相当于我们说得问题被解决,而长期适应性则相当于学习。

当然,无法解释为什么组织结构应该只有三个层次——或任何具体数目。事实上,适应性组织结构没必要划分层级。机构 A 的活动领域可能包括机构 B 在内,反之亦然。但是,管理通常存在不对称,因为在过程中经常起组织结构稳定的核心作用的不是战略因素("理性限制")的特定因素。

我们现在可以考察康芒斯和巴纳德的"限制因素"或"战略因素"理论和组织结构理论了。像我们对这个词的定义一样,组织都是有结构的,而且是在理性界限的范围内——在情境的要素必定或事实上是既定的,而且不是潜在战略因素理性计算的一部分范围内。如果没有理性的界限,边界变化迅速而无法预料,那么就不会有稳定的组织结构。结构的某些方面比其他方面更容易修改,因此我们有必要区别短期结构和长期结构。

在本章,我们主要关注短期结构——对要求适应行动的连续情境做出反应的程序。我们命题来源的"理性边界"主要是由人类作为可诱发有机体和能执行相对明确的程序而又能够处理有限复杂性程序的特性组成。

在下一章,我们将注意力转向长期,特别是组织制定和修改程序的过程。

Organizations

第 7 章

组织的计划与创新

在上一章我们提出，对经济学和统计学中使用的理性概念与考虑到人的力量、速度和智能等认知能力局限的理性理论进行对比，是有帮助的。这个对比有助于我们理解构成组织中大量人的行为的程序交织。

在本章的许多地方，我们认为有必要提到非程序化活动和导致新程序建立的活动，但我们的注意力集中在组织的"稳定状态"而不是变革。因此，我们仍要提到理性的认知限制如何影响组织变革过程和程序开发的较复杂的分析任务。在本章我们会尽力把这一部分嵌入到图景中。

7.1 创新的概念

理性选择理论通常不区分现有行动程序的接续和行动程序的变革。在这些理论中，选择者只是面对两个（或更多）的备选行动方案，并要求他从中选择出较好的方案，没有必要指定其中哪一项行动延续现有程序。

但是，在区分接续和变革的这个构想中，有一种方法可以被做出正式说明，可以被用来影响选择。在坚持现有程序的成本的分析时我们排除沉没成本。"持续经营"（Going concerns）的许多惰性可以用沉没成本的原理解释。简单的一个例子是工厂是否需要搬迁新址，除非现有设备出售的价钱能够补偿建造或购买新设备的成本，否则搬迁新址会在比较中非常不利，只有很少情况能证明搬迁比不搬迁更有利。

我们或许也可以把发现和开发可能的行动程序的成本看作沉没成本，因为如果要改用新行动程序这些成本是必须发生的，而如果组织坚持现有程序则不会发生。因此，即使没有有形的沉没成本，比如工厂建设或专用设备，也会有与程序变革相联系的许多沉没**创新成本**（7.1）。无论它们的来源是什么，创新成本往往会产生**程序接续**（7.2）[7.2:7.1]。

虽然有形的沉没成本经常可以用金钱来衡量，但不可能对创新成本做出准确评价。即使可能，我们也很少这么做。个体和组织偏好的方案是现有程序的接续而不是变革。但这种偏好并非来自对创新成本的精确计算和对这些成本的权衡。坚持的主要原因反而是个体或组织认为备选方案就是现行做法而不进行其他的搜寻，除非现行的做法确实"不能令人满意"。**满意**（7.4）提高，**搜寻**（7.3）减少 [7.3:7.4]。在抑制搜寻新备选方案的地方，程序的接续会变得更容易 [7.2:7.3]。

该命题中参与决策的重要性在第 4 章已经被证明了。它的主要后果是，在选择理论中，我们应该区分接续性备选方案和变革性备选方案，而在多数现有理论中两者是不被同时讨论的。

这种理论并不认为行为接续属于任何情况的"抵制变革"，而只是认为在现有程序被看作满意的环境下没有大力搜寻新备选方案而已。如果新备选方案在某些方面或所有方面优于现行程序，并以某种方式被要做出选择的个体或组织找到，那么该理论预计的程序不会保持不变，但没有搜寻理论的选择理论是有缺陷的。

通常我们假设决策的**影响过程类型**（7.5）是**选择问题类型**（7.6）的函数 [7.5:7.6]。当选择问题采取从一组备选方案中选择一项行动的形式时，影响过程就是使一种备选方案比其他方案更有吸引力。但是，当选择是变革与接续相比时，影响过程大部分在于创始——特别是提出以前没有的备选行动方案，要么是为了解决无法解决的问题，要么是为了改进现行程序，即使它可以令人满意的接受。因此，通过观察影响过程，我们可以清楚地区分主要问题从几种备选方案中选择的情形，以及主要问题对提出背离现行程序的新程序的选择情形。对人际关系影响的大多数研究都强调前一种情形。这种结果可能与备选方案不能事先确定完全不相干（March，1955a）。

最后一个先决条件：并不是每一种行为变革都可以使用我们在这里使用的称为创始或创新的词。在上一章，库存和产品控制系统可以说明通过战略制定，变革如何在明确的行为程序的框架内发生。我们并不把工厂操作层从这个月到下个月的变革看作创始或创新。

当变革要求设计和评价以前没有的新行为程序时，创始和创新成为组织储存的一部分，并且这种创始和创新不能从程序转换原则的简单应用中得到。不包括创始和创新的组织行为变革的程度受到战略的复杂性和嵌入其行为程序之中的转换原则的限制。如果我们能够描述某个组织的程序是什么，包括它的程序改变原则,那么我们就可以区分普通的行为程序变革和表示新行为程序创始的变革。

作为与不作为

我们需要区分接续与变革的理论,我们同样也需要区分作为与不作为的理论。像大多数理论不区分接续与变革一样,它们也不区分作为与不作为。在这类理论中,"什么也不做"和"做一件事"完全一样,仅仅是一种可能被选择或拒绝的备选行为。

设想有一组确定"满意"情形接续标准的系统。对于有机体,这些标准可能包括不挨饿、无即时危险等要求。对于企业,"满意"的要求也许是一定的利润水平、市场份额和流动资产状况。这些满意的标准也可能是能与广泛的各种其他活动协调一致的活动。例如,动物需要氧气,呼吸就是与许多同时进行的其他活动一致的活动。因此,只呼吸的动物被称为"不作为"。我们把活动正式地称为"作为"或"不作为"是与一系列选择活动相比而言的。我们非正式地把生活环境中的活动看作明显的"不作为",我们没必要对如何划分情况界限含糊其辞。

作为与不作为的区分与我们工作在组织中的日常工作密切相关。组织通常可以"从事"少量或大量不作为,因为不作为不占用资源。同时,这种区分在某些情形下比其他情形更重要。它对追求满意的组织或个体比对追求最优的组织或个体更有意义。总的说来,通过满意标准的行动程序,不作为就可以达到目标。当不作为不奏效时,他们才需要考虑作为,也只是与特定标准有关的具体方面的作为。例如,如果没有安全问题(即现时安全记录是令人满意的且可接受的),就没有必要采取安全措施。

区分作为–不作为的意义也取决于环境的特性。设想一个大部分是"真空"的世界——大多数事件与其他大多数事件无关,因果关系是例外而且不常见。在大部分是真空的世界里,理性行为理论并不把每次的选择看作是影响"效用功能"的成分——所有事情都与其他事情无关。除对它们的标准满意外,特定行动的程序反而没有什么后果。因此,我们认为**可接受的决策原则应用**(7.7)越多,**环境的复杂性**(7.8)越低,**程序的本地修改的应用**

（7.9）越多 [7.9:7.7，7.8]。大量几乎无法想象的联立方程的解决办法的计划图景（也许是恶魔）可以用一系列不相关的行动程序所取代。

"不相关"一词或许太绝对，"松散结合"一词较合适。即使在几乎真空的世界里，计划必须考虑到的行动程序之间也有一个重要的联系——都要利用组织的资源。和不作为不同，无论何时，组织必须满足的标准都是非常刚性的，都需要同时得到满足，因此招致的机会成本并非是微不足道的损失。

计划模型小结

现在，在对组织选择过程做进一步深入的分析之前，我们可以总结已经描述过的理性选择的基本特性了。

1. 如上一章所述，我们假定组织程序的主要要求是满足特定要求或标准，这些主观标准随时间而逐渐改变。

2. 当一个或多个标准因缺乏行动程序而得不到满足时，我们预计补救这种情形的**行动**程序会被创始 [A-7.1]。

3. 组织程序的改变——无论增加新活动还是改变现行活动——不包括传统意义上的选择过程，但也要求产生新程序的可能性和检验其后果的**创始**过程 [A-7.2]。

4. 通常，某些行为程序与某些标准相关，但大部分没有复杂的因果关系。行动**程序**在创始和执行行动时，对获得稀缺**组织资源**的需要上是互相关联的 [A-7.3]。

7.2 创新过程

组织中创始新程序的基本创新过程与被心理学家们称为"问题-解决"、"创造经济价值性思考"、"创造性思考"和"创新"等各种智力过程密切有关。我们首先简要地考察个体层次，然后是组织层次的问题解决过程的现有知识。

记忆和问题解决

实际上在所有人类的问题解决中，记忆发挥了巨大作用。人的记忆中不仅储存了过去遇到的各类问题的可能的解决办法，也储存了问题解决的组成部分。这类储存的重要性——和它们的巨大数量——在复杂的智力活动（如数学发现和下棋）中被得到充分证明。毫无疑问，在几乎所有的各种日常问题的解决中，它们是同等重要的因素（de Groot，1946；Hadamard，1945）。

当问题的解决主要是由搜寻记忆中相对系统的、几乎完美的解决方式组成时，它被称为"复制性的"。当新方案的建立或多或少地包括"自然"材料时，这个过程被称为"生产性的"。**问题解决类型**（7.10），即生产因素显示的程度，取决于问题的特性和问题解决者的**过去经验**（7.11）[7.10:7.6，7.11]。

程序化活动通常包含大量非常常规的和可复制类型的问题解决。换句话说，仅在特殊情况下，程序的细节刻板成为一系列具体的指令被储存在记忆中。恰恰相反，在多数情形下，程序的执行包含大量程序细节的重建，但不需要大量复杂地搜寻和计算。另一方面，非程序化活动的创新通常需要大量"生产性"问题解决。

基本的问题解决过程

人类对问题解决过程的现有科学知识的掌握是不完整的。但是，根据这些已知知识描述这些过程的一般特性还是有可能的，也只有这些一般特性与我们的组织决策分析有关（Newell，Shaw，and Simon，1958）。

第一，不管这些过程的最终结果多么复杂——不管发明的机器多么复杂，也不管做出的决策多么精妙和复杂——过程本身是由许多因素集合构成的。每个因素本身是非常简单的。在电子计算机时代，这个事实——如果还是事实的话——不应该让我们吃惊，因为这恰恰是计算机的运行方式。虽然计算机进行复杂的数学计算，但它是靠执行一系列数量巨大的基本步骤进行运算的，每个这样的运算步骤并不比"1＋1＝2"这样的计算更复杂。我们并不认为人的大脑必须像计算机那样，而是认为复杂过程可以由简单要素集合组成（Plato，*Meno*，pp.80-5）。

第二，问题解决的一个重要组成部分是由搜寻过程组成的。搜索可能是体力过程，比如在文件夹中找到一份函件，或挨家挨户地征求订户。它也可能是感知过程，比如，浏览专利局公报（Patent Office Gazette）寻找与公司研究活动相关的信息。它还可能是认知过程，比如，运用联想过程在记忆中查找相关信息。

第三，问题解决的另一个重要组成部分是筛选过程。通过搜寻过程收集来的项目会被审查，它们被审查是否适合解决现时的问题，或是否是解决办法的组成部分。对求职者的筛选就是一个简单例子。

第四，问题解决过程的基本组成要素（搜寻和筛选过程）具有明显的"随意性"特征。问题解决步骤的顺序和它们集合的顺序通常有很大的随意性。但是，贯穿该过程的是组织的两个要素，即建立组织结构和使它成为高度组织化产品的原因。这些组织过程在我们使用那个词的意义上是"程序"。

我们要区别两种程序。虽然问题解决步骤的顺序通常不是不容变更的，或许多这些步骤包含了大量搜寻，但在多数问题解决中特定的**程序性**程序还是得到了广泛认可的。我们对问题解决的时间模式的大部分描述，可以追溯到约翰·杜威（John Dewey）对问题解决过程的分析以及关于创造经济价值性思考的格式塔理论。贝尔斯（Bales）和斯特罗德特贝克（Strodtbeck）（1951）对特定群体问题解决情形的研究提供的经验证据通常支持杜威的阶段论假设。德格鲁特（de Groot）（1946）等人运用"出声思考"技术对个体问题解决情形的研究提供的经验证据支持格式塔假设。

此外还有**实质性**程序。实质性程序是指作为待解决的问题结构反映产生的问题解决过程的结构。例如，广泛的企业政策问题可能被分解成营销、财务和生产等方面，在解决过程的某个阶段这几方面可能被分开——连续地或并行地——由组织的不同部门处理。

第五，程序性程序和实质性程序在起主导作用的问题解决过程中通常有层级结构。从程序性角度来看，这意味着问题通过一系列阶段（例如，问题形成、搜寻备选方案和备选方案评价等），但每个阶段反过来可能是由更微观的细节层次的类似阶段构成。从实质性角度来看，水平的相似顺序可能是明显的——首先对问题进行广泛分析，然后反过来将其每个方面变成子问题进一步地分析细节（Cyert，Simon，and Trow，1956）。

关于过程的某些基本假设

在本章余下部分我们会关注组织中的问题解决和程序创新过程的命题。有些假设有广泛的相关性，值得在开始时陈述。其中有些假设在前几章已经提到过，其他则是新的。

在搜寻达到目标的活动程序时，注意的焦点往往会从一类变量转向另一类变量，并按下述的一般顺序转移 [A-7.4]：

1. 在问题解决的主要控制变量中，个体和组织单位是首先要考虑的。开发活动程序的努力都基于这些变量的控制。

2. 如果满意的程序不是通过这些方式发现的，注意力会指向改变问题解决者不能直接控制的其他变量上。例如，程序会扩大其他独立的组织单位的活动，或扩大在问题解决者斟酌决定自由范围内目前尚未获得许可的做法。

3. 如果满意的程序仍不能制订，那么注意力会转向程序必须满足的标准上，并会设法放宽这些标准以便能够找到满意的程序。

在搜寻可能的行动时，备选方案会连续受到测试。换句话说，在第一轮搜寻时没有必要力求找到所有的备选方案，而只要找到少数可能的备选方案进行评估。以问题标准进行测试，如果有一个备选方案证明满意，那么它会作为问题解决的办法被采纳，搜寻活动会终止。如果在上一轮搜寻中发现的所有备选方案都证明不满意，那么会展开新一轮搜寻活动。如果继续搜寻还不能获得满意的备选方案，那么上述命题会被应用。

问题解决经常运用的一个更高层次的程序性程序是，通过最先创始较高层次的搜寻以确定可能信息来源的基本信息搜寻。换句话说，获取信息的重要技术是询问某些掌握信息的人而不是用较费力的方式寻找。对于前一种做法，搜寻确定谁掌握所需要的信息可能是必要的。组织结构的一个重要因素是参与者对组织结构依赖什么信息体系的一系列理解和期望。这一系列期望和理解是交流渠道运用的主要决定因素。

个体和群体问题解决

在这一点上，我们无须费力区分个体问题解决和群体问题解决。组织中大多数问题解决和决策在进程中的每个步骤都有许多人参与。个体和群体问题-解决过程在多大程度上是相同的，又在多大程度上是不同的？

凯利（Kelley）和西鲍特（Thibaut）（Lindzey，1954）在对群体问题解决文献的评估时发现，"群体问题解决过程的许多分析似乎源自被认为是个人问题解决中的步骤或阶段"。此外，他们引用贝尔斯对群体问题解决阶段的假设作为例子，在他们认为群体情形比个体情形可能提供更多研究问题解决机会时，许多研究人员就含蓄地假定了两个过程有很大类似性。在群体情形中，问题解决过程要求人际交流，在个体头脑中发生的许多步骤因而变得可以观察了。当然，只有在过程或多或少类似时，这个观点才站得住脚。

大量实验用来发现群体和个体问题解决的差异。凯利和西鲍特把群体在问题解决过程中的作用分为两种主要类型：（1）把许多独立的判断集中在一起的作用；（2）修改受到社会直接影响而产生的问题解决办法。

对上述第一种类型，即把独立判断集合在一起。他们考察了下列可能解释群体优于个体问题解决的因素：（1）错误分散。由于所有群体成员不会同时犯相同的错误，因此多数人的判断优于个体成员的平均判断；（2）经过反复思考的判断的特别影响。并非所有建议的解决办法在群体成员中都有相同的权重。那些看来好像根据最充分的建议最可能被接受。因此，被群体接受的判断优于群体成员的平均判断；（3）自信判断的附带影响。最有可能正确的那些成员也最有可能对他们的答案充满信心。他们的信心会加大他们的判断权重，进而改进群体判断；（4）分工。在处理某些问题时，不必由整个群体处理整个问题，而是用某种方式将问题分解，把每个部分分配给"专家"。这无疑会加快解决过程和提高解决办法的质量。

凯利和西鲍特又考察了"受到社会直接影响而产生的修改"的类型：（1）比起个体成员，群体成员合作会获得大量可能的解决办法或能促成办法解决；（2）通过影响每个成员对其判断的信心，通过认可的需要，群体成员往往会对个体产生顺从多数人观点的压力；（3）与孤立的个体相比，群体环境会促进或阻碍任务的完成。合作的和竞争的群体在这方面会有明显不同的行为；（4）与其他人交流思想的要求会迫使群体成员明确和澄清他们的想法；

（5）在群体解决中个别解决办法的组合和权衡会受到顺从社会压力的影响，会受到表达自信程度和考虑有关利益问题的建议的自我权衡的影响；（6）群体环境可能产生意见分歧；（7）群体环境可能鼓励或抑制创始。

既然这个任务凯利和西鲍特已经完成了，我们在这里就不考察有关这些变量的强度和重要性的现有证据了。但是，我们希望强调我们认为重要的群体问题解决的一个特征。正如桑代克（Thorndike）(1938)指出的，评价解决办法的提案的正确性的能力与设计正确的解决办法的能力不是必然相同的。实际上，我们通常假设定后一种能力比前一种能力更缺乏广泛的共享。就这点，桑代克推断在某些类型的问题上群体优于个体。这个推论支持了影响理论与评价决策阶段一样必须处理诱发现象的一般命题。

7.3 创新机会

如果我们不对称地看对接续和变革，我们就不需要解释为什么组织继续执行现行活动程序，但我们的确需要描叙程序发生创新和变革的环境。解释创新的时机是为了解释为什么被认为满足特定标准的行动程序不再满足了。

满意标准的确定

满意标准的概念与心理学的"抱负水平"概念密切相关。我们认为已发现的个体抱负水平的普遍原理在组织行为领域会继续适用。最重要的命题是，随时间推移抱负水平往往会改变以适应成就水平。换句话说，满意的绩效水平可能与目前实际实现的绩效水平非常接近。（参见第3章对相宜行为一般模型的讨论）。

正如我们在前面提到的，关于调整现状标准的普遍原理需要具备几个重要条件。首先，标准的调整是相对较慢的过程，而且不能无限的加快（Gaus and Wolcott, 1940, pp.82-4）。其次，当情形在某段时期处于"稳定状态"时，抱负水平也不会保持绝对不变，往往会缓慢上升。因此，即使环境没有变化，仍有持续温和的程序创新和变革的压力。最后，尽管过去的成绩为调整成就抱负（或被认为可以达到）提供了主要基准，但是其他比较基准也需要。个体会与其他人比较，从而改变他们的标准以适应其他个体的成就水平，以适应相关参考群体建立的规范。组织改变他们的标准以适应其他组织达到的水平。一般说来，明确的做法比现行程序会产生实现更好结果的意识，或产生某些其他个人、组织正在实现更好结果的意识——即使不知道确切方法——也会引起对满意标准的修改（Cyert and March，1956）。

至于这些假定对个体生产行为和流动的影响，我们在前面几章已经讨论过。根据这些假定我们预计**创新速率**（7.12）的变化。当环境变化使现有组织程序不再令人满意时，创新速率可能会加快 [7.12:7.4]。我们预计公司的市场份额，总利润和投资回报率下降会促进创新。我们可以通过确定组织最认真注意的因素预计在这些因素中哪些最可能导致创新。

对于第一点推论，我们预计经营统计报告中的数据低于现行标准时会激发创新。

在没有重大环境变化的情况下，标准逐渐上升会导致周期性的创新需求，但这只是中等水平的努力。

某些创新是偶然遇到机会的结果。换句话说，无论是偶然的还是设计的，遇到机会的速度而使绩效更满意将都会是创新速度的决定因素之一。

最佳压力的概念

迄今列出的假设把创造主要归因于机会的必要性和从属性。还有一个不可从这些假定中推论出普遍假设的是，当组织受到不高又不低的"压力"时，创新会最快且最有活力地发生。这种压力是指抱负水平和成就水平之间的差异。根据这个假设，如果成就太容易超过抱负，那么会产生无兴趣的后果；如果抱负远远高于成就，那么会产生令人灰心或绝望的后果，而结果是偏见产生了。在第一种情况下，缺乏变革的动机；在第二种情况下，神经质的反应妨碍有效的创新。最佳"压力"的结果是胡萝卜在驴的前面仅有一点距离时——抱负超出成就少许时。

最佳压力的概念是汤因比（Toynbee）的社会进步理论的核心。这个假设在确定学习者面临的后续任务难度的教育理论中也经常会用到。我们在第3章提到过对这个问题的看法：我们的"正常的"动机行为模式需要转换规则以让它适应有时出现的神经质行为。

创新的制度化

所有这些关于创新的假设都依赖于创新过程本身而不是程序化的假定。在这个模型中，创新的刺激物是外在的因素。

创新的"自然"刺激物——现有程序不能达到标准的满意水平——可以用新程序化的刺激物来补充。至少有两种方法可以产生自组织或可以从组织中产生 [A-7.5]。满意标准本身可以根据绩效的**变化速率**（即第一个派生物）来表述。例如，公司的管理目标可能是销售或利润的年增长率。那么，如果现有程序不能带来这样的变化速率，那么创新活动就会以不利的环境变化相同的方式产生。

其次，组织（或组织的部门）可以根据创新速率获得详细陈述的满意标准。例如，如果有正式的组织研究活动，比如说研发部门，那么这个单位为自身建立的标准会以特定速率将新程序引入该组织。

鉴别组织创新模式在创新过程是否制度化是可能的。例如，我们预计创新速率对环境变化的敏感性，前者不如后者。大体上，至少在相对稳定的环境条件下，我们还预计平均创新速率高于**创新制度化**（7.13）[7.12:7.13]。

创新的时机

实际上我们不能明确地区别创新机会（occasions of innovation）和创新时机（timing of innovation）。在这两种情况下，我们都会涉及创新性变革发生的种类和速率。但当我们谈到创新的"机会"时，我们特别感兴趣的是如何确定最初引起组织对当前程序改变的可能性产生注意的环境。当我们谈到"时机"时，我们特别感兴趣的是确定后续步骤——最初引起注意后的进一步行动——发生的速率。

决定组织成员从事活动的类型是什么？在此我们特别关注相对承担责任层级的成员从事的活动。我们可以举出影响**组织成员所从事活动倾向**（7.14）的两个因素：首先，与活动相联系的**时间压力**（7.15）越明确，从事它的倾向越大 [7.14:7.15]。最后期限的刺激往往会把注意指向某些任务而不是其他任务上（Gaus and Wolcott, 1940, pp.68-9）。其次，与活动相联系的**目标越明确**（7.16），从事它的倾向越大[7.14:7.16]。清晰的目标比不清晰的目标更容易将任务完成、内外部的奖励和惩罚联系起来。

这些命题得出了被称为计划工作的"格雷沙姆定律"（Gresham's Law）的预计——日常事务驱逐计划工作。说得明确些，我们预计当个体面对高度程序化和高度非程序化两类任务时，即使没有巨大的全面的时间压力，前者往往会优先于后者。

那么，非程序化活动是如何发生的呢？有两种环境（不是只有这两种）导致它发生。它们也是与非程序化活动相联系的影响目标明确和最后期限的方式。第一种是给非程序化活动要求的目标分配资源，并且拒绝提供替代目标或可以由程序化活动实现的目标。在组织中，这种方式引起建立独立的、不卷入日常经营任务的预算计划单位。

最后期限提供了非程序化活动的第二个条件。最后期限最一般的形式之一通常并不是人们认为的那样——必须要解决或如果不能决定更一般性的问题就不能解决"事情"的发生。因此，如果由于旧设备损坏立即获得新设备成为当务之急，那么设计一台新设备的过程会加快。或者，由于某个雇员的休假特权的要求必须准予或否决，公司要制定一套新的休假政策。

最后期限的确定有许多其他方式。它们通常由上级确定。在有些情况下它们是自愿承担的，但是通过其他人对它们的信任而成为明确的承诺。承诺过程通常是连续的。最初的承诺主要是承诺承担搜寻活动。最初搜寻过程的结果成为以多快速度和使用什么资源使活动继续进行的主要决定因素。有时搜寻过程的这些后续活动被正式化，而且特别明显。这个问题会在本章的下一节进一步讨论，我们会非常详尽地讨论程序的制定过程。

在个体或组织单位执行许多非程序化的活动时，这些活动的优先排序和它们开展的相对速率往往是在非常偶然的基础上被决定的。直接注意一项或另一项活动的刺激物对它们之间的资源分配可能会有很大的短期影响。因此，像备忘录文件这类工具可能与最后期限的方式起到相同的甚至几乎相同的影响作用。

7.4 程序的详尽阐述

在本节,我们详细考察创新活动的本质,特别是新程序决策和行动的发现、制定和实施的过程。

创新的组织资源

本章的上一节提出的"格雷沙姆定律"暗示如果组织的所有资源都用于执行现有程序,那么创始新程序的过程会很慢甚至停滞。通常,当新程序被制定时,新的组织单位会建立。第一项任务是制定新程序,然后是执行 [A-7.6]。这是创新和程序开发活动突发性发展的流程,而随着程序的制定突发性发展自动减弱,任务也逐渐由计划转向执行。

新组织和新程序发展的两阶段过程经常受到组织观察家们的批评。例如,人们经常观察到,程序制定的初始阶段通常是令参与者兴奋的时期。他们付出了大量时间,并为自己的工作感到骄傲和高兴。当程序化活动开始取代创新时,兴奋消失了,他们经常流露出扫兴的表情。

由于这种预期相当普遍,因此经常有人说建立新单位是确保创新不被过分约束和不被传统与先例束缚的唯一方法。同样,经常有人主张创新阶段高层经理的人格特征要不同于后续程序执行阶段的特征。差异显然是方向上的——"创意人"与官员的比较。

程序制定与程序执行的这种区别的主要后果是前一个过程做出的决策很少在后一个过程被重新检查。塞尔兹尼克(1957)强调程序制定步骤的承诺过程,特别是它与组织和其环境之间权力关系的相互影响。一般说来,我们假设初始阶段无论建立什么关系都是相对稳定的,因此承诺过程是不可逆转的 [A-7.7]。

当组织有闲置的资金和人力不能调配给程序使用时,各种专门功能可能会出现,并对新程序和程序的制定做出反应。特别是"投资"功能和"创业"功能 [A-7.8]。投资者可做出资源分配决策,包括竞争权利的决策;企业家则是程序建议的来源。企业家-投资者的区分对描述决策专业化很可能有深远意义。我们可以区分哪些人受初始行动建议的影响,哪些人受执行建议的影响。对权力的大多数分析，特别是对强调正式权力的分析，我们认为后一种功能的分析是首要的。

或许还有第三种功能——"经纪人"功能 [A-7.9]。除非建立了处理创新建议的渠道，否则创新者要面对寻找掌握资源的投资者的问题。经纪人将投资人引荐给企业，让企业家的创新想法引起投资人的注意。经纪人可以"过滤"这些沟通，也可以对企业家和投资人双方施加影响。在本章的下一节，我们会讨论组织的创业、投资和经纪功能的执行。

如果投资决策是根据公司的古典理论做出的，那么这些考虑就不那么重要了。当决策是满意的而不是最优决策时，新程序的**资源分配**（7.17）基本上取决于企业家向投资人建议过程的**交流结构**（7.18）和**备选方案的提出顺序**（7.19）[7.17:7.7，7.18，7.19]。因此在这种情况下，正像我们已提到的其他几种情况一样，组织决策至少取决于和效用功能同等重要的注意力暗示。

程序创意的来源

在谈论程序创意的来源时，我们需要为被称为"组织"的单位划定大致的边界。这样做是因为我们希望假设组织的大部分创新是引入而不是发明的结果 [A-7.10]。引入可能或多或少地采取直接模仿的方式，或者可能是通过引进新人加入组织的方式实现的。在任何一种情况下，引入都能为组织节约大量的创新成本：（1）实际发明成本；（2）测试成本；（3）错误评估风险。

通过引入产生创新的程度，不仅是创新速率而且是**创新类型**（7.20）公开的函数——因而也是组织交流结构的函数 [7.12，7.20:7.18]。

至于创新的速率，我们预计，当环境的变化为许多组织带来新问题（例如需要转型的工业组织）时，新问题需要一段时间被普遍意识到，在此期间实际创新是非常缓慢的。一旦有一个组织发明或引入解决问题的可接受方案，它会在该行业其他企业迅速传开（Brown，1957；Coleman, Katz, and Menzel，1957）。如果引入与组织的次文化完全不同的一群新人，那么创新通常会在短期内增加。

创新的类型取决于组织中相关单位的具体公开度。因此，我们预计研发人员与销售部门有广泛联系的公司与研发人员和其他公司同类专业人员有广泛联系的公司之间的生产创新存在差异。同样，与某些顾客建立联系的单位的创新来源是顾客的满意目标（Gaus and Wolcott，1940，pp.52-3，82-4）。最终，不直接和外部环境建立联系的单位的程序变革创新会极大地节约资源。

选择性过滤不仅发生在组织的边界，也发生在程序建议的传递和制定的每个步骤中。我们可把这些步骤看作确定创新提案必须进入的新"边界"（与选择性和非选择性渗透的不同特性）。每个边界的选择性特性是各类代表**专家**的函数。既然组织的不确定性吸收发生点是最大斟酌决定的判断点，那么创新提议的选择性过滤对这些点是非常重要的。

创新的具体种类是为呈现外部世界而改变组织模式的种类。由于与外部世界有关的模式和斟酌决定意识的比较仅发生在不确定吸收点，因此这些在模型中产生的创新建议会成为主要点。

当组织意识到问题而提出解决办法但又不能和产生问题意识的沟通一起发生时，储存在组织成员记忆中的问题-解决办法会是解决建议的主要来源。由于问题意识是通过组织沟通的，因而解决办法会诱发这些储存并会与之连在一起。问题越广泛，传播的人数和多样性对解决办法的影响越大。随着具有问题意识的人数增加（差异没有相应增加），解决办法也会增加，但增速为负。

核对表和储存不仅可以用来发现创新的问题-解决办法，也可以用来核实创新提案的可行性。提案在组织中流传时，某些后果会被专业领域的个体和组织单位检查。前述命题除应用于程序创新外，也可以应用于测试思想的可行性。

根据最后两段所述，我们认为在关注新程序的组织中，大量内部交流的目的在于组织（群体）对涉及相关记忆的搜寻——不管程序建议的性质或可行性测试。由可行性测试产生的顺序的应用并没有特别重要的意义（尽管一个顺序比在早期修订建议和及时拒绝糟糕建议的另一种可能更有效，但只要研究是彻底的）。

程序的层级结构

如我们在第 6 章所述，大多数组织程序都是由复杂的相互联系的决策结构组成的。我们还是要借助有限理性原理——人类认知能力的限制。它认为决策过程中新程序的发现和制定会按步骤进行，但从来没有考虑"整个"问题的复杂性，而通常只关注问题的各个部分。

经常有人认为采用层级方式分解问题可以简化程序搜寻。像巴纳德对该过程的描述那样（1938，p.206）：

> ……决策过程是连续接近的过程——目的不断被提炼，事实越来越清楚。在这个过程中，时间是必不可少的。因此，那些制定总体决策的人只能从总体上概略地设想各种情况。他们的处理方式尚有大量有待弄清楚的细节。

手段-目的分析

现在我们要探讨非程序化决策，特别是发现、制定和创始新行动程序的过程。因此，我们主要关注搜寻活动和评价建议的过程。在新程序的制定中，连续接近的主要技术是手段-目的分析：

1. 从打算实现的总体目标开始。
2. 发现一系列通常非常具体的实现这个目标的手段。
3. 反过来把每个手段当作一个新的次目标，并且发现实现它的一系列更具体的手段，等等 [A-7.11]（Haberstroh，1957）。

这种目的手段层级要具体细分到什么程度呢？它将继续分解直到已知的现有程序（一般手段）能够用来执行剩余细节的具体层次，因此，这个过程把新的总体目的与现有的一般手段储存的相应子手段联系了起来。当新目标源于相对新颖的领域时，并且在它与已知的程序化的手段联系起来之前，这个过程可能不得不连续进行下去。当目标是已知类型（例如，红十字会在某个地区的救灾程序）时，并且在它能够与现有的程序化手段配合之前，只有少数层级需要构建。（例如，我们想象一个装满预先制造好的各种零件的大仓库，而新结构计划必须达到根据这些储存的零件能够明确说明的地步。）

分解能力

要通过手段-目的的分析进行程序制定，必须满足两个条件。第一，在该过程的每个步骤中，必须做可行性判断——判断在下一个步骤能明确说明程序的时间点。事实上它可能会发现这样一个详细的程序。如果后来证明这个判断是错误的——这样的程序没有找到——那么它必须返回手段－目的层次的上一个层次，回顾那段过程。

第二，在该过程的任何步骤中，每项手段必须是与所有其他手段相对独立的。"独立"在这里有两层意思：（1）手段－目的链应该是真实的层级，因为既定手段对再上一层次的目的不能产生重要影响；（2）一个手段的可行性不能过分依靠程序中其他手段的使用。违反条件的地方是，手段－目的分析仍然可以用来把问题分解成几部分，但新步骤在接近中是必要的。这是为了以便程序各部分之间的相互作用可以得到评价，并在考虑相互作用后得出修正的程序。

即使缺少使目的－手段分析简化的条件，它仍然被用作建立决策过程的基本手段。在有需要全面一致的地方，会应用该过程的最后步骤，但对最初的手段－目的分析只有非常一般的影响。

具有广泛实际意义的特殊情况是程序各个部分的相互作用能够用"资源有限性"的一个或几个性质来概括。在这种情况下，手段－目的分析可能会与确保最后详细程序的可行性和一致性的一系列分配决策类似。

在最简单的手段－目的分析中，最低层次的具体而详细的手段之间的联系对于"结果"或目标通常采取以下两种形式中的一种：（1）该结果功能是累加的，即它是与个别手段联系在一起的部分结构的简单相加；（2）该结果全有或绝无，并且共同采用的具体手段为该结果建立了一系列充要条件。

分解和群体问题－解决

对小集团问题解决的研究为分析提供了某些线索。这类研究使协调一群人的技术和协调个体有机体的技术形成对比。大体上这些研究证明，人与人之间的交流是比神经系统的交流过程更简单和更有限的协调机制 [A-7.12]。因此，我们把问题分解为半独立的子部分，对群体比对个体的问题－解决更关键、更重要。

分解模型

进行手段－目的分析的方法没有什么理论。**分解类型**（7.21）的决定因素是什么？类型储存在任何领域都在发展。例如，为了公司赢利，你必须有营销流程、生产流程和财务流程。目的－手段的分析反映问题自身内在结构到什么程度呢？或者，它是相对任意的、受社会条件制约的过程吗？我们在第2章最后一节已经讨论过这个问题。现在我们把来自目前分析的一些命题补充到前面的讨论中去。

当结果是累加时，组成部分为问题分解提供了基础。当问题从头至尾包含一系列行动时，这个条件经常是近似满足。那么在每个时期，结果通常更取决于同时出现的或邻近的行动，而最不取决于远期的行动。概括起来，我们可以认为内在的因果关系网络和它依赖的局部因果关系的观念可能提供了被称为问题"固有的"分解要素，而其余必定受社会条件制约。

分解的一项重要社会影响是存在**有组织的分工**（7.22）[7.21:7.22]。根据被解决的问题，现有从属单位本身可能被当作广义手段（例如，销售部门、生产部门和审计部门）。在这种情况下，问题分解与这些组织单位中间分工的专业化类似。在更广泛的社会层次上，社会上现有的职业专业化也许部分地规定了这种分解。

在这一点上我们可以参考在前几章提到过的通过标准化和库存提高程序各部分间独立性程度的手段。尽管这些手段涉及程序内容而不是程序制定过程，但我们认为如果前者能分解，后者同样能分解。

一般说来，手段－目的层次隐含时间上的优先顺序。在考虑下一层次既定目标之前，我们必须把总体目标划分为较重要的次目标。因此，再分模型对在问题的几个方面同时进行计划的程度会有影响。问题分解越细，同时行动的可能性越大，因此，**问题解决的速度**（7.23）越快 [7.23:7.21]。

这表明个体问题－解决与群体问题－解决差异的另一面。个体问题－解决的优点同时也受个体只能有一个注意焦点事实的限制，因此一次只能处理问题的一个方面。但是，在组织中注意焦点的数量是没有限制的，因为它能分配问题的各个部分。我们推论：（1）有比同时处理再分问题的优点更重要的其他考虑（否则分解不会在个体问题－解决上发生）；（2）在群体问题－解决中，为了获得同时进行的可能性，即使由于忽略的相互作用而有些损失,但引进更高程度的再分可能是优势。这个命题类似于相应的程序化活动的命题,情境变化越快,要求个体单位自给的程度越大。

7.5 组织层次与创新

在前一节,我们把注意力集中在创新功能的专业化方面。在这一节,我们重点关注组织层次对创新过程的意义。创新发生在什么层次?为什么发生?我们改变组织层级,参与创新过程会有本质上的不同吗?创新类型在不同层次上有差别吗?

目标结构和组织结构

要回答这些问题,首先我们需要测试组织的目标结构和组织单位等级制的关系。组织目标的手段-目的分析和指向这些目标的活动的手段-目的分析揭示出如下观点:(1)我们可以在等级制组织中设置手段和目的。但是,等级制组织较高层次的目标是不可操作的(参见第6章),即对决定哪些特定活动或活动程序有助于这些目标没有统一的标准;(2)在手段-目的层级的较低层次,目标是可操作的——我们能够测量某些活动对这些目标的贡献;(3)在等级制组织的某些层次,在可操作目标的最高层次之下的一两级内,我们能够区分个别的活动程序——对某些次目标有贡献的活动程序,以及那些至少在理论上或多或少不考虑其他程序就可以执行的独立活动程序 [A-7.13]。

例如,"提供足够市政服务"的目标是不可操作的。但是,"保持低火灾损失率"的目标或多或少是可操作的。住宅的检查程序或多或少是由指向防火(反过来指向保持低火灾损失率的目标)次目标(可操作的)的独立活动组成。

与目标结构的详细描述一样,组织也有正式权力关系的等级制。我们希望把这个正式权力结构和前面描述的手段与目的层级联系起来。清晰起见,我们把正在考虑的整个系统称为"组织",把最大的从属单位称为"部门",而部门被再分为"分部"。

设想与第一可操作目标有关的整个手段与目的群，与第二可操作目标有关的手段与目的群，等等。现在如果比较组织单位的这些群，我们会发现组织在目标结构和组织结构的一致方面的变化。

每个群可能再次提出单个部门的范围，以使每个操作性的子目标都是部门的目标。在这种情况下我们把部门当作**单一**组织，把整个组织当作**联合**组织。分部是单一部门的**成分**组织（Simon, Smithburg, and Thompson, 1950, pp.268-72）。

每个群可能部分地取决于一个或多个部门的范围，以使整个组织是包含全部群的最小组织。在这种情况下，我们把组织整体当作**复合**组织，把部门和分部当作**成分**组织。

当然，除已经提到的两种外还有其他可能性，但它们是可能性范围最终的"纯粹"类型。

让我们提出较为正式一些的定义。组织的活动范围与以单个操作性目标建立的手段-目的结构一致，它是**单一的**。如果组织是由许多单一的分部组成，那么它就是**联合的**。如果组织的活动范围围绕多个以操作性目标建立的手段-目的结构，并且它不是由单一分部组成，那么它就是复合的。单一组织或复合组织一部分的组织单位被称为**成分**单位。

在组织单位的层级中，会有围绕整个目标结构的最低层次。在这个层次上的单位可能是单一的或复合的。我们把这个层次称为**整合层次**——它是与特定操作性目标有关的所有活动且可以通过正式权力机制协调起来的最低层次。

有一种特别形式的复合组织值得关注，因为它是一种非常流行的形式。组织的主要分部（部门）可能是除某些"管家"活动外的单一组织。这些活动被分解然后分派给为整个组织执行这些活动的特定部门。这种结构经常被称为直线与辅助式（或不准确的说法是"直线与参谋式"）组织。几乎单一的部门被称为直线部门。执行共同管家活动的部门被称为辅助（或参谋）部门。人事部、法律部和采购部等都是辅助部门的例子。

从非程序化决策的观点看，直线与辅助组织比复合组织更像是联合组织（有单一分部的部门）。但是，它们更像是取决于与每个直线部门的操作性目标有关的活动数量，这些活动被分解并被分派给辅助单位。辅助活动越少（即更接近自足的是直线部门），组织越像是联合结构起作用；辅助活动越多，组织越像是复合结构起作用。

组织的几个操作性子目标可能是相互独立的——即它们可能仅为组织资源而不是以其他方式竞争——或者它们可能是直接竞争。

因此，如果公司有两个业务线明显不同的产品分部，那么这些分部的目标可能是独立的而不是竞争的。另一方面，在一项业务中销售部门和生产部门的子目标可能在某些方面是竞争的（因为降低生产成本的做法可能使产品难以销售，然而吸引顾客的销售措施可能给生产带来麻烦）。

第 5 章和第 6 章关于操作性目标的主要命题之一有必要在此重述——在行动选择要求比较几个操作性目标，而不是比较共同操作性目标的子目标的地方，决策过程的特征是谈判。在被考虑的备选方案全部指向同一个操作性目标的地方，占主导地位的决策过程是分析。因此，常见的谈判征兆要么目标是不可操作的，要么目标是不共享的。

在表面上目标共享（例如，一致同意利润最大化是公司的目标），但在不可操作的地方，需要区分两种情况，其差异对决策过程的特性有重要意义。共同目标被广泛认同是因为它们已经被经理班子成员们内在化了；或者，因为奖励结构它们被经理们作为共同的组织目标所接受。在前一种情况下，我们预计谈判过程中有许多观念冲突——作为手段的真实分歧是对目标的最佳补充。在后一种情况下，我们预计谈判更像一种机会主义，其特征是企图"以公众利益满足私人目的"的合理化。

最后，我们假定任何具体的行动程序都需要一系列操作性目标。它们可能是刺激程序创始的原始目标（如果那些目标是可操作的话）；或者，它们是程序被制定后被激发的目标（如果原始目标是不可操作的话）。一旦被确定，操作性目标就成为活动程序评价的根据。

创新功能的层次专业化

在组织中的任何点，我们预计**创新的敏感性**（7.24）是**所有具体单位创新需要的相关性**（7.25）的函数 [7.24:7.25]。因此，组织单位的高层经理对单位目标的创新要特别敏感——既不同于分配给特定从属单位的子目标，又不同于一般的组织目标。这种敏感性通过吸引注意力的事项和被注意后优先获得的事项表现出来。

当提出的创新目标在范围上（太广泛或太狭窄）与专注于它的特定组织层次不适合时，它可能会在两方面被过滤——如果它是"适合的"范围，往往不会受到注意或优先考虑；如果它受到注意，行动可能是相应组织层次考虑和程序制定的参照。

假设程序变革被提出，或者新行动程序被提出。该变革可能涉及组织现有的操作性目标，或者它可能在这些目标之外并涉及联合单位的非操作性目标。在后一种情况下，创始包括超出了任何现有单一组织范围的新程序的制定。因此这是"适当的"，是会发生在联合组织高层的创新活动中的特性——新程序的创始和超出任何业务单位目前活动范围的新操作性目标的定义。

另一方面，在整个组织是围绕个别操作性目标的最小单位的复合组织中，我们预计高层能找到广泛的创新活动；预计直线与辅助结构可能介于联合结构和最极端的复合结构之间；预计现有操作性目标的大部分创新是在直线部门层次而不是最高层次进行的。

在联合组织中（在很小程度上是在直线与辅助组织中），在创新与现有操作性目标有关的地方，大多数程序制定会在组织的单一分部内部发生。最高层参与创始会大大限制程序的批准。我们预计对于各种创新功能，与上一层次比较，单一分部的相对参与会按以下顺序变化（从大到小）：创始、备选方案制定、后果详尽说明、评价、推荐和批准。

因此，明确的组织单位的活动分配和操作性目标的重要意义是它创造了以全日制为基础活动的一群雇员——是进一步阐述与目标有关的程序创始的重要点。

同时，在联合或复合组织中，创新包含单一成分以上层次的程度部分取决于采用的**协调类型**（7.26）。反馈协调越多，计划协调越少，**高层参与创新程度**（7.27）越大 [7.27:7.26]。

在直线与辅助组织中，创新的地点和速率取决于单一直线部门的自给程度。在许多种情况下，潜在创新和新程序要求组织结构和现有行动程序变革。一般说来，创新的倡导者会认为结构的要素和多于一两个步骤的现有程序是"给定的"和不变的，与正式结构无关。因此，**从属单位的互相依存**（7.28）越大和直线单位对辅助单位的依赖性越大，直线单位的创新活动的活力越少 [7.12:7.28]。当自给程度低、新活动被详细说明、资源被分配给互相依存的部门和最初发动变革的部门时，变革才是完美的。

高层参加创新过程的程度取决于许多因素和我们已经提到的那些因素。一般说来，充满活力的创新活动只发生在无须为程序化活动承担重大责任的组织单位。因此，会发生创新的层次取决于个体或有计划责任而没有执行责任的单位层次 [7.27:7.13]。

一般说来，注意力模式是不稳定的，组织层次越高，注意力模式越不稳定。因此，高层参与特定创新活动与日程上许多其他优先项目是完全不同的 [7.27:7.15]。

高层（特别是单一组织以上）的注意力主要是那些创新提案。这些创新提案对保持组织结构的稳定性，组织的生存和多于一个组织分部以上的活动有重要意义。因此，当我们沿着结构向上级提议时，我们提高了决策"程序"面的重要性。

如果组织高层有定期观察"组织特性"的程序，那么这个程序就会成为那个层次和较低层次创新的重要刺激物 [7.12:7.13]。

组织的创新地点也对权力和影响力分配后果有重要影响。这有两个原因：（1）由于作为与不作为之间的不对称、早期注意、接续和变革，最初活动的建议过程对组织活动模式的影响和建议评价过程的影响一样多；（2）由于对不确定吸收的需要——沟通结论比沟通得出结论的证据相对更容易——推断过程的地点对建议评价的影响较大。许多不确定吸收通常发生在最初提议的地方。

来源于权势的创始权力对大多数组织的经理人员已是常识。这种常识可以解释广为流传的授权看法。在组织的每个管理层次，普遍赞同的看法是，决策的集权是从那个层次向上，而分权是从那个层次往下。

7.6 计划过程

我们现在已经陈述了许多关于程序化和非程序化决策的命题。得出这些命题一般观点的有效方式是应用这些理论讨论年度计划过程——国家计划和公司内部计划。广义的"计划"是区别于其他决策类型的行动方针。因此我们的讨论对计划过程的定义采用传统的定义。

近年来，对计划的讨论一直在两个完全不同的背景下进行：

（1）在现代工业经济集中计划的可取范围内"计划与不计划"的讨论；（2）在大工业背景下集权和分权相对优点的讨论。我们从前一个主题开始我们的分析。

计划还是不计划：巨大的争论

集中计划的问题是私人企业、市场和价格何时是，经济运行的主要机制以及这些机制何时被政府行为所补充或取代。亚当·斯密（1937）在那篇论述《看不见的手》的著名文章中为这个问题建立了框架。他的论点可概括如下：

1. 唯一可以信赖的人类动机是私利。

2. 价格和市场机制是这样的，如果个体追求他的私利，他会"受一只无形的手指挥促进并非是他本意的目的"——即他"必须劳动使得社会年收入尽可能多"。

第一个命题或多或少提出了一个简单的事实。但是，第二个命题则值得注意。直到最近，这个注意被集中在两点上：

1. 如何制定社会福利标准取代斯密的不满意的"社会年收入"。

2. 假设有这样的标准，我们要确定在私人企业经济中私利的追求会导致社会福利的最大化的严格条件。

那么，我们就不得不考虑三个问题：（1）动机；（2）社会福利标准的定义；（3）与社会福利相对应的私利。并非所有问题都与当前的讨论有同样密切的关系，讨论主要与认知问题有关——人类的信息处理能力和人类的局限性如何影响计划。因此，我们不再考虑动机和目标冲突问题，换句话说，我们对问题1和2给予少量讨论，然后讨论与问题3有关的认知面。

动机和目标冲突

私利是否是人类唯一可靠动机的问题把我们带回到了第 3 章、第 4 章和第 5 章的讨论。我们目前对人类动机的了解不能给出任何肯定或否定的回答。无论如何,在当代经济的计划分析中,动机问题只能放在第二位。

社会福利功能的定义问题也与第 3 章、第 4 章和第 5 章的主题有关。它受到各种所谓"帕累托"福利经济学家们的极大关注,并且他们建立了以人类无限理性为假设的、精妙的托马斯结构。该理论对计划讨论的唯一暗示是,证明了没有比假定方法的热衷者喜欢做出的假定更有力的假设,社会福利功能不可能建立。由于我们的主要兴趣是组织**内部的**计划,我们将不关心确定组织目标的问题(这是社会福利功能的内容),而是假定这一目标业已存在。

看不见的手

现在我们继续探讨在我们假定考虑了动机和存在明确的组织目标(或福利功能)后产生的认知问题。

设想一个目标可能只是利润最大化的单一组织。该组织有一些可支配的资源,其问题是在受资源限制的情况下实现目标的最大满足。显然,如果一个人或一群人掌握与可能的行动方案及其效用有关的全部相关信息,那么他或他们就可以发现对组织最有利的行动方案。(我们假定完全信息和计算能力无限制)会构成中央计划的最简单形式。

作为替代选择的过程,我们可以假定组织内部的市场运作和价格机制。我们把组织划分为各种次级部门,为每个次级部门建立独立的标准(例如它的"利润"),或为所有在部门之间流动的货物建立"市场"。那么该组织中每个部门都要购买投入和销售产出,无论是卖给组织的其他部门还是组织外部的单位。我们把这种流程称为**依靠价格的分权决策**。

我们可能希望,如果组织的次级部门的标准是经过适当选择的,**如果**市场是以适当方式运作的,那么中央计划会得到相同的行动方案——即看不见的手会根据每个次级部门的标准做出与组织整体的最优选择相一致的最优选择。福利经济学的基本理论是这种情况发生的确切环境。

福利经济学的"古典"原理认为，在公司之间的（在我们的例子中是组织次级部门之间）完全竞争和不存在外部经济或不经济（成本或收入不直接反映或通过价格反映在独立单位的损益表上）的情况下，个别公司（组织的次级部门）的利润最大化会使社会福利经济最大化（整个公司利润最大化）。

尽管对是计划还是不计划的争论有意义，但该原理与公司内部的价格分权无关，与只满足在公司外部和内部都有市场的中间产品的完全竞争条件也无关。在缺少外部市场为价格提供测量标杆的情况下，组织通常被内部所有垄断和不完全竞争的问题困扰。

但是，巴伦（Barone）提出的现代原理认为，在假定不存在外部经济或不经济的情况下，看不见的手在不是完全竞争的条件下也能发挥满意的作用。这为我们提供了替代利润最大化的原则，即组织的每个次级部门使边际成本（即可变成本）等于它可以控制的每个变量的价格。该原则会清空市场（例如，阻止连续的存货积累或倾销），并在给定的假设下导致公司（一般说来，不是个别次级部门）利润的最大化 [A-7.14]。

巴伦的原理仍然需要假定不存在外部经济与不经济。这条假设并非不重要，它实际上给组织内部应用价格机制的分权决策造成严重困难。科普曼斯（Koopmans）和贝克曼（Beckman）（1957）最近对工业区位理论的研究中就碰到了大量这样的困难。

福利经济学的基本原理——古典的和巴伦的都认为在某些环境下分权的价格机制会获得与中央计划**一样好的**效果。这些理论并没有给出任何前者**优于**后者的**有根据的理由**。亚当·斯密的动机假定 1 就是一个这样的理由。最近福利理论通过忽略该假定删除了分权论点的精华。在过去 20 年间取代假定 1 的新论点是由冯·米塞斯（von Mises）（1944）和海耶克（Hayek）（1946）提出的。下面我们转向这部分讨论。

有限理性原则

冯·米塞斯和海耶克的论点（我们采用后者的版本）完全取决于人们对现有信息的限制和他们使用信息的计算能力。因此它与本章前面几节考察的认知问题密切相关。该分权论点的基本看法是**假定人类计划能力确实有限，分权系统会比集权系统更好地发挥作用**。海耶克是这样陈述这一论点的：

（提出把现代文明的复杂性作为实行中央计划论据的那些人）通常认为获得一个完整经济过程的协调图景的困难在不断增加，如果社会生活不毁于混乱的话，由某些中央机构来协调社会事务是必不可少的。

这个论点是建立在对竞争作用完全误解基础上的。只比较简单环境是不合适的，分工非常复杂的现代环境只能通过能够带来充分协调的方法制造竞争。在环境如此简单以至一个人或一个委员会就能有效地调查所有相关事实时，有效的控制和计划不会有困难。只有在必须考虑的因素数量如此多以至无法综观全局地考虑它们时，分权就变得必要了。而一旦分权成为必要，协调问题就产生了。让独立机构仅根据他们能够了解的事实自由地调整他们的行为，会带来各自计划相互调整的协调问题。由于没有人能够有意识地权衡与许多独立决策有关的所有事项，分权就变得必要了。协调显然不能通过'有意识的控制'实现，为有效地调节机构的决策与其他机构的决策，只能通过整理向每个机构传递而必须掌握的信息来实现。由于影响各种商品供求状况变化的详细信息经常不能被完全获悉，或者不能被任何一个中心及时收集和传播，因此这就需要一些自动记录所有独立行为的相关影响的记录机构，这些机构发布的信息是所有独立决策的结果，同时也是决策指南。

这正是价格体系在竞争条件下要做的，而且没有其他体系能够完成。通过了解少数的价格走势，就像工程师观察少量仪表的指针一样，它能够使企业家们改变他们的行动以适应其他机构的行动……社会越复杂，我们越依赖个体之间的知识分配，把这些个体的分散力量通过非个人的机制协调起来，使我们像价格体系那样传播已知的相关信息。（1944，pp.48-50）

因此，这是价格机制论点的证据：（1）在完全竞争和不存在外部经济的情况下，最优决策可以通过分权手段（通过各个独立次级部门的利润最大化）获得；（2）事实上，由于分权手段比集权手段需要的信息和计算更少，因此最优决策实际上**能**通过分权手段获得而**不能**通过集权手段获得。如果我们放宽完全竞争的假设，根据巴伦的原理，这个论点使我们可以用边际成本与价格相等的原则代替次级部门利润最大化的原则。

如果我们把外部经济与不经济考虑进来，那么分权决策的优势大于集权决策。反之亦然，我们必须通过权衡前者没有考虑行动的间接后果（外部经济）造成的损失，以及后者没有能力获得必要的事实和进行必要的计算（有限理性）造成的损失来评价。问题变成了这两类"不完美"的决策机制相对重要性的数量比较。事实上，这个问题与第6章分析的自给和减少协调需要之间的选择完全相同。它不能通过优先考虑而一劳永逸地解决，而必须根据每次的情况参考过去的经验来决定。

不考虑价格的分权

海耶克运用其有限理性论点讨论中央计划对分权的价格机制的相对优点。但正如我们刚才已经知道的，他的这部分论点其实大体上是关于集权和分权的，对价格机制并没有**具体的**参考价值。因此，我们可以采取较一般的观点考虑与市场机制无关的，而在复杂环境下提供有利的决策程序的其他集权和分权机制。

如果严格遵从"最优化"的要求，我们不可能找到任何比价格机制更有利的新机制。对福利原理证据的数学结构的考察证明在最优决策原则中出现的任何参数都有像"价格"或边际成本那样简单的解释。但是，我们也看到由于外部经济，最优化的必要条件在现实社会不可能完全得到满足。因此，我们应该扩大搜寻，以满意目标取代最优目标，至少在某些现实条件下，寻找会产生"好"的决策和可能优于中央计划或价格机制的机制。

事实上，在我们的经济中，合适的价格决策机制的大多数现有经验证据是价格"作用"（例如开辟市场）的证据，而不是它们带来最优化的证据。满足完全竞争条件和没有外部经济与不经济的条件还有多远距离？至少对美国经济而言，证据是不能使人信服的。显然，这些条件不可能**完全**得到满足，也没有人提出有用的测量偏离严重性的标准。在正常环境下价格机制是令人满意的，它开辟市场；它扩大顾客的选择范围；如果外部经济普遍存在，它们的存在也是可以接受的。

价格机制的测试：战时计划

如果我们按照海耶克的论点进行逻辑推理，那么它们越是应用于复杂的情形，价格机制对中央计划的优势越明显。检验这个假设似乎没有比战时条件下的现代经济更好的了。但是，一个有趣的事实是，正是在战时条件下价格机制部分地被中央计划所取代。这个矛盾没有得到对价格机制理论感兴趣的经济学家们的重视。但是，它引起一位富有洞察力的英国经济学家伊利·德文思（Devons，1950）的注意，他曾在第二次世界大战时期参与了英国的飞机计划。他并非不知道有一个尚未解释的矛盾：

> 毫无疑问 M.A.P[○] 一直假定这个计划是必要的，如果没有它，飞机生产会受到妨碍。确实有怀疑者声称飞机生产不是因为 M.A.P 计划而与此无关。但这些吹毛求疵者并不是真的要 M.A.P 放弃它的计划，他们认为能够对采用的方法和技术大大改进。由于对飞机生产需要计划而不是让竞争性价格体系发挥作用的无争议的接受，M.A.P 从没有人试图解释为什么这类计划是必要的，或者与某些战时经济计划一般理论的背景对比来判断 M.A.P 采用的技术与方法。事件的逻辑性要求当局重视 M.A.P 的计划活动，而它们不被采纳是因为它们适合某些以最少资源获得最大飞机产量的最佳方法，这是一个深思熟虑的系统。（P.2）

德文思接着回答了他提出的问题——中央计划的原因：

> 战时计划是必要的，因为政府是经济体系中产品的唯一顾客，必须权衡不同产品对达到赢得战争这个唯一目标的相对重要性。

○ 英国飞机生产部，Ministry of Aircraft Production 的缩写。——译者注

理论上，政府做出这个决策，进而订购这些产品，让生产商为他们需要的原材料、零配件和劳动力去竞争。但是，政府的战时财政措施不可避免地会导致通货膨胀，这些竞争只会抬高一般的物价水平。

……商人最不愿意在军火生产能力上投资……因为他们无法估计战争可能会打多久……唯独政府拥有这些信息，因此必须承担选择一个投资行业而不是其他行业的风险。（pp.3-4）。

第一个论点非常有意思，因为一个人可能会想，在战时条件下，在赢得战争胜利的首要目标面前确定社会福利功能的所有困难都不复存在，政府最有可能为分权决策而利用价格体系（运用巴伦原则）。德文思的理由中隐含的论点是各自活动的边际收益是未知的，因此对这些活动相应范围的决策除了根据它们对战争的边际贡献做出判断外别无选择。这不妨碍以购买价格形式由中央计划者做出判断的事实，但它可能意指不首先估计它会提出供给什么，中央计划者不能做出购买价格决策——分权定价被认为是不必要的估计。

用本章前面使用的措辞来说，价格机制在这一点上遇到的困难是（赢得战争的）目标不是完全操作性的——至少对目标活动的边际贡献做出简单估计没有足够的操作性。

德文思关于通货膨胀的第二个论点我们无须回答。

德文思关于投资意愿的第三个论点也是依靠观察，决策需要的事实不是简单的"有"，而是必须以某种途径和以某种方法让决策者知道。它揭示了基本定价保护的一个主要假设：个体决策者确定与价格相等的边际成本所需要的信息，这是那些决策者最容易获得。在该假设不能被满足——它不是在战时条件下——时，分权化论点和价格机制论点就分开并有区别了。

战时计划的分权

现在我们知道战时价格机制决策的某些缺陷了，但我们还不知道中央计划如何能够支持反对海耶克警告的复杂问题。德文思对此也有回答。**战时计划不是我们定义的那个词意义上的中央计划。它包含许多分权因素，但使用**

其他手段而不是价格来协调。

  确保所有行动都符合政府的最佳打仗计划的要求不可避免地导致决策集权。因为只有集权才有可能确保个体的行动相互协调，并符合期望的一般模式。因此，理论上杰出的计划体系……应该制定详细的'宏伟计划'……但事实上不会也不可能达到。因为起因于人类能力局限性的管理特征不可避免的是，决策越是高度集中，必须依据的基础越笼统，能够关注的联系越少。因此，尽管政府总是力图把社会利益作为单一的追求目标而行动，但由于管理困难，它不得不把决策授权给独立的、大部分自给的政府单位。在战时最艰巨的计划任务是决定把问题分解成若干部分而同时又保证各部分协调的最佳方法。

  尽管经济体系的所有因素是相互联系的，但一组既定变量之间的相互联系可能有些紧密有些松散。问题分解的方法显然是对这些因素进行分组，联系紧密的归为一组。（p.5）

他把集权和分权问题概括如下：

  每项计划都试图揭示这样两个问题：第一，划分控制范围以便每个管理单位能有效地管理各自部门的需要；第二，确保这些独立单位的行动都符合总体计划的要求。但这些原则的执行总是会产生冲突，因为第一个原则要求授权和分权，以便计划能够管理并实际可行；而第二个原则要求集权，以便计划能够协调。（p.14）

对公司内部计划的意义

  计划之争能应用于个别公司内部的决策吗？争论起初关注的是私人公司和政府控制之间的选择，但此后逐渐转向对中央计划和利用价格机制分权决策之间的选择，而对后一个问题的探讨又引出集权和分权之间的广泛选择的问题。仅仅从宏观层面（私人企业和政府控制之间的选择）考虑问题的争论近几年变得不重要了。因此，目前的大部分争论完全与公司内部的决策问题有关。它是对整个经济的决策。概括地说，让我们看看我们能够从对它的分析中得出什么结论。

第一，如果私利是唯一可靠的人类动机，那么公司决策的分权必须和刺激决策者选择能促进公司利润最大化方案的机制一起发生。近年来流行的实现手段是分部门的部门损益报表。但是，为什么备选方案的衡量标准不能起同样的作用，即提供与公司利润相关的衡量标准，并刺激（经济上的或其他方面的）决策者关注衡量标准。

第二，在有利的环境下，尤其是当各个部门相互充分独立以于不存在外部经济或不经济时，价格机制对确保公司内部分权决策可能是有用的手段。

第三，内部运用价格不仅要求没有外部经济，而且要求有能合理估计的决策者或估计边际成本和收益（反过来暗示目标必须是操作性的）的有效技术。如果没有这类技术，价格可能不是分权的有效机制。因此，实行组织内部分权决策不受内部价格运用的限制。

第四，既然没有理由假定任何决策技术——不管是集权的还是分权的——能让组织达到真正的"最优"，对决策机制的搜寻就不能过于严格地以最优化为标准，而是必须找到满意的"可操作的"技术。

对决策技术的探索仍然处于非常不成熟的状态。在以往的管理文献中有一些普遍原理。但是，坚定支持最优化模型的马斯查克和拉德内已经考察了在非常简单情形下有效决策网络的设计。他们的某些研究与采用 Bavelas 网络的实验室试验有关。个别公司开发了一些有关生产控制和调度决策的决策原则，但只有少数的初步尝试超出了常见的最优化范围（Churchman, Ackoff, and Arnoff, 1957）。

计划的动力

关于这个问题我们援引有限理性原理作为实行分权的重要因素，但我们不会利用程序化和非程序化决策之间的差异。只要我们把自己限制在既定备选方案选择的古典模型上，计划问题依据的主要点就是估计某些功能（生产功能和需求功能）和预测某些功能的数据可能性。价格是否是决策的有效手段必须由它们导致系统平衡、错误的估计和预测，以及对平衡的影响、估计和预测的修正所引入系统的动态特性来决定。

例如，我们可以比较公司每个部门的生产决策由价格控制的分权计划体系，和公司每个部门的生产决策由销售预测、库存数据反馈控制的集权计划体系。（大多数实际正式的库存和生产控制手段是后一种。）就我们所知，除了我们把德文思对战时计划方法的评价归入这一类别外，还没有人对这个类别做过实际的经验比较。

在制定新程序的条件下对备选计划机制的比较更加困难。某些交流和决策结构对日常工作效率可能比对组织处理自身结构变革和其他非程序化变革的能力更重要。由于古典计划理论实际上仅适用于稳定的情况——平衡的比较——它无法为非程序化变革条件下的标准计划命题提供框架。因此，对这种动态性的考虑程度十分重要，古典理论在很大程度上与这个问题无关。本章前几节阐述的命题代表了一种替代方法，虽然尚未得到充分发展，但最终可能更有意义。

7.7 结论

在本章和前一章，我们考察了组织中人的行为的认知面。在20世纪第一个25年中，组织研究占主导地位的通常是科学管理观点。而在第二个25年，研究兴趣和方法通常被称为"人际关系"。在前一种情况下，组织中人的因素起初被视作能够用少量生理和简单心理特性描述的"工具"。在后一种情况下，人的因素被认为是具有感情和动机，但对他们的适应性和理性较少关注的特性。我们的认知分析符合组织理论的广泛轮廓，因此不是取代而是对早期方法的补充。

由于认知比其他组织现象更少受到关注，因此最后两章理论的讨论比前五章的分析更缺乏完整性和系统性是不可避免的。特别是，可靠和有说服力的经验证据几乎没有——我们在写这本书时一直抱怨应用于认知课题的具体因素。如果我们写这几个篇章所付出的劳动能鼓励其他人在理解组织环境中人的思想和人的行为上一起来完成用事实代替想象的任务，那么也算是物有所值了。

后　记

在已经对大量的理论说明和（在很小程度上）经验证明进行总结的情况下，再来概括本书的内容一定是困难的，可能也是多余的。我们可以引述在第 1 章对研究目的的陈述来圆满地结束本书。我们考察了组织理论的文献，从考察把雇员看作工具和生理人的理论开始，接着重点考察了人的行为动机和情感面理论，最终以强调认知过程的理论结束。

我们认为，在理论阐述方面，我们研究的领域是非常不平衡的，特别是对命题的实际检验。我们能为命题收集到的证据大部分与本书中间讨论动机与态度的几章有关。组织行为的认知面迄今为止几乎仍是尚未得到研究的领域。

同时，我们注意到，本书陈述的组织行为命题的经验检验提出了许多技术的和方法论的问题。由于在其他地方已经讨论了其中部分问题，我们就不在这里详细讨论前几章使用过的方法了。但是，我们愿意列举对研究组织行为似乎特别重要的方法论的四个问题：

1. 认同问题。计量经济学家们和其他人（Koopmans，1950；Hood and Koopmans，1953）非常关注用经验数据检验理论模型的问题。我们注意到我们的某些模型难以得到组织理论其他研究人员的认同。

2. 根据对组织成员的行为观察推断组织所用程序的问题。大量研究是采用问题推论方法进行的（Cyert，Simon，and Trow，1956；Newell，Shaw，and Simon，1958）。

3. 推断组织成员之间的影响关系存在或不存在是很有强度的问题。包括测量影响在内的某些主要问题，我们和其他研究人员在最近几年已经论述过了（Simon，1953a，March，1955a，1956，1957；Dahl，1957）。

4. 组织行为的现场研究和单一案例研究在组织研究中的地位问题。我们认为该领域尚未得到充分发展，我们希望能为此做出一些新贡献。遗憾的是，我们做不到。就这个根本性理论来说，组织理论的方法论是不平衡的，需要进一步完善。

　　我们希望我们已经非常准确地描述了命题的意义和目的,非常准确地描述了其他人对文献的理论贡献,并没有隐瞒我们自己对人的行为基本理论的判断。我们真诚地希望我们提出的有关组织中人的行为的几百个命题,能够成为主要普遍的原理和行为科学的主要方法论中创新的经验检验的基础。

致　　谢

本书的写作起初是由扉页上的三个人承担的。我们共同构思了本书的理论体系。在后来的分工写作阶段，由于哈罗德·格兹考（Harold Guetzkow）在 1956~1957 年期间离开了行为科学高级研究中心，所以剩下我们两个人写作书稿以及完成定稿。但是，我们认为把他的名字作为合作者写在扉页是最合适的，我们要和哈罗德·格兹考分享人们对本书的赞誉与批评。

任何熟悉卡内基理工学院工商管理研究生院的人都知道，有些人应该具备作者的身份，尽管他们不是项目的正式成员。我们特别要感谢理查德·赛耶特（Richard M. Cyert）和艾伦·纽厄尔（Allen Newell）。前者的思想和影响在本书中关于公司理论的部分可以清晰地体现出来，后者的影响则是在人类问题的解决上。经常向作者提出建议和意见的卡内基组织研究小组的其他成员还有威廉·笛尔（William Dill）、查德威克·哈伯斯特罗（Chadwick Haberstroh）和唐纳德·特罗（Donald B. Trow）。

除了卡内基小组，我们特别要感谢罗伯特·戴尔（Robert A. Dahl）在影响力测量上，以及约翰·哈桑尼（John C. Harsanyi）在博弈论和其他冲突理论的关系上与我们进行了数小时的研究与讨论并给予帮助和指导。在专家讨论会上，詹姆斯·科尔曼（James S. Coleman）对本书的结构安排做出的贡献可能比他现在能回想起的还要多。在 1957 年的夏季卡内基理工学院主办的组织理论与研究研讨会期间，本书的初稿曾提交社会科学研究委员会研究培训机构的成员审查。这个小组包括（除哈桑尼和纽厄尔之外）罗伯特·贝尔斯（Robert F. Bales）、沃伦·本尼斯（Warren G. Bennis）、罗伯特·查普曼（Robert L. Chapman）、罗伯特·汉布林（Robert L. Hamblin）、斯坦利·霍兰德（Stanley Hollander）、诺曼·卡普兰（Norman Kaplan）、约翰·兰泽塔（John T. Lanzetta）、哈罗德·莱维特（Harold J. Leavitt）、伊迪斯·伦兹（Edith M. Lentz）、索罗门·莱文（Solomon B. Levine）、唐纳德·佩尔兹（Donald C. Pelz）、约翰·波克（John C. Pock）、丹尼尔·欣肖尼（Daniel Shimshoni）和查尔斯·韦林纳（Charles K. Werriner）。修改稿的许多修改意见来自他们。

在准备文献目录时，伦纳德·科特雷尔三世（Leonard Cottrell，Ⅲ）、朱利安·菲尔德曼（Julian Feldman）、彼得·胡特斯（Peter S. Houts）、吉安多梅尼科·梅乔恩（Giandomenico Majone）和西尔维亚·瑟伯尔斯基（Sylvia Sebulsky）对正文和辅助材料提供了严谨的注解。我们得到许多其他学生和研究助理的帮助，特别是爱德华·费吉鲍姆（Edward A. Feigenbaum）、亨利·哈特（Henry J. Hart）、理查德·亨德里克斯（Richard A. Hendricks）、卡尔顿·亨斯利（Carlton B. Hensley）、道格拉斯·米姆斯（Douglas K. Mims, Jr.）、威廉·斯塔巴克（William H. Starbuck）、弗雷德里克·斯特恩（Frederick Stern）和弗雷德里克·汤奇（Frederic M. Tonge, Jr.）。

书稿由伊夫林·亚当斯（Evelyn L. Adams）小姐录入，她还做了大量与本书有关的其他各种琐碎的工作，数量太多难以在此一一列举。

我们这个组织中有关人类行为理论和经验研究的项目得到了福特基金的大力支持，得到了行为科学高级研究中心和福特基金的资助。他们为我们提供了最匮乏的学术产品——思考的时间。我们非常感谢该基金和该中心提供的支持，由于他们广泛的关系网络使我们能够考察现有组织行为的基本知识和世间人事的实用知识。我们也非常感谢工商管理研究生院提供的使理论和研究能够自由发展的思维与组织的环境。

关键概念索引

- 3.1 控制需要
- 3.2 强调行为可靠性
- 3.3 个人关系
- 3.4 组织规则内在化
- 3.5 决策技术分类
- 3.6 搜寻备选方案的数量
- 3.7 行为的刚性
- 3.8 群体成员共享目标的认知程度
- 3.9 组织成员彼此保护以抵御外来压力的倾向
- 3.10 个体行为的防御
- 3.11 麻烦顾客
- 3.12 使用权力计策的程度
- 3.13 个体行为防御的感知需要
- 3.14 授权
- 3.15 专业能力的训练量
- 3.16 组织目标与目标实现之间的差距
- 3.17 利益分歧
- 3.18 人员变动的成本
- 3.19 组织从属单位之间冲突
- 3.20 决策内容
- 3.21 参与者的组织目标内在化
- 3.22 从属单位意识形态的形成
- 3.23 参与者子目标的内在化
- 3.24 组织目标的操作性
- 3.25 一般的和非个人的规则的运用
- 3.26 权力关系的可见性
- 3.27 平等规范的遵守程度
- 3.28 监管作用的合法性
- 3.29 人际关系的紧张程度
- 3.30 最低可接受行为的知识
- 3.31 监督的严密性
- 3.32 独裁
- 3.33 监督角色感知惩罚
- 3.34 满意
- 3.35 搜寻
- 3.36 奖励的期望值
- 3.37 抱负水平
- 3.38 生产动机
- 3.39 诱发定势特性
- 3.40 诱发选择的可感后果
- 3.41 个体目标
- 3.42 外部选择的客观获得性
- 3.43 决策参与感
- 3.44 组织的控制
- 3.45 任务的复杂性
- 3.46 个体的分析能力
- 3.47 奖励计划

3.48	邻近个体的行为	3.75	群体的成长速度
3.49	可感参与选择	3.76	群体的水平
3.50	失业人数	3.77	个体经历的声望水平
3.51	群体压力强度	3.78	联系公开
3.52	群体压力方向	3.79	群体参与者受到的文化压力
3.53	群体认同感	3.80	背景的同质性
3.54	意见一致性	3.81	社区的规模
3.55	群体对环境控制范围	3.82	目前地位的相似性
3.56	群体内部的相互作用	3.83	群体对个体目标实现的允许程度
3.57	群体的凝聚力	3.84	个体奖励的独立性
3.58	群体间的竞争数量	3.85	群体压力支持组织需要的程度
3.59	组织流动对绩效的相依性	3.86	规范的相似程度
3.60	标准的主观作用	3.87	社会地位相似
3.61	金钱奖励与绩效的相依性	3.88	文化向心性
3.62	工作群体的规模	4.1	诱因效用和贡献效用的平衡
3.63	活动的程序化程度	4.2	个体参与者离开组织的倾向
3.64	组织层次	4.3	离开组织的可感愿望
3.65	群体的可感声望	4.4	离开组织的可感安逸
3.66	个体在群体中得到满足的需要数量	4.5	工作满意度
		4.6	工作特性和个体的自我特性一致
3.67	竞争	4.7	工作的工具性关系的预计性
3.68	群体的社会地位	4.8	工作要求和其他角色的要求相容
3.69	个体声望水平	4.9	监督措施和雇员独立性的一致性
3.70	群体实现目标越成功	4.10	奖励数量
3.71	社会地位	4.11	个体参与工作分配
3.72	群体的可见性	4.12	受教育程度
3.73	群体的特性	4.13	过去的职位和/或收入的变化率
3.74	群体的规模	4.14	工作时间方式和其他角色的工

作时间方式

4.15　工作群体的规模

4.16　组织的规模

4.17　组织内部转换的可感可能性

4.18　可感的组织外部的选择

4.19　企业活动的水平

4.20　参与者性别

4.21　参与者年龄

4.22　参与者社会地位

4.23　技术

4.24　服务时间

4.25　专业化

4.26　可见的组织

4.27　组织的声望

4.28　组织的可见性

4.29　各种个人交往

4.30　个体的可见性

4.31　个体的独特性

4.32　个体的搜寻倾向

4.33　习惯特定工作或组织

5.1　可感冲突

5.2　选择的主观不确定

5.3　选择的主观不能比较

5.4　选择的主观不能接受

5.5　减少冲突的动机

5.6　澄清

5.7　新选择的搜寻

5.8　温和选择的获得性

5.9　时间压力

5.10　决策时间

5.11　过去经验丰富

5.12　决策情形的复杂性

5.13　抱负水平与实现之间的差异

5.14　丰裕的环境

5.15　联合决策感知需要

5.16　目标差异

5.17　感知差异

5.18　群体冲突

5.19　对有限资源的共同依赖

5.20　对活动时机的互相依存

5.21　组织层次

5.22　组织目标的主观作用

5.23　独立的信息来源

5.24　信息处理渠道

5.25　采用分析过程解决冲突

5.26　组织冲突类型

6.1　程序化

6.2　可预计

6.3　重复度

6.4　程序内容

6.5　观察工作活动的安逸

6.6　观察工作产量的安逸

6.7　与产量有关活动的安逸

6.8　活动协调需要

6.9　产量协调需要

6.10　斟酌决定权

6.11 注意焦点
6.12 子目标差异
6.13 子目标持续性
6.14 小集团交流的内容
6.15 信息的焦点
6.16 组织内部的分工
6.17 注意的范围
6.18 时间压力
6.19 认知联系的认同相依性
6.20 改变目标的重点注意力的直接刺激影响
6.21 子程序专业化程度
6.22 组织从属单位间的互相依存程度
6.23 互相依存的包容性
6.24 情境的标准化
6.25 协调类型
6.26 沟通效率
6.27 不确定吸收
6.28 不确定吸收的地点
6.29 组织的权力结构
6.30 合法"事实"的应用
6.31 沟通渠道使用
7.1 创新成本
7.2 程序接续
7.3 搜寻
7.4 满意
7.5 影响过程类型
7.6 选择问题类型
7.7 可接受的决策原则应用
7.8 环境的复杂性
7.9 程序的本地修改的应用
7.10 问题解决类型
7.11 过去经验
7.12 创新速率
7.13 创新制度化
7.14 组织成员所从事活动倾向
7.15 时间压力
7.16 目标明确
7.17 资源分配
7.18 交流结构
7.19 备选方案的提出顺序
7.20 创新类型
7.21 分解类型
7.22 有组织的分工
7.23 问题解决的速度
7.24 创新的敏感性
7.25 所有具体单位创新需要的相关性
7.26 协调类型
7.27 高层参与创新程度
7.28 从属单位的互相依存

参 考 文 献

本文献目录包括本书正文引用的所有参考文献，也包括大量没有被引用的文献。尽管很长，但它仍是文献目录而不是综合目录。其他略有不同的相关文献目录参见 H. R Bowen, *The Business Enterprise as a Subject for Research*（Social Science Research Council, 1955）; A. de Grazia, *Human Relations in Public Administration*（Public Administration Service, 1949）; R. Dubin, *The Wrold of Work*（Prentice-Hall, 1958）; V. Prestridge and D. Wray, *Industrial Sociology: An Annotated Bibliography*（University of Illinois Institute of Labor and Industrial Relations, 1953）。

Abruzzi, A. (1952) *Work Measurement*. New York.
The Acton Society Trust (1953) *Size and Morale*. London.
Adams, D. K. (1954) Conflict and integration. *Journal of Personality*. **22**, 548-56.
Adams, S. (1953) Status congruency as a variable in small group performance. *Social Forces*. **32**, 16-22.
—— (1954) Social climate and productivity in small military groups. *American Sociological Review*. **19**, 421-5.
Adams, W. (1953) Competition, monopoly, and countervailing power. *Quarterly Journal of Economics*. **68**, 469-92.
Albert, R. S. (1953) Comments on the scientific function of the concept of cohesiveness. *American Journal of Sociology*. **59**, 231-4.
Alchian, A. A., S. Enke, and E. T. Penrose (1953) Biological analogies in the theory of the firm: comment and rejoinder. *American Economic Review*. **43**, 600-7.
Amar, J. (1920) *The Human Motor*. London.
Anderson, C. A., J. C. Brown, and M. J. Bowman (1952) Intelligence and occupational mobility. *Journal of Political Economy*. **60**, 218-39.
Annett, J., and H. Kay (1957) Knowledge of results and "skilled performance." *Occupational Psychology*. **31**, 69-79.
Ansoff, H. I. (1957) Strategies for diversification. *Harvard Business Review*. **35**, 113-24.
Argyle, M. (1957) Social pressure in public and private situations. *Journal of Abnormal and Social Psychology*. **54**, 172-5.

Argyris, C. (1952) The Impact of Budgets on People. New York.

—— (1954) Human relations in a bank. *Harvard Business Review*. **32**, 63-72.

—— (1954) The fusion of an individual with an organization. *American Sociological Review*. **19**, 267-72.

—— (1954) *The Present State of Research in Human Relations in Industry*. New Haven.

—— (1955) Organizational leadership and participative management. *Journal of Business*. **28**, 1-7.

—— (1957) The individual and organization: some problems of mutual adjustment. *Administrative Science Quarterly*. **2**, 1-22.

Aristotle. *Politics*.

Arnold, D. G. (1951) Attitude toward authority and sociometric status as factors in productivity and job satisfaction. Unpublished Ph. D. thesis, University of California at Los Angeles.

Arrow, K. J. (1951) Alternative approaches to the theory of choice in risk-taking situations. *Econometrica*. **17**, 404-37.

Ashby, W. R. (1940) Adaptiveness and equilibrium. *Journal of Mental Science*. **86**, 478.

—— (1945) Effect of controls on stability. *Nature*. **155**, 242-3.

—— (1945) The physical origin of adaptation by trial and error. *Journal of General Psychology*. **32**, 13-25.

—— (1947) Principles of the self-organizing dynamic system. *Journal of General Psychology*. **37**, 125-8.

Babchuk, N., and W. J. Goode (1951) Work incentives in a self-determined group. *American Sociological Review*. **16**, 679-87.

Bach, G. L. (1957) *Economics*. 2nd ed. Englewood Cliffs, N. J.

Back, K. W. (1951) Influence through social communication. *Journal of Abnormal and Social Psychology*. **46**, 9-23.

Bailey, N. R. (1942) *Motion Study for the Supervisor*. New York.

Bakke, E. W. (1950) *Bonds of Organization*. New York.

——, P. M. Hauser, G. L. Palmer, C. A. Myers, D. Yoder, and C. Kerr (1954) *Labor, Mobility, and Economic Opportunity*. New York.

Baldamus, W. (1951) Type of work and motivation. *British Journal of Sociology*. **2**, 44-51.

Bales, R. F., and P. E. Slater (1957) Notes on "role differentiation in small discussion-making groups": reply to Dr. Wheeler. *Sociometry*. **20**, 152-5.

Bales, R. F., and F. L. Strodtbeck (1951) Phases in group problem-solving. *Journal of Abnormal and Social Psychology*. **46**, 485-95.

Balfour, W. C. (1953) Productivity and the worker. *British Journal of Sociology*. **4**, 257-65.

Barish, N. N. (1951) *Systems Analysis for Effective Administration*. New York.

Barker, R. G. (1942) An experimental study of the resolution of conflict by children. *Studies in Personality.* 2, 13–34.

Barnard, C. I. (1938) *The Functions of the Executive.* Cambridge, Mass.

Barnes, R. M. (1949) *Motion and Time Study.* New York.

—— and N. A. Englert (1946) *Bibliography of Industrial Engineering and Management Literature.* Dubuque, Iowa.

Bartlett, F. C. (1948) Men, machines and productivity. *Occupational Psychology.* 22, 190–6.

Bass, B. M. (1954) The leaderless group discussion. *Psychological Bulletin.* 51, 465–92.

——, C. R. McGehee, W. C. Hawkins, P. C. Young, and A. S. Gebel (1953) Personality variables related to leaderless group discussion behavior. *Journal of Abnormal and Social Psychology.* 48, 120–8.

Baumgartel, H. (1956) Leadership, motivations, and attitudes in research laboratories. *Journal of Social Issues.* 12, 24–31.

Bavelas, A. (1948) Some problems of organizational change. *Journal of Social Issues.* 3, 48–52.

Bayton, J. A., and H. W. Conley (1957) Deviation of success background and the effect of failure upon performance. *Journal of General Psychology.* 56, 179–85.

Becker, H. S., and J. Carper (1956) The elements of identification with an occupation. *American Sociological Review.* 21, 341–8.

—— (1956) The development of identification with an occupation. *American Journal of Sociology.* 61, 289–98.

Behrend, J. (1953) Absence and labour turnover in a changing economic climate. *Occupational Psychology.* 27, 69–79.

Bell, G. B., and H. E. Hall, Jr. (1954) The relationship between leadership and empathy. *Journal of Abnormal and Social Psychology.* 49, 156–7.

Bellows, R. M. (1954) *Psychology of Personnel in Business and Industry.* New York.

Bendix, R. (1947) Bureaucracy: the problem and its setting. *American Sociological Review.* 12, 493–507.

—— and S. M. Lipset, eds (1953) *Class, Status, and Power: A Reader in Social Stratification.* Glencoe, Ill.

Bennett, E. B. (1955) Discussion, decision, commitment and consensus in "group decision." *Human Relations* 8, 251–73.

Bennis, W. G. (1956) Values and organization in a university social research group. *American Sociological Review.* 21, 555–63.

—— and H. A. Shepard (1956) A theory of group development. *Human Relations.* 9, 415–37.

Berelson, B. R., P. F. Lazarsfeld, and W. N. McPhee (1954) *Voting, A Study of Opinion Formation in a Presidential Campaign.* Chicago.

Berkowitz, L. (1953) Sharing leadership in small, decision-making groups. *Journal of Abnormal and Social Psychology.* 48, 231–8.

—— (1954) Group standards, cohesiveness, and productivity. *Human*

Relations. **7**, 509-14.

—— and R. M. Lundy (1957) Personality characteristics related to susceptibility to influence by peers or authority figures. *Journal of Personality.* **25**, 306-16.

Berliner, J. S. (1952) The informal organization of the Soviet firm. *Quarterly Journal of Economics.* **66**, 342-65.

Berlyne, D. E. (1954) A theory of human curiosity. *British Journal of Psychology.* **45**, 180-91.

—— (1957) Conflict and choice time. *British Journal of Psychology.* **48**, 106-18.

—— (1957) Attention to change, conditional inhibition ($_sI_R$) and stimulus satiation. *British Journal of Psychology.* **48**, 138-40.

Bernard, J. (1950) Where is the modern sociology of conflict? *American Journal of Sociology.* **56**, 11-16.

—— (1951) The conceptualization of intergroup relations. *Social Forces.* **29**, 243-51.

—— (1954) The theory of games of strategy as a modern sociology of conflict. *American Journal of Sociology.* **59**, 411-24.

Bernberg, R. E. (1952) Socio-psychological factors in industrial morale. *Journal of Social Psychology.* **36**, 73-82.

—— (1954) Personality correlates of social conformity. *Journal of Applied Psychology.* **38**, 148-9.

Bethel, L. L., F. S. Atwater, G. H. E. Smith, and A. Stackman, Jr. (1945) *Industrial Organizations and Management.* New York.

Biera, J. (1953) Changes in interpersonal perceptions following social interaction. *Journal of Abnormal and Social Psychology.* **48**, 61-6.

Bilkey, W. J. (1953) A psychological approach to consumer behavior analysis. *Journal of Marketing.* **18**, 18-25.

Bilodeau, E. A. (1954) Recent experiments on knowledge of results with psychomotor devices. *USAF Personnel Training Reserve Center Bulletin.* No. AFPTRC-TR-54-68.

Birch, H. G. (1945) The role of motivational factors in insightful problem-solving. *Journal of Comparative Psychology.* **38**, 295-317.

Black, D. (1948) On the rationale of decision-making. *Journal of Political Economy.* **56**, 23-34.

Blackett, D. W. (1928) *Factory Labor Turnover in Michigan.* University of Michigan Business Studies, Volume II.

Blake, R. R., H. Helson, and J. S. Mouton (1957) The generality of conformity behavior as a function of factual anchorage, difficulty of task and amount of social pressure. *Journal of Personality.* **25**, 294-305.

Blau, P. M. (1954) Patterns of interaction among a group of officials in a government agency. *Human Relations.* **7**, 337-48.

—— (1954) Cooperation and competition in a bureaucracy. *American*

Journal of Sociology. **59**, 530–5.

—— (1955) *The Dynamics of Bureaucracy.* Chicago.

—— (1957) Occupational bias and mobility. *American Sociological Review.* **22**, 392–9.

Bluestone, A. (1955) Major studies of workers' reasons for job change. *Monthly Labor Review.* **78**, 301–6.

Blum, F. H. (1953) *Toward a Democratic Work Process.* New York.

Blum, M. C. (1949) *Industrial Psychology and Its Social Foundations.* New York.

Blumen, I., M. Kogan, and P. J. McCarthy (1955) *The Industrial Mobility of Labor as a Probability Process.* N.Y.

Bolanovich, D. J. (1948) Interest tests reduce factory turnover. *Personnel Psychology.* **1**, 81–92.

Borgatta, E. F., and R. F. Bales (1953) Interaction in reconstituted groups. *Sociometry.* **16**, 302–20.

Boskoff, A. (1953) Postponement of social decision in transitional society. *Social Forces.* **31**, 229–34.

Boulding, K. E. (1955) Contributions of economics to the theory of conflict. *Bulletin of the Research Exchange on the Prevention of War.* **3**, 51–9.

Bovard, E. W., Jr. (1951) Group structure and perception. *Journal of Abnormal and Social Psychology.* **46**, 398–405.

—— (1956) Interaction and attraction to the group. *Human Relations.* **9**, 481–9.

Brayfield, A. H., and W. H. Crockett (1955) Employee attitudes and employee performance. *Psychological Bulletin.* **52**, 396–424.

Breed, W. (1955) Social control in the newsroom: a functional analysis. *Social Forces.* **33**, 326–35.

Brehm, J., and L. Festinger (1957) Pressures toward uniformity of performance in groups. *Human Relations.* **10**, 85–91.

Bressler, M., and C. F. Westoff (1954) Leadership and social change: the reactions of a selected group to industrialization and population influx. *Social Forces.* **32**, 235–43.

Brinton, C. C. (1952) *The Anatomy of Revolutions.* New York.

Brissenden, P. F., and E. Frankel (1922) *Labor Turnover in Industry.* New York.

Britton, C. E. (1953) *Incentives in Industry.* Employee Relations Department, Esso Standard Oil Company: New York.

Brown, A. (1945) *Organization: A Formulation of Principle.* New York.

Brown, C. W., and E. E. Ghisselli (1953) The prediction of labor turnover by aptitude tests. *Journal of Applied Psychology.* **37**, 9–12.

Brown, J. S. (1956) Union size as a function of intra-union conflict. *Human Relations.* **9**, 75–89.

Brown J. S. and I. E. Farber (1951) Emotions conceptualized as intervening variables – with suggestions toward a theory of frustration. *Psychological*

Bulletin. **48**, 465-95.
Brown, P. (1954) Bureaucracy in a government laboratory. *Social Forces.* **52**, 259-68.
Brown, W. B. D. (1945) Incentives within the factory. *Occupational Psychology.* **19**, 82-92.
Brown, W. H. (1953) An instrument for studying viscidity within small groups. *Educational and Psychological Measurement.* **13**, 402-17.
—— (1957) Innovation in the machine tool industry. *Quarterly Journal of Economics.* **71**, 406-25.
Browne, C. G. (1951) Study of executive leadership in business, IV: sociometric pattern. *Journal of Applied Psychology.* **35**, 34-7.
—— (1952) and B. J. Neitzel. Communication, supervision and morale. *Journal of Applied Psychology.* **36**, 86-91.
Bruner, J. S., J. J. Goodnow, and G. A. Austin (1956) *A Study of Thinking.* New York.
Buchanan, J. M. (1954) Individual choice in voting and the market. *Journal of Political Economy.* **62**, 334-43.
Bullock, R. P. (1952) *Social Factors Related to Job Satisfaction.* Ohio State University Bureau of Business Research Columbus.
—— (1953) Position, function and job satisfaction of nurses in the social system of a modern hospital. *Nursing Research.* **2**, 4-14.
Burchard, W. W. (1954) Role conflicts of military chaplains. *American Sociological Review.* **19**, 528-35.
Burgess, F. W., and H. J. Locke (1953) *The Family*, 2nd ed. New York.
Burns, T. (1954) The directions of activity and communication in a departmental executive group. *Human Relations.* **7**, 73-97.
Burtt, H. E. (1929) *Psychology and Industrial Efficiency.* New York.
Butler, W. P. (1954) Wage incentives in operation - Case Study No. 6. *Personnel Practices Bulletin* (Melbourne). **10**, 21-9.
Byrt, W. J. (1953) Some aspects of wage incentives. *Bulletin Industrial Psychology.* **9**, 3-14.
—— (1954) Human factor in wage incentives. *Personnel Practices Bulletin* (Melbourne). **10**, 16-21.
—— and B. L. Pordevirs (1955) Wage incentives in operation - Case Study No. 8. *Personnel Practices Bulletin* (Melbourne). **11**, 44-52.
Campbell, D. T., and B. B. Tyler (1957) The construct validity of work-group morale measures. *Journal of Applied Psychology.* **41**, 91-2.
Campbell, H. (1952) Group incentive payment schemes: the effects of lack of understanding and of group size. *Occupational Psychology.* **26**, 15-21.
—— (1953) Some effects of joint consultation on the status and role of the supervisor. *Occupational Psychology.* **27**, 200-6.
Canter, R. R. (1951) The use of extended control-group designs in human relations studies. *Psychological Bulletin.* **48**, 340-7.

Carlin, E. A. (1952) John R. Commons – institutional theorist. *Social Forces*. **30**, 379–87.

Carlson, E. R. (1956) Attitude change through modification of attitude structure. *Journal of Abnormal and Social Psychology*. **52**, 256–61.

Carter, L., W. Haythorn, B. Meirowitz, and J. Lanzetta (1951) The relation of categorizations and ratings in the observation of group behavior. *Human Relations*. **4**, 239–59.

—— W. Haythorn, B. Shiver, and J. Lanzetta (1951) The behavior of leaders and other group members. *Journal of Abnormal and Social Psychology*. **46**, 589–95.

Cartwright, D. (1941a) Relation of decision-time to the categories of response. *American Journal of Psychology*. **54**, 174–96.

—— (1941b) Decision-time in relation to the differentiation of the phenomenal field. *Psychological Review*. **48**, 425–42.

—— (1949) Some principles of mass persuasion. *Human Relations*. **2**, 253–67.

—— (1951) Achieving change in people: some applications of group dynamics theory. *Human Relations*. **4**, 381–92.

—— (1943) and L. Festinger. A quantitative theory of decision. *Psychological Review*. **50**, 595–621.

—— and A. Zander (1953) *Group Dynamics: Research and Theory*. Evanston, Ill.

—— J. Seeman, and D. L. Grummon (1956) Patterns of interpersonal relations. *Sociometry*. **19**, 166–77.

Cassinelli, C. W. (1953) The law of oligarchy. *American Political Science Review*. **47**, 773–84.

Cattell, R. B. (1951) New concepts for measuring leadership, in terms of group syntality. *Human Relations*. **4**, 161–84.

——, D. R. Saunders, and G. F. Stice (1953) The dimensions of syntality in small groups. *Human Relations*. **6**, 331–56.

Chane, G. W. (1942) *Motion and Time Study*. New York.

Charters, W. W., Jr. (1952) A study of role conflict among foremen in a heavy industry. Unpublished doctoral thesis, University of Michigan.

Child, I. L. (1941) Morale: a bibliographical review. *Psychological Bulletin*. **38**, 393–420.

—— and J. W. M. Whiting (1949) Determinants of level of aspiration: evidence from everyday life. *Journal of Abnormal and Social Psychology*. **44**, 303–14.

Choate, J. S. (1953) Labour turnover. *Journal of the Institute of Personnel Management*. **37**, 95–101.

Chowdry, K., and T. M. Newcomb (1952) The relative abilities of leaders and non-leaders to estimate opinions of their own groups. *Journal of Abnormal and Social Psychology*. **47**, 51–7.

Christie, L. S. (1954) Organization and information handling in task groups. *Journal of the Operations Research Society of America.* **2**, 188-96.

Christie, N. Fangevoktere i Konsentrasjonsleire (Guards in concentration camps). *Nordisk Tidskrift for Kriminalvidenskap.* 1952, issue no. 4; 1953, no. 1.

Christie, R., and J. Garcia (1951) Subcultural variation in authoritarian personality. *Journal of Abnormal and Social Psychology.* **46**, 457-69.

Christner, C. A., and J. K. Hemphill (1955) Leader behavior of B-29 commanders and changes in crew members' attitudes towards the crew. *Sociometry.* **18**, 82-7.

Churchman, C. W., and R. L. Ackoff (1950) Purposive behavior and cybernetics. *Social Forces.* **29**, 22-39.

—— and E. L. Arnoff (1957) *Introduction to Operations Research.* New York.

Clark, B. R. (1956) Organizational adaptation and precarious values: a case study. *American Sociological Review.* **21**, 327-36.

Clark, L. H., ed. (1958) *Consumer Behavior.* New York.

Clark, W. (1938) *The Gantt Chart.* London.

Clarke, A. C. (1956) The use of leisure and its relation to levels of occupational prestige. *American Sociological Review.* **21**, 301-7.

Cleland, S. (1955) *The Influence of Plant Size on Industrial Relations.* Princeton, N. J.

Coates, C. H., and R. J. Pellegrin (1957) Executives and supervisors: contrasting self-conceptions and conceptions of each other. *American Sociological Review.* **22**, 217-20.

Coch, L., and J. R. P. French (1948) Overcoming resistance to change. *Human Relations.* **1**, 512-33.

Cochran, T. C. (1951) The executive mind: the role of railroad leaders, 1845-1890. *Bulletin of the Business Historical Society.* **25**, 230-41.

Cohen, A. (1947) *Time Study and Common Sense.* London.

Cohen, J. (1953) The ideas of work and play. *British Journal of Sociology.* **4**, 312-22.

Cohen, M. B., and R. A. Cohen (1954) Personality as a factor in administrative decisions. *Psychiatry.* **14**, 47-53.

Colberg, M. R. (1951) Priorities, allocations, and limitations. *Southern Economic Journal.* **18**, 145-59.

Coleman, J., E. Katz, and H. Menzel (1957) Diffusion of an innovation among physicians. *Sociometry.* **20**, 253-70.

Collins, O., M. Dalton, and D. Roy (1946) Restriction of output and social cleavage in industry. *Applied Anthropology.* **5**, 1-31.

Commons, J. R. (1951) *The Economics of Collective Action.* New York: Macmillan.

Comrey, A. L., J. M. Pfiffner, and H. P. Beem. (1952) Factors influencing organizational effectiveness I: the US Forest Service. *Personnel Psychology.* **5**, 307-28.

Cook, P. H., and A. J. Wyndham (1953) Patterns of eating behavior: a study of industrial workers. *Human Relations.* **6,** 141-60.

Cooper, J. B., and L. J. Michiels (1952) A study of attitudes as functions of objective knowledge. *Journal of Social Psychology.* **36,** 59-71.

Copley, F. R. (1923) *Frederick W. Taylor, Father of Scientific Management.* New York.

Corman, B. R. (1957) The effect of varying amounts and kinds of information as guidance in problem solving. *Psychological Monographs.* **71,** No. 2.

Cornell, W. B. (1936) *Organization and Management in Industry and Business.* New York.

Coser, L. (1955) *The Functions of Social Conflict.* Glencoe, Ill.

Cousins, A. N. (1951) Social equilibrium and the psychodynamic mechanism. *Social Forces.* **30,** 201-9.

Covner, B. J. (1950) Management factors affecting absenteeism. *Harvard Business Review.* **28,** 42-8.

Crockett, W. H. (1955) Emergent leadership in small, decision-making groups. *Journal of Abnormal and Social Psychology.* **51,** 378-83.

Cuber, J. F. (1952) Current research activity in social organization. *American Sociological Review.* **17,** 477-9.

Cunningham, R. M. (1956) Brand loyalty – what, where, how much? *Harvard Business Review.* **34,** 116-28.

Curle, A. (1949a) Incentives to work: an anthropological appraisal. *Human Relations.* **2,** 41-7.

────── (1949b) The sociological background to incentives. *Occupational Psychology.* **23,** 21-3.

Cyert, R. M., and J. G. March (1955) Organizational structure and pricing behavior in an oligopolistic market. *American Economic Review.* **45,** 129-39.

────── (1956) Organizational factors in the theory of oligopoly. *Quarterly Journal of Economics.* **70,** 44-64.

────── H. A. Simon, and D. B. Trow (1956) Observation of a business decision. *Journal of Business.* **29,** 237-48.

Dahl, R. A. (1947) Validity of organization theory. *Public Administration Review.* **7,** 281-3.

────── (1957) The concept of power. *Behavioral Science.* **2,** 201-15.

────── (1953) and C. E. Lindblom. *Politics, Economics, and Welfare.* New York.

Dale, E. (1952) *Planning and Developing the Organizational Structure.* New York.

Dalton, M. (1948) The industrial rate buster. *Applied Anthropology.* **7,** 5-18.

────── (1951) Informal factors in career achievement. *American Journal of Sociology.* **51,** 407-15.

────── (1955) Managing the managers. *Human Organization.* **14,** 4-10.

Darley, J. G., N. Gross and W. C. Martin (1952) Studies of group behavior: factors associated with the productivity of groups. *Journal of Applied Psychology.* **36,** 396-403.

Davidson, H. O. (1952) *Functions and Bases of Time Standards.* Columbus, Ohio.

Davies, A. F. (1952) Prestige to occupations. *British Journal of Sociology.* **3**, 134-47.

Davis, A. K. (1951) Conflict between major social systems: the Soviet-American case. *Social Forces.* **30**, 29-36.

Davis, F. J. (1954) Conceptions of official leader roles in the Air Force. *Social Forces.* **32**, 253-8.

Davis, J. (1956) Status symbols and the measurement of status perception. *Sociometry.* **19**, 154-65.

Davis, K. (1953) A method of studying communication patterns in organizations. *Personnel Psychology.* **6**, 301-12.

Davis, L. E., and P. D. Josselyn (1953) How fatigue affects productivity. *Personnel Psychology.* **30**, 54-9.

Davis, N. (1944) Some psychological effects on women workers of payment by the individual bonus method. *Occupational Psychology.* **18**, 53-62.

—— (1953) A study of the merit-rating scheme in a factory. *Occupational Psychology.* **27**, 57-68.

Davis, R. C. (1940) *Industrial Organization and Management.* New York.

—— (1954) *Factors Related to Scientific Research Performance.* Survey Research Center, University of Michigan.

Dean, L. R. (1954) Social integration, attitudes and union activity. *Industrial and Labor Relations Review.* **8**, 48-58.

—— (1954) Union activity and dual loyalty. *Industrial and Labor Relations Review.* **7**, 526-36.

Dearborn, D. C., and H. A. Simon (1958) Selective perception: a note on the departmental identifications of executives. *Sociometry.* **21**, 140-4.

Dember, W. M., and R. W. Earl (1957) Analysis of exploratory, manipulatory and curiosity behaviors. *Psychological Review.* **64**, 91-6.

Denerly, R. A. (1953) Workers' attitudes toward an establishment scheme. *Occupational Psychology.* **27**, 1-10.

Dent, J. K., and R. G. Griffith (1957) *Employee Health Services: A Study of Managerial Attitudes and Evaluations.* Survey Research Center, University of Michigan.

Derse, J. C. (1946) *Machine Operation Times for Estimators.* New York.

Detambel, M. H., and L. M. Stolurow (1957) Probability and work as determiners of multichoice behavior. *Journal of Experimental Psychology.* **53**, 73-81.

Deutsch, K. W. (1952) On communication models in the social sciences. *Public Opinion Quarterly.* **16**, 357-80.

—— (1954) Application of game theory to international politics. *Canadian Journal of Economics and Political Science.* **20**, 76-83.

Deutsch, M. (1949) An experimental study of the effects of cooperation and competition upon group process. *Human Relations.* **2**, 199-231.

Deutsch, M. (1949) A theory of cooperation and competition. *Human Relations.* **2**, 129-52.

—— and H. B. Gerard (1955) A study of normative and informational social influences upon individual judgment. *Journal of Abnormal and Social Psychology.* **51**, 629-36.

Deutscher, V., and I. Deutscher (1955) Cohesion in a small group. *Social Forces.* **33**, 336-41.

Devons, E. (1950) *Planning in Practice.* Cambridge, England.

—— (1952) Planning by economic survey. *Economica.* **19**, 237-53.

Dickinson, C. Z. (1937) *Compensating Industrial Effort.* New York.

Diebold, J. (1952) *Automation.* New York.

Dinneen, G. P. (1955) Programming pattern recognition. *Proceedings of the Western Joint Computer Conference.* Institute of Radio Engineers.

Dodd, S. C. (1953) Testing message diffusion in controlled experiments: charting the distance and time factors in the interactance hypothesis. *American Sociological Review.* **18**, 410-16.

—— (1957) Conditions for motivating: comprehensive and testable models for predictive behavior. *Journal of Personality.* **25**, 489-504.

Douty, H. M. (1956) Post-war wage bargaining in the United States. *Economica.* **23**, 315-27.

Dreese, M., and K. E. Stromsen (1951) Factors related to the rapidity of rise of interns in the Federal service. *Public Personnel Review.* **12**, 31-7.

Dreyer, A. C. (1954) Aspiration behavior as influenced by expectation and group comparison. *Human Relations.* **7**, 175-90.

Drucker, P. F. (1953) The employee society. *American Journal of Sociology.* **58**, 358-63.

Drury, H. B. (1915) *Scientific Management. A History and Criticism.* New York.

Dubin, R. (1949) Decision-making by management in industrial relations. *American Journal of Sociology.* **54**, 292-7.

—— (1957) Power and union-management relations. *Administrative Science Quarterly.* **2**, 60-81.

Duncan, O. D., and B. Duncan (1955) Residential distribution and occupational stratification. *American Journal of Sociology.* **60**, 493-503.

Dunlop, J. T., and W. F. Whyte (1950) Framework for the analysis of industrial relations: two views. *Industrial and Labor Relations Review.* **3**, 383-412.

Durish, L. L., and R. E. Lowry (1953) The scope and content of administrative decision: the TVA illustration. *Public Administration Review.* **13**, 219-26.

Dynes, R. R., A. C. Clarke, and S. Dinitz (1956) Levels of occupational aspiration: some aspects of family experience as a variable. *American Sociological Review.* **21**, 212-15.

East, V. (1955) Wage incentives in operation – Case Study No. 9. *Personnel Practices Bulletin* (Melbourne). **11**, 24-32.

Eaton, J. W. (1951) Social processes of professional teamwork. *American Sociological Review.* **16**, 707–13.

Eaton, W. H. (1952) Hypotheses related to worker frustration. *Journal of Social Psychology.* **35**, 59–68.

Edwards, R. S. (1951) Industrial technologists and the social sciences. *Economica.* **18**, 379–96.

Edwards, W. (1953) Probability-preferences in gambling. *American Journal of Psychology.* **66**, 349–64.

—— (1954) The theory of decision making. *Psychological Bulletin.* **51**, 380–417.

—— (1954) Variance preferences in gambling. *American Journal of Psychology.* **67**, 441–52.

Eisenstadt, S. N. (1953) Conditions of communicative receptivity. *Public Opinion Quarterly.* **17**, 363–74.

—— (1954) Reference group behavior and social integration: an exploratory study. *American Sociological Review.* **19**, 175–85.

—— (1954) Studies in reference group behaviour. I. Reference norms and social structure. *Human Relations.* **7**, 191–216.

Ellsberg, D. (1956) Theory of the reluctant duelist. *American Economic Review.* **46**, 909–23.

Elmer, G. A. (1951) An experiment in measurement of identification with the work situation. Ph.D. thesis, Ohio State University.

Elwell, J. L., and G. C. Grundley (1938) The effect of knowledge of results on learning and performance. I: a coordinated movement of the two hands. *British Journal of Psychology.* **29**, 39–53.

Emerson, H. (1917) *The Twelve Principles of Efficiency.* New York.

Escalona, S. K. (1940) The effect of success and failure upon the level of aspiration and behavior in manic-depressive psychoses. *University of Iowa Studies in Child Welfare.* **16**, 199–307.

Fayol, H. (1930) *Industrial and General Administration.* London.

Fearing, F. (1953) Toward a psychological theory of human communication. *Journal of Personality.* **20**, 71–88.

Feely, J. K., Jr. (1951) An analysis of administrative purpose. *American Political Science Review.* **45**, 1069–80.

Feldman, H. (1937) *Problems in Labor Relations.* New York.

Fenchel, G. H., J. H. Monderer, and E. L. Hartley (1951) Subjective status and the equilibration hypothesis. *Journal of Abnormal and Social Psychology.* **46**, 476–9.

Fensterheim, H., and M. E. Tresselt (1953) The influence of value systems on the perception of people. *Journal of Abnormal and Social Psychology.* **48**, 93–8.

Festinger, L. (1943a) Studies in decision: I. Decision-time, relative frequency of judgment and subjective confidence as related to physical stimulus difference. *Journal of Experimental Psychology.* **32**, 291–306.

Festinger, L., (1943b) Studies in decision: II. *Journal of Experimental Psychology*. 32, 411-23.

—— (1954) A theory of social comparison processes. *Human Relations*. 7, 117-40.

——, H. B. Gerard, B. Hymovitch, H. H. Kelley, and B. Raven (1952) The influence process in the presence of extreme deviates. *Human Relations*. 5, 327-46.

—— S. Schachter, and K. Back (1950) *Social Pressures in Informal Groups*. New York.

—— and J. Thibaut (1951) Interpersonal communication in small groups. *Journal of Abnormal and Social Psychology*. 46, 92-9.

——, J. Torrey, and B. Willerman (1954) Self-evaluation as a function of attraction to the group. *Human Relations*. 7, 161-74.

Fiedler, F. E. (1954) Assumed similarity measures as predictors of team effectiveness. *Journal of Abnormal and Social Psychology*. 49, 381-8.

—— (1957) A note on leadership theory: the effect of social barriers between leaders and followers. *Sociometry*. 20, 87-94.

Filipetti, G. (1946) *Industrial Management in Transition*. Chicago.

Fisher, S., I. Rubinstein, and R. W. Freeman (1956) Intertrial effects of immediate self-committal in a continuous social influence situation. *Journal of Abnormal and Social Psychology*. 52, 200-7.

Fleishman, E. A. (1953) The measurement of leadership attitudes in industry. *Journal of Applied Psychology*. 37, 153-8.

Foldes, L. (1955) The delegation of authority to spend. *Economica*. 22, 246-60.

Follet, M. P. (1924) *Creative Experience*. New York.

Foote, N. N. (1951) Identification as the basis for a theory of motivation. *American Sociological Review*, 16, 14-21.

—— (1953) The professionalization of labor in Detroit. *Americal Journal of Sociology*. 58, 371-80.

Fostatt, J. M. (1955) Social structure and social participation. *American Sociological Review*. 20, 431-8.

Fouriezos, N. T., M. L. Hutt, and H. Guetzkow (1950) Measurement of self-oriented needs in discussion groups. *Journal of Abnormal and Social Psychology*. 45, 682-90.

Fox, J. B., and J. F. Scott (1943) *Absenteeism: Management's Problem*. Boston.

Francis, R. G., and R. C. Stone (1956) *Service and Procedure in Bureaucracy*. Minneapolis.

Frankel, S. (1955) On the design of automata and the interpretation of cerebral behavior. *Psychometrika*. 20, 149-62.

Freeman, J. L. (1955) *The Political Process, Executive Bureau-Legislative Committee Relations*. New York.

French, E. G., and R. R. Ernst (1955) The relation between authoritarianism and acceptance of military ideology. *Journal of Personality*. 24, 181-91.

French, J. W. (1954) The validity of some objective personality tests for a leadership criterion. *Educational Psychology Measurement.* **14**, 34–49.

French, R. L. (1949) Sociometric measures in relation to individual adjustment and group performance among Naval recruits. *American Psychologist.* **4**, 262.

Friedman, G. (1954) Outline for a psycho-sociology of assembly line work. *Human Organization.* **12**, 15–20.

—— (1955) *Industrial Society.* Glencoe, Ill.

Friedsam, H. J. (1954) Bureaucrats as heroes. *Social Forces.* **32**, 269–74.

Gadel, M. S., and P. H. Kriedt (1952) Relationships of aptitude, interest, performance and job satisfaction of IBM operators. *Personnel Psychology.* **5**, 207–12.

Gage, N. L. (1953) Accuracy of social perception and effectiveness in interpersonal relations. *Journal of Personality.* **22**, 128–41.

Gantt, H. L. (1910) *Work, Wages, and Profits.* New York.

Gardner, B. B. (1946) *Human Relations in Industry.* Chicago.

Gardner, G. (1956) Functional leadership and popularity in small groups. *Human Relations.* **8**, 491–509.

Gaudet, F. J., and A. R. Carli (1957) Why executives fail. *Personnel Psychology.* **10**, 7–21.

Gaus, J. M. (1950) Trends in the theory of public administration. *Public Administration Review*, **10**, 161–8.

—— and L. O. Wolcott (1940) *Public Administration and the United States Department of Agriculture.* Chicago.

Gekoski, N. (1952) Predicting group productivity. *Personnel Psychology.* **2**, 281–92.

George, F. H. (1957) Thinking and machines. *Philosophy.* **32**, 168–9.

Georgopoulos, B., and A. S. Tannenbaum (1957) A study of organizational effectiveness. *American Sociological Review.* **22**, 5, 534–40.

Geppinger. H. C. (1955) *DMT: Dimensional Motion Times, Development and Application.* New York.

Gerard, H. (1952) The effect of different dimensions of disagreement on the communication process in small groups. Ph.D. thesis, University of Michigan.

—— (1954) The anchorage of opinions in face-to-face groups. *Human Relations.* **7**, 313–25.

—— (1957) Some effects of status, role clarity, and group goal clarity upon the individual's relations to group process. *Journal of Personality.* **25**, 475–88.

Gerver, I., and J. Bensman (1954) Towards a sociology of expertness. *Social Forces.* **32**, 226–35.

Getzels, J. W., and E. G. Guba (1954) Role, role conflict and effectiveness: an empirical study. *American Sociological Review.* **19**, 164–75.

Ghiselli, E. E., and C. W. Brown (1955) *Personnel and Industrial Psychology.* New York.

Gibb, C. A. (1950) The sociometry of leadership in temporary groups. *Sociometry*. **13**, 226-43.

—— (1951) An experimental approach to the study of leadership. *Occupational Psychology*. **25**, 233-48.

Gilbert, T. F. (1956) Experiments in morale. *Journal of Social Psychology*. **43**, 299-308.

Gibreth, F. B. (1909) *Bricklaying System*. Chicago.

—— (1911) *Motion Study*. New York.

—— (1912) *Primer of Scientific Management*. New York.

—— and L. M. Gilbreth. (1917) *Applied Motion Study*. New York.

—— (1919) *Fatigue Study*. 2nd ed. New York.

—— (1920) *Motion Study for the Handicapped*. London.

Gilbreth, L. M. (1914) *The Psychology of Management*. New York.

Gillespie, J. J. (1951) *Dynamic Motion and Time Study*. Brooklyn.

Ginzberg, E. (1954) Perspectives on work motivation. *Personnel*. **31**, 43-9.

Giroux, C. R. (1954) Supervisors' incentives and job satisfactions. Unpublished Ph.D. dissertation, Purdue University.

Glover, J. G., and C. L. Maze (1937) *Managerial Control*. New York.

Goffman, I. W. (1957) Status consistency and preference for change in power distribution. *American Sociological Review*. **22**, 275-81.

Gomberg, W. (1948) *A Trade-Union Analysis of Time Study*. Chicago.

Goodacre, D. M. (1953) Group characteristics of good and poor performance in contract units. *Sociometry*. **16**, 168-79.

Goode, W. J., and I. Fowler (1949) Incentive factors in a low morale plant. *American Sociological Review*. **14**, 618-24.

Gorden, R. L. (1952) Interaction between attitude and the definition of the situation in the expression of opinion. *American Sociological Review*. **17**, 50-8.

Gordon, L. V. (1952) Personal factors in leadership. *Journal of Social Psychology*. **36**, 245-8.

Gordon, O. J. (1955) A factor analysis of human needs and industrial morale. *Personnel Psychology*. **8**, 1-18.

Gore, W. G. (1956) Administrative decision-making in federal field offices. *Public Administration Review*. **16**, 281-91.

Gottheil, E. (1955) Changes in social perceptions contingent upon competing or cooperating. *Sociometry*. **18**, 132-7.

Gough, H. G., H. McClosky, and P. E. Meehl (1951) A personality scale for dominance. *Journal of Abnormal and Social Psychology*. **46**, 361-6.

Gouldner, A. W. (1954) *Patterns of Industrial Bureaucracy*. Glencoe, Ill.

—— (1957) Theoretical requirements of the applied social sciences. *American Sociological Review*. **22**, 91-102.

Grabe, J. (1933) *New Methods of Work – New Methods of Leadership*. Moscow (cited in Viteles 1953).

Graham, D., and W. Gluckin (1954) Different kinds of rewards as industrial incentives. *Research Review, Durham*. **5**, 54-6.

Granick, D. (1954) *Management of the Industrial Firm in the USSR*. New York.

Grant, J. McB., and R. L. Matthew (1957) Accounting conventions, pricing policies and the trade cycle. *Accounting Research*. **8**, 145-64.

Greer, F. L., E. H. Galanter, and P. G. Nordlie (1954) Interpersonal knowledge and individual and group effectiveness. *Journal of Abnormal and Social Psychology*. **49**, 411-14.

Gregson, R. A. M. (1957) Interrelation of attitudes and communications in a subdivided working group. *Occupational Psychology*. **31**, 104-12.

Greystoke, J. R., G. F. Thomason, and T. J. Murphy (1952) Labour turnover surveys. *Journal of the Institute of Personnel Management*. **34**, 158-65.

Grodzins, M. (1951) Public administration and the science of human relations. *Public Administration Review*. **11**, 88-102.

de Groot, A. D. (1946) *Het Denken van Den Schaker*. Amsterdam.

Gross, E. (1953) Some functional consequences of primary controls in formal work organizations. *American Sociological Review*. **18**, 368-73.

—— (1954) Primary functions of the small group. *American Journal of Sociology*. **60**, 24-9.

—— (1956) Symbiosis and consensus as integrative factors in small groups. *American Sociological Review*. **21**, 174-9.

Grossack, M. M. (1954) Some effects of cooperation and competition upon small group behavior. *Journal of Abnormal and Social Psychology*. **49**, 341-8.

Grosser, D., N. Polansky, and R. Lippitt (1951) A laboratory study of behavioral contagion. *Human Relations*. **4**, 115-42.

Guest, L. (1955) Brand loyalty twelve years later. *Journal of Applied Psychology*. **39**, 405-9.

Guest, R. H. (1954) Work careers and aspirations of automobile workers. *American Sociological Review*. **19**, 155-63.

Guetzkow, H. (1953) An exploratory empirical study of the role of conflict in decision-making conferences. *International Social Science Bulletin*. **5**, 286-300.

—— (1957) and W. R. Dill. Factors in the organizational development of task-oriented groups. *Sociometry*. **20**, 175-204.

——, and J. Gyr (1954) An analysis of conflict in decision-making groups. *Human Relations*. **7**, 367-82.

——, and H. A. Simon (1955) The impact of certain communication nets upon organization and performance in task-oriented groups. *Management Science*. **1**, 233-50.

Gulick, L. H., and L. Urwick, eds (1937) *Papers on the Science of Administration*. New York.

Gullahorn, J. T. (1956) Measuring role conflict. *American Journal of Sociology*. **61**, 299-303.

Gusfield, J. R. (1957) The problem of generations in an organizational structure. *Social Forces*. **35**, 323-30.

Gyr, J. (1951) Analysis of committee member behavior in four cultures, *Human Relations.* **4**, 193-202.

—— (1953) A theory of interpersonal decisions. Ph.D. thesis, University of Michigan.

Haberstroh, C. J. (1957) Processes of internal control in firms. Ph.D. Thesis, University of Minnesota.

Hacker, A. (1955) The use and abuse of Pareto in industrial sociology. *American Journal of Economics and Sociology.* **14**, 321-34.

Hadamard, J. (1945) *The Psychology of Invention in the Mathematical Field.* Princeton.

Hadden, A. A., and V. K. Genger (1954) *Handbook of Standard Time Data.* New York.

Haire, M. (1954) Industrial social psychology, in G. Lindzey, ed. *Handbook of Social Psychology.* Cambridge, Mass. 1104-23.

—— (1955) Role-perceptions in labor-management relations. *Industrial and Labor Relations Review.* **8**, 204-16.

Haldane, R. B. H. (1918) *Report of the Machinery of Government Committee.* London.

Halpin, A. W. (1954) The leadership behavior and combat performance of airplane commanders. *Journal of Abnormal and Social Psychology.* **49**, 19-22.

Handyside, J. D. (1953) Raising job satisfaction: a utilitarian approach. *Occupational Psychology.* **27**, 89-97.

Harary, F., and I. C. Ross (1954) The number of complete cycles in a communication network. *Journal of Social Psychology.* **40**, 329-32.

Harbison, F. (1956) Entrepreneurial organization as a factor in economic development. *Quarterly Journal of Economics.* **60**, 364-79.

—— and E. W. Burgess (1954) Modern management in western Europe. *American Journal of Sociology.* **60**, 15-23.

Hare, P. (1952) A study of interaction and consensus in different sized groups. *American Sociological Review.* **17**, 261-7.

Hariton, T. (1951) Conditions influencing the effects of training foremen in new human relations principles. Unpublished doctoral thesis, University of Michigan.

Harsanyi, J. C. (1956) Approaches to the bargaining problem before and after the theory of games: a critical discussion of Zeuthen's, Hicks', and Nash's theories. *Econometrica.* **24**, 144-57.

Hart, P. E., and E. H. Phelps-Brown (1957) The sizes of trade unions: a study in the laws of aggregation. *Economic Journal.* **68**, 1-15.

Hayek, F. A. (1946) *The Road to Serfdom.* London.

Hayes, S. P. (1950) Some psychological problems of economics. *Psychological Bulletin.* **47**, 289-330.

Hays, D. G., and R. R. Bush (1954) A study of group action. *American Sociological Review.* **19**, 693-701.

Haythorn, W., A. Couch, D. Haefner, P. Langham, and L. F. Carter (1956) The behavior of authoritarian and equalitarian personalities in groups. *Human Relations.* **9**, 57-74.

Hearnshaw, L. S. (1954) Attitudes to work. *Occupational Psychology.* **28**, 129-39.

Heimann, E. (1950) On economic planning. *Social Research.* **17**, 269-92.

Heinicke, C., and R. F. Bales (1953) Developmental trends in the structure of small groups. *Sociometry.* **16**, 7-38.

Heise, G. A., and G. A. Miller (1951) Problem solving by small groups using various communication nets. *Journal of Abnormal and Social Psychology.* **46**, 327-35.

Hemphill, J. K. (1950) Relations between size of the group and the behavior of 'superior' leaders. *Journal of Social Psychology.* **32**, 11-22.

Henry, J. (1954) The formal social structure of a psychiatric hospital. *Psychiatry.* **17**, 139-51.

—— (1957) Types of institutional structure. *Psychiatry.* **20**, 47-60.

Henry, W. E., and H. Guetzkow (1951) Group projection sketches for the study of small groups. *Journal of Social Psychology.* **33**, 77-102.

Heron, A. (1954) Satisfaction and satisfactoriness: complementary aspects of occupational adjustment. *Occupational Psychology.* **28**, 140-53.

Hersey, R. B. (1955) *Zest for Work – Industry Rediscovers the Individual.* New York.

—— (1925) Rests – authorized and unauthorized. *Journal of Personnel.* **4**, 37-45.

Herskovits, M. J. (1954) Motivation and culture-pattern in technological change. *International Social Science Bulletin.* **6**, 388-400.

Herson, L. J. R. (1957) China's imperial bureaucracy: its direction and control. *Public Administration Review.* **17**, 44-53.

Hewitt, D., and J. Parfit (1953) A note on working morale and size of group. *Occupational Psychology.* **27**, 38-42.

Hicks, J. R. (1932) *The Theory of Wages.* London.

High, W. S., L. L. Goldberg, and A. L. Comrey (1955) Factored dimensions of organizational behavior, II. *Educational and Psychological Measurement.* **15**, 371-82.

—— (1955) R. D. Wilson, and A. Comrey. Factors influencing organizational effectiveness VIII. *Personal Psychology.* **8**, 355-68.

Hill, A. V. (1926) *Muscular Activity.* Baltimore.

—— (1927a) *Living Machinery.* New York.

—— (1927b) *Muscular Movement in Man: The Factors Governing Speed and Recovery from Fatigue.* New York.

Hill J. M. M. (1951) A consideration of labour turnover as the resultant of a quasistationary process. *Human Relations.* **4**, 255-64.

—— and E. L. Trist (1955) Changes in accidents and other absences with length of service. *Human Relations.* **8**, 121-50.

Hilman, N. A. (1955) Conflicting social norms in a formal organization: a study of interpersonal expectations. Ph.D. dissertation, Cornell University.

Hoffman, M. L. (1957) Conformity as a disguise mechanism and a form of resistance to genuine group influence. *Journal of Personality.* 25, 412–24.

Hollander, E. P. (1954) Studies of leadership among naval aviation cadets. *Journal of Aviation Medicine.* 25, 164–70, and 200.

—— (1954) Authoritarianism and leadership choice in a military setting. *Journal of Abnormal and Social Psychology.* 49, 365–70.

—— (1954) and J. T. Bair. Attitudes toward authority-figures as correlates of motivation among naval aviation cadets. *Journal of Applied Psychology.* 38, 150–3.

Hollander, E. P., and W. B. Webb (1955) Leadership, followership, and friendship: an analysis of peer nominations. *Journal of Abnormal and Social Psychology.* 50, 163–7.

Holmes, W. G. (1938) *Applied Times and Motion Study.* New York.

Homans, G. C. (1950) *The Human Group.* New York.

—— (1953) Status among clerical workers. *Human Organization.* 12, 5–10.

—— (1954) The cash posters: a study of a group of working girls. *American Sociological Review.* 19, 724–33.

Hood, W. C., and T. C. Koopmans, eds (1953) *Studies in Econometric Method.* New York.

Hope, J., II. (1952) Industrial integration of Negroes: the upgrading process. *Human Organization.* 11, 5–14.

Hoppock, R. (1935) *Job Satisfaction.* New York.

Horwitz, M. (1954) The recall of interrupted group tasks: an experimental study of individual motivation in relation to group goals. *Human Relations* 7, 3–38.

—— and F. J. Lee (1954) Effects of decision making by group members on recall of finished and unfinished tasks. *Journal of Abnormal and Social Psychology.* 49, 201–10.

Hoselitz, B. F. (1952) Entrepreneurship and economic growth. *American Journal of Economics and Sociology.* 12, 97–110.

Hovland, C. I., I. L. Janis, and H. H. Kelley (1953) *Communication and Persuasion.* New Haven.

——, and W. Weiss (1951) The influence of source credibility on communication effectiveness. *Public Opinion Quarterly.* 15, 635–50.

Howard, J. A. (1957) *Marketing Management.* Homewood, Ill.

Hoxie, R. F. (1915) *Scientific Management and Labor.* New York.

Hull, C. L. (1952) *A Behavior System.* New Haven.

Hunt, E. E. (1924) *Scientific Management Since Taylor.* New York.

Hunt, J. McV. ed. (1944) *Personality and the Behavior Disorders.* Vol. I. New York.

Hunter, F. (1953) *Community Power Structure.* Chapel Hill, N. C.

Jackson, J. M. (1953) The effect of changing the leadership of small work groups. *Human Relations.* 6, 25–44.

Jaco, E. G., and I. Belknap (1953) Is a new family form emerging in the urban fringe? *American Sociological Review.* **18**, 551-7.

Jacobson, E. (1951) Foreman-steward participation practices and work attitudes in a unionized factory. Unpublished doctoral thesis, University of Michigan.

—— (1956) The growth of groups in a voluntary organization. *Journal of Social Issues.* **12**, 18-23.

——, W. W. Charters, Jr., and S. Lieberman (1951) The use of the role concept in the study of complex organizations. *Journal of Social Issues.* **7**, 19-27.

——, R. L. Kahn, C. F. Mann, and N. C. Morse (1951) Research in functioning organizations. *Journal of Social Issues.* **7**, 64-71.

——, and S. E. Seashore (1951) Communication practices in complex organizations. *Journal of Social Issues.* **7**, 28-40.

Jaffe, A. J., and R. O. Carleton (1954) *Occupational Mobility in the United States 1930-1960.* New York.

——, and C. D. Stewart (1951) *Manpower Resources and Utilization.* New York.

Jahoda, M. (1942) Incentives to work: a study of unemployed adults in a special situation. *Occupational Psychology.* **16**, 20-30.

James, H. E. O., and C. Tenen (1946) Grievances and their displacement. *Occupational Psychology.* **20**, 181-7.

Jaques, E. (1951) *The Changing Culture of a Factory.* London.

—— (1953) On the dynamics of social structure. *Human Relations.* **6**, 3-24.

——, A. K. Rice, and J. M. M. Hill (1951) The social and psychological impact of a change in method of wage payment. *Human Relations.* **4**, 315-40.

Jeffreys, M. (1952) Job changing under full employment. *Industrial Welfare.* **34**, 105-9.

Jenkin, N. (1957) Affective processes in perception. *Psychological Bulletin.* **54**, 100-27.

Jessor, R., and J. Readio (1957) The influence of the value of an event upon the expectancy of its occurrence. *Journal of General Psychology.* **56**, 219-28.

Jonas, H. (1953) A critique of cybernetics. *Social Research.* **20**, 172-92.

Jones, M. R. (1956) *Nebraska Symposium on Motivation*: 1956. Lincoln, Neb.

Kahn, R. L. (1956) The prediction of productivity. *Journal of Social Issues.* **12**, 41-9.

——, and D. Katz (1953) Leadership practices in relation to productivity and morale, in D. Cartwright and A. Zander, eds., *Group Dynamics: Research and Theory.* Evanston.

——, and N. C. Morse (1951) The relationship of productivity to morale. *Journal of Social Issues.* **7**, 8-17.

——, and A. S. Tannenbaum (1957) Union practices and member participation. *Personnel Psychology.* **10**, 227-92.

Kahn-Freund, O. (1954) Intergroup conflicts and their settlement. *British Journal of Sociology.* 5, 193–227.

Kaiser, R. L., and R. R. Blake (1955) Aspiration and performance in a simulated group atmosphere. *Journal of Social Psychology.* 42, 193–202.

Kalish, G. K, J. W. Milnor, J. F. Nash, and E. D. Nering (1952) Some experimental *n*-person games. RAND Research Memorandum RM-948.

Kapp, K. W. (1954) Economics and the behavioral sciences. *Kyklos.* 7, 205–25.

Katona, G. (1951) *Psychological Analysis of Economic Behavior.* New York.

—— (1953) Rational behavior and economic behavior. *Psychological Review.* 60, 307–18.

—— and J. Morgan (1952) The qualitative study of factors determining business decisions. *The Quarterly Journal of Economics.* 66, 67–90.

Katz, D. (1947) Morale and motivation in industry, in Dennis, W., ed., *Current Trends in Industrial Psychology.* Pittsburgh.

—— (1949) Employee groups: what motivates them and how they perform. *Advanced Management.* 14, 1.

——, N. Maccoby, G. Gurin, and L. G. Floor (1951) *Productivity, Supervision and Morale among Railroad Workers.* Survey Research Center, University of Michigan.

——, N. Maccoby, and N. C. Morse (1950) *Productivity, Supervision and Morale in an Office Situation.* Survey Research Center, University of Michigan.

Katz, E., P. M. Blau, M. L. Brown, and F. L. Strodtbeck (1957) Leadership stability and social change: an experiment with small groups. *Sociometry.* 20, 36–50.

Katz, J. (1951) How to resolve disagreement in "attitude." *Journal of Philosophy.* 48, 721–6.

Katz, L. (1953) A new status index derived from sociometric analysis. *Psychometrika.* 18, 39–43.

Kelley, H. H. (1950) Communication in experimentally created hierarchies. *Human Relations.* 4, 39–56.

—— (1950) The warm-cold variable in first impressions of persons. *Journal of Personality.* 18, 431–9.

—— (1955) Salience of membership and resistance to change of group-anchored attitudes. *Human Relations.* 8, 275–89.

—— and C. L. Woodruff (1956) Members' reactions to apparent group approval of a counternorm communication. *Journal of Abnormal and Social Psychology.* 52, 67–74.

Kellogg, W. M. (1931) The time of judgment in psychometric measures. *American Journal of Psychology.* 83, 65–86.

Kelly, J., and T. W. Harrell (1949) Job-satisfaction among coal miners. *Personnel Psychology.* 2, 161–70.

Kendall, P. L. (1954) *Conflict and Mood: Factors Affecting Stability of Response.* Glencoe, Ill.

Kerlinger, F. N. (1951) Decision-making in Japan. *Social Forces.* **30**, 36-41.
Kerr, W. A. (1947) Labor turnover and its correlates. *Journal of Applied Psychology.* **31**, 366-77.
——, G. J. Koppelmeier, and J. J. Sullivan (1951) Absenteeism, turnover, and morale in a metals fabricating factory. *Occupational Psychology.* **25**, 50-5.
Kidd, J. S., and D. T. Campbell (1955) Conformity to groups as a function of group success. *Journal of Abnormal and Social Psychology.* **51**, 390-3.
Killian, L. M. (1952) The significance of multiple-group membership in disaster. *American Journal of Sociology.* **57**, 309-14.
Klein, L., and J. Lansing (1955) Decisions to purchase consumer durable goods. *The Journal of Marketing.* **20**, 109-32.
Klubeck, S., and B. M. Bass (1954) Differential effects of training on persons of different leadership status. *Human Relations.* **7**, 59-72.
Koivisto, W. A. (1953) Value, theory, and fact in industrial sociology. *American Journal of Sociology.* **58**, 564-72.
Koopmans, T. C., ed. (1956) *Statistical Inference in Dynamic Economic Models.* New York.
—— and M. Beckman (1957) Assignment problems and the location of economic activities. *Econometrica.* **25**, 53-76.
Kornhauser, A., R. Dubin, and A. M. Ross (1954) *Industrial Conflict.* New York.
Kosma, A. R. (1943) *The A. B. C.'s of Motion Economy.* Newark, N. J.
Kriedt, G. (1953) Prediction of turnover among clerical workers. *Journal of Applied Psychology.* **37**, 338-40.
Kriesberg, L. (1952) The retail furrier: concepts of security and success. *American Journal of Sociology.* **57**, 478-85.
—— (1955) Occupational controls among steel distributors. *American Journal of Sociology.* **61**, 203-12.
Kriesberg, M. (1949) Cross pressures and attitudes. *Public Opinion Quarterly* **13**, 5-16.
Krulee, G. K. (1955) Company-wide incentive systems. *Journal of Business.* **28**, 37-47.
Kuehn, A. (1958) An analysis of the dynamics of consumer behavior and its implications for marketing management. Ph.D. thesis, Carnegie Institute of Technology.
Kuhn, H. W. (1955) The Hungarian method for the assignment problem. *Naval Research Logistics Quarterly.* **1**, 83-97.
—— and Tucker, A. W., eds (1953) *Contributions to the Theory of Games*, Volume II. Princeton.
Landecker, W. S. (1951) Types of integration and their measurement. *American Journal of Sociology.* **56**, 332-40.
—— (1952) Integration and group structure: an area for research. *Social Forces.* **30**, 194-400.

Landsberger, H. A. (1955) Interaction process analysis of the mediation of labor-management disputes. *Journal of Abnormal and Social Psychology*. **51**, 552–8.

—— (1955) Interaction process analysis of professional behavior: a study of labor mediators in twelve labor-management disputes. *American Sociological Review*. **20**, 566–75.

Lane, R. E. (1953) Why businessmen violate the law. *Journal of Criminal Law, Criminology and Political Science*. **44**, 151–65.

—— (1953) Businessmen and bureaucrats. *Social Forces*. **32**, 145–52.

Lanzetta, J. T., D. Haefner, P. Langham, and H. Axelrod (1954) Some effects of situational threat on group behavior. *Journal of Abnormal and Social Psychology*. **49**, 445–53.

——, and T. B. Roby (1956) Group performance as a function of work-distribution patterns and task load. *Sociometry*. **19**, 95–104.

——, G. R. Wendt, P. Langham, and D. Haefner (1956) The effects of an 'anxiety-reducing' medication on group behavior under threat. *Journal of Abnormal and Social Psychology*. **52**, 103–8.

Lanzillotti, R. F. (1957) Competitive price leadership – a critique of price leadership models. *Review of Economics and Statistics*. **39**, 55–64.

Lasswell, H. D. (1955) Current studies of the decision process: automation versus creativity. *Western Political Quarterly*. **8**, 381–99.

Laulicht, J. (1955) Role conflict, the pattern variable theory and scalogram analysis. *Social Forces*. **33**, 250–4.

Lawrence, L. C., and P. C. Smith (1955) Group decision and employee participation. *Journal of Applied Psychology*. **39**, 334–7.

Lawshe, C. H., and B. F. Nagle (1953) Productivity and attitude toward supervisor. *Journal of Applied Psychology*. **37**, 159–62.

Lazarus, R. S., J. Deese, and S. F. Osler (1952) The effects of psychological stress upon performance. *Psychological Bulletin*. **49**, 293–317.

Learner, L. (1955) A comparative study of the effects of individual and group wage incentive plans upon productivity and interpersonal relations. Unpublished Ph.D. thesis, University of Pittsburgh.

Leavitt, H. J. (1951) Effects of certain communication patterns on group performance. *Journal of Abnormal and Social Psychology*. **46**, 38–50.

—— (1955) Small groups in large organizations. *Journal of Business*. **28**, 8–17.

—— (1958) *Managerial Psychology*. Chicago.

Lesperance, J. P. (1953) *Economics and Techniques of Motion and Time Study*. Dubuque, Iowa.

Levin, H. S. (1956) *Office Work and Automation*. New York.

Lewin, K. (1935) *A Dynamic Theory of Personality*. New York.

—— (1936) *Principles of Topological Psychology*. New York.

—— (1951) *Field Theory in Social Science*. New York.

Lewis, V. B. (1952) Toward a theory of budgeting. *Public Administration Review*. **12**, 42–54.

Lichtner, W. O. (1921) *Times Study and Job Analysis*. New York.
Liddell, F. D. K. (1954) Attendance in coalmining industry. *British Journal of Sociology*. **5**, 78–86.
Lieberman, S. (1956) The effects of changes in roles on the attitudes of role occupants. *Human Relations*. **9**, 385–402.
Likert, R. (1953) Motivation: the core of management. *American Management Association Personnel Series, No. 155*.
—— (1956) Motivation and increased productivity. *Management Record*. **18**, 128–31.
—— and D. Katz (1948) Supervisory practices and organizational structure as they affect employee productivity and morale. *American Management Association Personnel Series, No 120*.
Lindzey, G., ed. (1954) *Handbook of Social Psychology*. Cambridge, Mass.
Lippitt, R., N. Polansky, and S. Rosen (1952) The dynamics of power. *Human Relations*. **51**, 37–64.
Lipset, S. M. (1950) *Agrarian Socialism*. Berkeley, Calif.
—— and F. T. Malm (1955) First jobs and career patterns. *American Journal of Economics and Sociology*. **14**, 247–61.
Livingston, R. T. (1949) *The Engineering of Organization and Management*. New York.
Louden, J. K. (1944) *Wage Incentives*. New York.
Lovell, H. G. (1952) The pressure lever in mediation. *Industrial and Labor Relations Review*. **6**, 20–30.
Lowell, E. L. (1952) Experimental studies of the motivational effect of conflict (abstract). *American Psychologist*. **7**, 253–4.
Lowry, S. M., H. B. Maynard, G. J. Stegemerten (1940) *Times and Motion Study*. New York.
Luce, R. D. (1954) A definition of stability for n-person games. *Annals of Mathematics*, **54**, 357–66.
—— (1955a) x-stability: a new equilibrium concept for n-person game theory. In *Mathematical Models of Human Behavior*. Stamford.
—— (1955b) x-stability of symmetric and of quota games. *Annals of Mathematics*. **62**, 517–27.
—— and H. Raiffa (1957) *Games and Decisions*. New York.
——, and A. A. Rogow (1956) A game theoretic analysis of congressional power distributions for a stable two-party system. *Behavioral Science*. **2**, 83–95.
Luchins, A. S., and E. H. Luchins (1957) Cooperativeness of task in relation to discovery of source of contradictory communications. *Journal of General Psychology*. **56**, 159–78.
Lytle, C. W. (1942) *Wage Incentives Methods*. Rev. ed. New York.
Maccoby, N. (1950) A quantitative comparison of certain psychological conditions related to group productivity in two widely different industrial situations. Unpublished doctoral thesis, University of Michigan.
McCormick, C. P. (1938) *Multiple Management: A Plan for Human Relations*

in Industry. New York.

MacFie, A. L. (1953) Choice in psychology and as economic assumption. *Economic Journal.* **63**, 352-67.

McGlothlin, W. H. (1956) Stability of choices among uncertain alternatives. *American Journal of Psychology.* **69**, 604-15.

Machlup, F. (1955) The problem of verification in economics. *Southern Economic Journal.* **22**, 1-21.

Mack, R. W. (1954) The prestige system of an air base. *American Sociological Review.* **19**, 281-7.

—— (1954) Ecological patterns in an industrial ship. *Social Forces.* **32**, 351-6.

——, R. J. Murphy, and S. Yellin (1956) The Protestant ethic, level of aspiration, and social mobility: an empirical test. *American Sociological Review.* **21**, 295-300.

McKenzie, D. (1944) Wage incentives. *Advanced Management.* **9**, 129-35.

MacKenzie, W. J. M. (1952) Science in the study of administration. *The Manchester School of Economic and Social Studies.* **20**, 1-22.

MacMahon, A. W., J. D. Millett, and G. Ogden (1941). *The Administration of Federal Work Relief.* Chicago.

Macy, J., Jr., L. S. Christie, and R. D. Luce (1953) Coding noise in a task-oriented group. *Journal of Abnormal and Social Psychology.* **48**, 401-9.

Madge, C. (1948) Payment and incentives. *Occupational Psychology.* **22**, 39-45.

Mahoney, G. M. (1956) Unidimensional scales for the measurement of morale in an industrial situation. *Human Relations.* **9**, 3-26.

Maier, N. R. F. (1949) *Frustration.* New York.

—— (1953) An experimental test of the effect of training on discussion leadership. *Human Relations.* **6**, 161-73.

—— (1955) *Psychology in Industry.* 2nd ed. Boston.

—— (1952) and A. R. Solem. The contribution of a discussion leader to the quality of group thinking: the effective use of minority opinions. *Human Relations.* **5**, 277-88.

Mandell, M. M. (1953) The effect of organizational environment on personnel selection. *Personnel.* **30**, 13-16.

Manis, J. G., and B. N. Meltzer (1954) Attitudes of textile workers to class structure. *American Journal of Sociology.* **60**, 30-5.

Mann, F. (1951) Changing superior-subordinate relationships. *Journal of Social Issues.* **7**, 56-63.

—— and H. Baumgartel (1952) *Absences and Employee Attitudes in an Electric Power Company.* Survey Research Center, University of Michigan.

—— (1953) *The Supervisor's Concern with Costs in an Electric Power Company.* Survey Research Center, University of Michigan.

——, and J. Dent (1954) *Appraisals of Supervisors and Attitudes of Their Employees in an Electric Power Company.* Survey Research Center, University of Michigan.

Mann, F., and L. R. Hoffman (1956) Individual and organizational correlates of automation. *Journal of Social Issues.* **12**, 7-17.

March, J. G. (1954) Group norms and the active minority. *American Sociological Review.* **19**, 733-41.

—— (1955a) An introduction to the theory and measurement of influence. *American Political Science Review.* **49**, 431-51.

—— (1955b) Group autonomy and internal group control. *Social Forces.* **33**, 322-6.

—— (1956) Influence measurement in experimental and semi-experimental groups. *Sociometry.* **19**, 260-71.

—— (1957) Measurement concepts in the theory of influence. *Journal of Politics.* **19**, 202-26.

Marriot, R. (1949) Size of working group and output. *Occupational Psychology.* **23**, 47-57.

—— (1951) Socio-psychological factors in productivity. *Occupational Psychology.* **25**, 15-24.

Marron, A. J., and J. R. P. French (1945) Changing a stereotype in industry. *Journal of Social Issues.* **1**, No. 3, 33-8.

Marschak, J. (1949) The role of liquidity under complete and incomplete information. *Econometrica.* **17**, 180-2.

—— (1950) Rational behavior, uncertain prospects, and measurable utility. *Econometrica.* **18**, 111-41.

Marschak, J. (1955) Elements for a theory of teams. *Management Science.* **1**, 127-37.

—— and R. Radner (1954) The firm as a team (abstract). *Econometrica.* **22**, 523.

Marstrander, N. P. (1955) "Trivsel blant kvinnelige industriarbeidere" (Morale among female workers in industry). *Bedriftsokonomen.* **17**, 121-7.

Martin, N. H. (1956) Differential decisions in the management of an industrial plant. *Journal of Business.* **29**, 249-60.

—— and A. L. Strauss (1956) Patterns of mobility within industrial organizations. *Journal of Business.* **29**, 101-10.

Marvick, D. (1954) *Career Perspectives in a Bureaucratic Setting.* Ann Arbor.

Masuoka, J. (1940) The structure of the Japanese family in Hawaii. *American Journal of Sociology.* **46**, 168-78.

Mayberry, J. P., J. F. Nash, and M. Shubik (1953) A comparison of treatments of a duopoly situation. *Econometrica.* **21**, 141-54.

Maynard, H. B., and G. J. Stegemerten (1939) *Operation Analysis.* New York.

—— and J. L. Schwab (1948) *Methods-Time Measurement.* New York.

Mayo, E. (1924) Reverie and industrial fatigue. *Journal of Personnel Research.* **5**, 273-81.

—— and G. F. Lombard (1944) *Teamwork and Labor Turnover in the Aircraft Industry of Southern California.* Boston.

Mead, M., ed. (1953) *Cultural Patterns and Technical Change.* Paris.

Medalia, N. Z. (1955) Authoritarianism, leader acceptance and group cohesion. *Journal of Abnormal and Social Psychology.* **51**, 207-13.

—— and D. C. Miller (1955) Human relations leadership and the association of morale and efficiency in work groups. *Social Forces*, **33**, 348-52.

Meier, R. L. (1956) Automatism in the American economy. *Journal of Business.* **29**, 14-27.

Melbin, M. (1953) The action-interaction chart as a research tool. *Human Organization.* **12**, 34-5.

Mellinger, G. (1951) Status and deviancy in an automobile factory. M.A. thesis, University of Michigan.

—— (1956) Interpersonal trust as a factor in communication. *Journal of Abnormal and Social Psychology.* **52**, 304-9.

Meltzer, L. (1956) Scientific productivity in organizational settings. *Journal of Social Issues.* **12**, 32-40.

Merrick, D. V. (1920) *Time Studies as a Basis for Rule Setting.* New York.

Merton, R. K. (1936) The unanticipated consequences of purposive social action. *American Sociological Review.* **1**, 894-904.

—— (1940) Bureaucratic structure and personality. *Social Forces.* **18**, 560-8.

—— (1945) Role of the intellectual in public bureaucracy. *Social Forces.* **23**, 405-15.

—— (1947) The machine, the worker and the engineer. *Science.* **105**, 79-84.

—— (1957) *Social Theory and Social Structure.* 2nd ed. Glencoe, Ill.

——, A. P. Gray, B. Hockey, and H. H. Selvin (1952) *Reader in Bureaucracy.* Glencoe, Ill.

Messinger, S. L. (1955) Organizational transformation: a case study of a declining social movement. *American Sociological Review.* **20**, 3-10.

Meyer, H. D., and G. L. Pressel (1954) Personality test scores in the management hierarchy. *Journal of Applied Psychology.* **4**, 73-80.

Miernyx, W. H. (1955) *Inter-Industry Labor Mobility.* Boston.

Miller, C. R. (1946) *The Process of Persuasion.* New York.

Miller, D. C. (1946) The social factors of the work situation. *American Sociological Review.* **11**, 300-14.

Miller, N. E. (1951) Comments on theoretical models, illustrated by the development of conflict behavior. *Journal of Personality.* **52**, 82-100.

—— and J. Dollard (1941) *Social Learning and Imitation.* New Haven.

Mills, T. M. (1953) Power relations in three-person groups. *American Sociological Review.* **18**, 351-7.

—— (1954) The coalition pattern in three-person groups. *American Sociological Review.* **19**, 657-67.

Minnis, M. S. (1953) Cleavage in women's organizations: a reflection of the social structures of a city. *American Sociological Review.* **18**, 47-53.

Mintz, A. (1951) Non-adaptive group behavior. *Journal of Abnormal and Social Psychology.* **46**, 150-8.

Mishler, E. G. (1953) Personality characteristics and the resolution of role conflicts. *Public Opinion Quarterly.* 17, 115-35.

—— and A. Tropp. (1956) Status and interaction in a psychiatric hospital. *Human Relations.* 9, 187-205.

Monk, M., and T. M. Newcomb (1956) Perceived consensus within and among occupational classes. *American Sociological Review*, 21, 71-9.

Monypenny, P. (1953) A code of ethics as a means of controlling administrative conduct. *Public Administration Review.* 13, 184-7.

Mooney, J. D. (1947) *The Principles of Organization.* New York.

—— and A. C. Reiley (1939) *The Principles of Organization.* New York.

Moore, D. G., and R. Renck (1955) The professional employee in industry. *Journal of Business.* 28, 58-66.

Moore, O. K., and S. B. Anderson (1954) Search behavior in individual and group problem solving. *American Sociological Review.* 19, 702-14.

Morgensen, A. H. (1932) *Common Sense Applied to Motion and Time Study.* New York.

Morrow, R. L. (1946) *Time Study and Motion Economy.* New York.

Morse, N. C. (1953) *Satisfactions in the White-Collar Job.* Survey Research Center, University of Michigan.

—— and E. Reimer (1955) Experimental change of a major organizational variable. *Journal of Abnormal and Social Psychology.* 52, 120-9.

—— and A. S. Tannenbaum (1951) Regulation and control in hierarchical organizations. *Journal of Social Issues.* 7, No. 3, 41-8.

——, and R. S. Weiss (1955) The function and meaning of work and the job. *American Sociological Review.* 20, 191-8.

Morsh, J. E., *et al.* (1953) Job satisfactions of Air Force technical school instructors – 1950 and 1953. USAF, Human Resources Research Center, Technical Report, 53-8.

Mundel, M. E. (1950) *Motion and Time Study Principles and Practice.* New York.

Muscio, B. (1920) *Lectures on Industrial Psychology.* London.

Myers, C. A., and W. R. MacLaurin (1943) *The Movement of Factory Workers.* New York.

—— and G. P. Shultz (1951) *The Dynamics of a Labor Market.* New York.

Myers, H. (1932) *Human Engineering.* New York.

—— (1944) *Simplified Time Study.* New York.

Nadler, G. (1955) *Motion and Time Study.* New York.

Nadworny, M. J. (1955) *Scientific Management and the Unions, 1900-1932.* Cambridge, Mass.

Nagle, B. F. (1954) Productivity, employee attitude and supervisor sensitivity. *Personnel Psychology.* 7, 219-32.

Nash, J. F., Jr. (1950) The bargaining problem. *Econometrica.* 18, 115-62.

—— (1953) Two-person co-operative games. *Econometrica.* 21, 128-40.

Nelson, P. B., Jr. (1953) The morale of the individual soldier. *Military Review, Ft. Leavenworth.* **33**, (3), 43–7.

Nettl, J. P. (1957) A note on entrepreneurial behavior. *Review of Economic Studies.* **24**, 87–94.

Newell, A. (1955) The chess machine: an example of dealing with a complex task by adaptation. *Proceedings of the Western Joint Computer Conference.* Institute of Radio Engineers.

——, J. C. Shaw, and H. A. Simon (1958) Elements of a theory of human problem solving. *Psychological Review.* **65**, 151–66.

——, and H. A. Simon (1956) The logic theory machine: a complex information processing system. *Transactions on Information Theory.* Institute of Radio Engineers, September.

Newman, W. H. (1951) *Administrative Action.* New York.

Niebel, B. W. (1955) *Motion and Time Study.* Homewood, Ill.

Norris, T. L. (1953) Decision-making activity sequences in a hacienda community. *Human Organization.* **12**, 26–30.

Nosow, S. (1956) Labor distribution and the normative system. *Social Forces.* **35**, 25–33.

Ort, R. S. (1950) A study of role-conflicts as related to happiness in marriage. *Journal of Abnormal and Social Psychology.* **45**, 691–9.

—— (1952) A study of role-conflicts as related to class level. *Journal of Abnormal and Social Psychology.* **47**, 425–32.

Palmer, G. L. (1954) *Labor Mobility in Six Cities.* New York.

—— and A. Ratner (1949) *Industrial and Occupational Trends in National Employment.* University of Pennsylvania.

Passer, H. C. (1952) Development of large scale organization. *Journal of Economic History.* **11**, 278–395.

Patton, A. (1957) Annual report on executive compensation. *Harvard Business Review.* **35**, 125–36.

Payne, R. (1954) An approach to the study of relative prestige of formal organizations. *Social Forces.* **32**, 244–7.

Payne, R. B., and G. T. Hauty (1955) Effect of psychological feedback upon work decrement. *Journal of Experimental Psychology.* **50**, 343–51.

Pearson, N. (1945) Fayolism is the necessary complement of Taylorism. *American Political Science Review.* **39**, 68–80.

Pellegrin, R. J. (1953) The achievement of high statuses and leadership in the small group. *Social Forces.* **32**, 10–16.

Pelz, D. C. (1951) Leadership within a hierarchical organization. *Journal of Social Issues.* **7**, No. 3, 49–55.

—— (1951) The influence of the supervisor within his department as a conditioner of the way supervisory practices affect employee attitudes. Unpublished doctoral thesis, University of Michigan.

—— (1952) Influence: a key to effective leadership in the first-line supervisor. *Personnel.* **3**, 209–17.

Pelz, D. C. (1956) Some social factors related to performance in a research organization. *Administrative Science Quarterly*. 1, 310–25.

Pen, J. (1952) A general theory of bargaining. *American Economic Review*. 42, 24–42.

Pepinsky, H. B. (1954) Research on productive behavior. *Personnel Guidance Journal*. 33, 140–4.

Pepitone, A. (1950) Motivational effects in social perception. *Human Relations*. 3, 57–76.

—— (1952) Responsibility to the group and its effects on the performance of members. Ph.D. thesis, University of Michigan.

Peterson, E., and E. G. Plowman (1941) *Business Organization and Management*. Chicago.

Pfiffner, J. M. (1953) Research in organization effectiveness. *Public Personnel Review*. 14, 49–54.

—— and R. C. Wilson (1953) "Management-mindedness" in the supervisory ranks. *Personnel*. 30, 122–5.

Phelps, O. W. (1957) A structural model of the U.S. labor market. *Industrial and Labor Relations Review*. 10, 403–23.

Phillips, B. H. (1956) Effect of cohesion and intelligence on the problem solving efficiency of small face to face groups in cooperative situations. *Journal of Educational Research*. 50, 127–32.

Plato, *Meno*, from *Dialogue of Plato*, vol. 1, B. Jowett (translator), NY: Random House, 1937.

Plody, L. A. (1954) Factors related to the formal social participation of twenty-six selected rural persons with case studies. Unpublished Ph.D. dissertation, Cornell University.

Presgrave, R. (1945) *The Dynamics of Time Study*. 2nd ed. New York.

Purcell, T. V. (1953) *The Worker Speaks His Mind on Company and Union*. Cambridge, Mass.

Quandt, R. E. (1956) A probabilistic theory of consumer behavior. *Quarterly Journal of Economics*. 70, 507–36.

Raven, B. (1952) Group pressures toward selection and distortion of content in cognition and communication. Ph.D. thesis, University of Michigan.

Reynolds, L. G. (1951) *The Structure of Labor Markets*. New York.

—— and J. Shister (1949) *Job Horizons*. New York.

Ricciuti, H. N. (1955) Ratings of leadership potential at the United States Naval Academy and subsequent officer performance. *Journal of Applied Psychology*. 39, 194–9.

Rice, A. K. (1951) An examination of the boundaries of part institutions: an illustrative study of departmental turnover in industry. *Human Relations*. 4, 393–400.

—— (1955) Productivity and social organization in an Indian weaving mill, II. *Human Relations*. 8, 399–428.

——, J. M. M. Hill, and E. L. Trist. (1950) The representation of labour turnover as a social process. *Human Relations*. 3, 349–72.

Rice, A. K., and E. L. Trist (1952) Institutional and sub-institutional determinants of change in labour turnover. *Human Relations*. **5**, 347-71.

Richardson, S. A. (1952) Technological change: some effects on three Canadian fishing villages. *Human Organization*. **11**, No. 3, 17-27.

Richmond, A. H. (1954) Conflict and authority in industry. *Occupational Psychology*. **28**, 24-33

Ridley, C. E., and H. A. Simon (1938) *Measuring Municipal Activities*. Chicago.

Riegel, J. W. (1941) *Wage Determination*. Rev. ed. Ann Arbor.

—— (1956) *Employee Interest in Company Success*. Ann Arbor.

Riley, M. W., and S. H. Flowerman (1957) Group relations as a variable in communications research. *American Sociological Review*. **16**, 174-80.

——, and J. W. Riley, Jr. (1951) A sociological approach to communications research. *Public Opinion Quarterly*. **15**, 445-60.

Roberts, D. R. (1956) A general theory of executive compensation based on statistically tested propositions. *Quarterly Journal of Economics*. **70**, 270-95.

Robinson, H. A. (1953) Job satisfaction researches of 1952. *Personnel Guidance Journal*. **32**, 22-5.

—— (1954) Job satisfaction researches of 1953. *Personnel Guidance Journal*. **33**, 26-9.

—— (1955) Job satisfaction researches of 1954. *Personnel Guidance Journal*. **33**, 520-33.

Roby, T. B., and J. T. Lanzetta (1956) Work group structure, communication, and group performance. *Sociometry*. **19**, 105-13.

Rock, M. L., and E. N. Hay (1953) Investigation of the use of tests as a predictor of leadership and group effectiveness in a job evaluation situation. *Journal of Social Psychology*. **38**, 109-19.

Roe, A. (1956) *The Psychology of Occupations*. New York.

Rogers, M. (1951) The human group: a critical review with suggestions for some alternative hypothesis. *Sociometry*. **14**, 20-31.

Rose, A. M. (1951) The social psychology of desertion from combat. *American Sociological Review*. **16**, 614-29.

—— (1952a) The potential contribution of sociological theory and research to economics. *Amercian Journal of Economics and Sociology*. **12**, 23-33.

—— (1952b) *Union Solidarity*. Minneapolis.

—— and C. B. Rose (1954) Intergroup conflict and its mediation. *International Social Science Bulletin*. **6**, 25-43.

Rosen, H., and R. A. H. Rosen (1955) *The Union Member Speaks*. New York.

—— (1957) Personality variables and role in a union business agent group. *Journal of Applied Psychology*. **41**, 131-6.

Rosenberg, S., D. E. Erlick, and L. Berkowitz (1955) Some effects of varying combinations of group members on group performance measures and leadership behaviors. *Journal of Abnormal and Social Psychology*. **51**, 195-206.

Rothe, H. F. (1946) Output rates among butter operators. *Journal of Applied Psychology*. **30**, 199–222; 320–37.

—— (1947) Output rates among machine operators. *Journal of Applied Psychology*. **31**, 484–9.

—— (1951) Output rates among chocolate sippers. *Journal of Applied Psychology*. **35**, 94–7.

Roy, D. F. (1952) Quota restriction and goldbricking in a machine shop. *American Journal of Sociology*. **57**, 427–42.

—— (1952) Do wage incentives reduce costs? *Industrial Labor Relations Review*. **5**, 195–208.

—— (1953) Work satisfaction and social reward in quota achievement: an analysis of piecework incentives. *American Sociological Review*. **18**, 507–14.

—— (1954) Efficiency and 'the Fix': informal intergroup relations in a piecework machine shop. *American Journal of Sociology*. **60**, 255–66.

Ruesch, J. (1953) Synopsis of the theory of human communication. *Psychiatry* **16**, 215–43.

Ryan, T. A. (1947) *Work and Effort*. New York.

Sampter, H. C. (1941) *Motion Study*. New York.

Sarbin, T., and D. S. Jones. (1955) The assessment of role-expectations in the selection of supervisory personnel. *Educational and Psychological Measurement*. **15**, 236–9.

Sayles, L. R., and G. Strauss (1953) *The Local Union*. New York.

Schachter, S. (1951) Deviation, rejection and communication. *Journal of Abnormal and Social Psychology*. **46**, 190–207.

——, N. Ellertson, D. McBride, and D. Gregory (1951) An experimental study of cohesiveness and productivity. *Human Relations*. **4**, 229–38.

Schaul, M. W. (1953) A study of the relationship between employee attitudes and productivity in a group of factory workers. Unpublished Ph.D. dissertation. Columbia University.

Schelling, T. C. (1956) An essay on bargaining. *The American Economic Review*. **46**, 281–306.

—— (1957) Bargaining, communication, and limited war. *Conflict Resolution*. **1**, 19–36.

Schneider, L., and L. Sverre (1952) Deficiency and conflict in industrial sociology. *American Journal of Economics and Sociology*. **12**, 49–61.

Schreiber, R. J. (1957) Estimates of expected value as a function of distribution parameters. *Journal of Experimental Psychology*. **53**, 218–20.

Schutt, W. H. (1943) *Time Study Engineering*. New York.

Schutz, W. C. (1955) What makes groups productive? *Human Relations*. **8**, 429–65.

Scott, J. C., Jr. (1957) Membership and participation in voluntary associations. *American Sociological Review*. **22**, 315–26.

Scott, M. G. (1942) *Analysis of Human Motions*. New York.

Scott, W. D. (1955) Financial incentives – why and how. *Personnel Practices Bulletin* (Melbourne). **11** (2), 8–18.

Scudder, R., and C. A. Anderson (1954) Migration and vertical occupational mobility. *American Sociological Review.* **19**, 329–34.

Seashore, S. E. (1954) *Group Cohesiveness in the Industrial Work Group.* Survey Research Center, University of Michigan.

Seeman, M. (1953) Role conflict and ambivalence in leadership. *American Sociological Review.* **18**, 373–80.

Selznick, P. (1943) An approach to a theory of organization. *American Sociological Review.* **8**, 47–54.

—— (1948) Foundations of the theory of organization. *American Sociological Review.* **13**, 25–35.

—— (1949) *TVA and the Grass Roots.* Berkeley.

—— (1957) *Leadership in Administration.* Evanston, Ill.

Shartle, C. L. (1950) Leadership aspects of administrative behavior. *Advanced Management.* **15**, 12–15.

Shaw, A. G. (1952) *The Purpose and Practice of Motion Study.* Manchester, N. H.

Shaw, M. E. (1954) Some effects of unequal distribution of information upon group performance in various communication nets. *Journal of Abnormal and Social Psychology.* **49**, 547–53.

—— (1954) Some effects of problem complexity upon problem solution efficiency in different communication nets. *Journal of Experimental Psychology.* **48**, 211–17.

—— (1954) Group structure and the behavior of individuals in small groups. *Journal of Psychology.* **38**, 139–49.

—— (1955) A comparison of two types of leadership in various communication nets. *Journal of Abnormal and Social Psychology.* **50**, 127–34.

—— and J. C. Gilchrist (1956) Inter-group communication and leader choice. *Journal of Social Psychology.* **43**, 133–8.

Shepard, H. A. (1956) Patterns of organization for applied research and development – superiors and subordinates in research. *Journal of Business.* **29**, 261–7.

Shepherd, C., and I. R. Weschler (1955) The relation between three interpersonal variable and communication effectiveness. *Sociometry.* **18**, 103–10.

Sheppard, H. L. (1954) Approaches of conflict in American industrial sociology. *British Journal of Sociology.* **5**, 324–41.

Sherif, M., and C. W. Sherif (1956) *An Outline of Social Psychology.* New York.

Shimmin, S. (1955) Incentives. *Occupational Psychology.* **29**, 240–4.

Shockley, W. (1955) Individual variations of productivity in research laboratories. *Science* (abstract). **122**, 879.

Shubik, M. (1953) The role of game theory in economics. *Kyklos.* **6**, 21–34.

—— (1956) A game theorist looks at the antitrust laws and the automobile industry. *Stanford Law Review.* **8**, 594–630.

Shumard, F. W. (1940) *A Primer of Time Study.* New York.

Siegel, S. (1957) Level of aspiration and decision making. *Psychological Review*. **64**, 253–62.

Simmel, G. (1904) The sociology of conflict – I. *American Journal of Sociology*. **9**, 490–525.

—— (1904) The sociology of conflict – II. *American Journal of Sociology*. **9**, 672–89.

—— (1904) The sociology of conflict – III. *American Journal of Sociology*. **9**, 798–811.

Simon, H. A. (1943) *Fiscal Aspects of Metropolitan Consolidation*. Berkeley, Calif.

—— (1947) *Administrative Behavior*. New York.

—— (1950) Modern organization theories. *Advanced Management*. **15**, 2–4.

—— (1951) A formal theory of the employment relationship. *Econometrica*. **19**, 293–305.

—— (1952–3) A comparison of organization theories. *The Review of Economic Studies*. **20**, 40–8.

—— (1952a) A formal theory of interaction in social groups. *American Sociological Review*. **17**, 202–11.

—— (1952b) Comments on the theory of organizations. *American Political Science Review*. **46**, 1130–39.

—— (1953) Notes on the observation and measurement of political power. *Journal of Politics*. **15**, 500–16.

—— (1953b) Birth of an organization: the economic cooperation administration. *Public Administration Review*. **13**, 227–36.

—— (1955) A behavioral model of rational choice. *Quarterly Journal of Economics*. **69**, 99–118.

—— (1956) Rational choice and the structure of the environment. *Psychological Review*. **63**, 129–38.

—— (1957) The compensation of executives. *Sociometry*. **20**, 32–5.

—— and H. Guetzkow (1955a) Mechanisms involved in group pressures on deviate members. *British Journal of Statistical Psychology*. **8**, 93–100.

—— (1955b) A model of short- and long-run mechanisms involved in pressures toward uniformity in groups. *Psychological Review*. **62**, 56–68.

——, G. Kozmetsky, and G. Tyndall (1954) *Centralization vs. Decentralization in Organizing the Controller's Department*. New York, The Controllership Foundation.

——, D. W. Smithburg, and V. A. Thompson (1950) *Public Administration*. New York.

Smith, A. (1937 (1776)) *The Wealth of Nations*. New York: Random House, Modern Library.

Smith, A. J., H. E. Madden, and R. Sobol (1957) Productivity and recall in cooperative and competitive discussion groups. *Journal of Psychology*. **43**, 251–60.

Smith, F. J., and W. A. Kerr (1953) Turnover factors as assessed by the exit interview. *Journal of Applied Psychology*. **37**, 352–5.

Smith, P. C. (1953) The curve of output as a criterion of boredom. *Journal of Applied Psychology.* **37**, 69–74.

Solomon, D. N. (1954) Sociological research in a military organization. *Canadian Journal of Economics and Political Science.* **20**, 531–41.

Spector, A. J. (1956) Expectations, fulfillment and morale. *Journal of Abnormal and Social Psychology.* **52**, 51–6.

Spriegel, W. R., and C. E. Myers, eds (1953) *The Writings of the Gilbreths.* Homewood, Ill.

Stagner, R. (1954) Attitude toward authority: an exploratory study. *Journal of Social Psychology.* **40**, 197–210.

——, D. R. Flebbe, and E. V. Wood (1952) Working on the railroad: a study of job satisfaction. *Personnel Psychology.* **2**, 293–306.

Stansfield, R. G. (1951) Levels of expectation in productivity. *Occupational Psychology.* **25**, 25–34.

Steiner, I. D., and J. S. Dodge (1956) Interpersonal perception and role structure as determinants of group and individual efficiency. *Human Relations.* **9**, 467–80.

Stephan, F. F. (1952) The relative rate of communication between members of small groups. *American Sociological Review.* **17**, 482–6.

—— and E. G. Mishler (1952) The distribution of participation in small groups: an exponential approximation. *American Sociological Review.* **17**, 398–608.

Stewart, D. D. (1951) The place of volunteer participation in a bureaucratic organization. *Social Forces.* **29**, 311–17.

Stockford, L. O., and K. R. Kunze (1950) Psychology and the pay check. *Personnel.* **27**, 2–15.

Stogdill, R. M., C. L. Shartle, R. J. Wherry, and W. E. Jaynes (1955) A factorial study of administrative behavior. *Personnel Psychology.* **8**, 165–80.

Stone, R. C. (1952a) Mobility factors as they affect workers' attitudes and conduct toward incentive systems. *American Sociological Review.* **17**, 58–64.

—— (1952b) Conflicting approaches to the study of worker-manager relations. *Social Forces.* **31**, 117–24.

—— (1953) Factory organization and vertical mobility. *American Sociological Review.* **18**, 28–35.

Story, M. L. (1953) Defining the administrative function. *Journal of Educational Research.* **46**, 371–4.

Stouffer, S. A. (1949) An analysis of conflicting social norms. *American Sociological Review.* **14**, 707–17.

—— and J. Toby (1951) Role conflict and personality. *American Journal of Sociology.* **56**, 395–406.

——, et al. (1949) *The American Soldier: Adjustment during Army Life.* Princeton.

Strauss, G. (1953) Factors in the unionization of a utilities company: a case study. *Human Organization.* **12**, 17–25.

Strauss, G. and L. R. Sayles (1952) Patterns of participation in local unions. *Industrial and Labor Relations Review.* **6**, 31–43.

—— (1953) Occupation and the selection of local union officers. *American Journal of Sociology.* **58**, 585–91.

Strodtbeck, F. L., and A. P. Hare (1954) Bibliography of small group research (1900–1953). *Sociometry.* **17**, 101–93.

Sturmthal, A., ed. (1957) *Contemporary Collective Bargaining in Seven Countries.* Ithaca.

Taft, R. (1953) The social grading of occupations in Australia. *British Journal of Sociology.* **4**, 181–7.

Talland, G. A. (1954) The assessment of group opinion by leaders and their influence on its formation. *Journal of Abnormal and Social Psychology.* **49**, 431–4.

—— (1955) Task and interaction process: some characteristics of therapeutic group discussion. *Journal of Abnormal and Social Psychology.* **50**, 105–9.

Tannenbaum, A. S. (1954) The relationship between personality and group structure. Ph.D. thesis, Syracuse University.

—— (1956) Mechanisms of control in local trade unions. *British Journal of Sociology.* **7**, 306–13.

—— (1956) The concept of organizational control. *Journal of Social Issues.* **12**, 50–60.

—— (1956) Control structure and union functions. *American Journal of Sociology.* **61**, 536–45.

—— and R. L. Kahn (1957) Organizational control structure: a general descriptive technique as applied to four local unions. *Human Relations.* **10**, 127–40.

Tannenbaum, R. (1949) The manager concept: a rational synthesis. *Journal of Business.* **22**, 225–41.

—— (1950) Managerial decision-making. *Journal of Business.* **23**, 22–9.

Tawney, R. H. (1937) *Religion and the Rise of Capitalism.* New York.

Taylor, F. W. (1907) On the art of cutting metals. *Transactions of the A.S.M.E.* **28**, 31–350.

—— (1911) *The Principles of Scientific Management.* New York.

—— (1919) *Shop Management.* New York.

—— (1947) *Scientific Management.* New York.

Tead, O. (1929) *Human Nature and Management.* New York.

Thibaut, J. (1950) An experimental study of the cohesiveness of underprivileged groups. *Human Relations.* **3**, 251–78.

—— and J. Coules (1952) The role of communication in the reduction of interpersonal hostility. *Journal of Abnormal and Social Psychology.* **47**, 770–7.

Thirlby, G. F. (1952) The economist's description of business behaviour. *Economica.* **19**, 148–67.

Thompson, C. B. (1917) *The Theory and Practice of Scientific Management.* New York.

Thorndike, E. L. (1927) The law of effect. *American Journal of Psychology.* **39**, 212-22.

—— (1938) The effect of discussion upon the correctness of group decisions when the factor of majority influence is allowed for. *Journal of Social Psychology.* **9**, 343-62.

Thorner, I. (1952) Ascetic Protestantism and the development of science and technology. *American Journal of Sociology.* **58**, 25-33.

Thrall, R. M., C. H. Coombs, and R. L. Davis (1954) *Decision Processes.* New York.

Tiffin, J., B. J. Parker, and R. W. Habereat (1947) The analysis of personnel data in relation to turnover on a factory job. *Journal of Applied Psychology.* **36**, 615-16.

Titus, H. E., and E. P. Hollander (1957) The California F scale in psychological research: 1950-1955. *Psychological Bulletin.* **54**, 47-64.

Toby, J. (1952) Some variables in role conflict analysis. *Social Force.* **30**, 323-7.

Tolman, E. C. (1932) *Purposive Behavior in Animals and Man.* Berkeley.

—— and E. Brunswick (1935) The organism and the causal texture of the environment. *Psychological Review.* **42**, 43-77.

Torrance, E. P. (1953) Methods of conducting critiques of group problem solving performance. *Journal of Applied Psychology.* **37**, 394-8.

—— (1954) The behavior of small groups under the stress conditions of "survival." *American Sociological Review.* **19**, 751-5.

—— (1955) Perception of group functioning as a predictor of group performance. *Journal of Social Psychology.* **42**, 271-82.

—— (1957) Group decision-making and disagreement. *Social Forces.* **35**, 314-18.

Trapp, E. P. (1955) Leadership and popularity as a function of behavioral predictions. *Journal of Abnormal and Social Psychology.* **51**, 452-7.

Trist, E. L., and K. W. Bamforth (1951) Some social and psychological consequences of the longwall method of coal-getting. *Human Relations.* **4**, 3-38.

Trow, D. B. (1957) Autonomy and job satisfaction in task-oriented groups. *Journal of Abnormal and Social Psychology.* **54**, 204-7.

Troxell, J. P. (1954) Elements in job satisfactions. *Personnel.* **31**, 199-205.

Truman, D. B. (1951) *The Governmental Process.* New York.

Turner, A. N. (1955) Interaction and sentiment in the foreman-worker relationship. *Human Organization.* **14**, 10-16.

—— (1957) Foreman, job, and company. *Human Relations.* **10**, 99-112.

Turner, K. H. (1947) The Navy disbursing officer as a bureaucrat. *American Sociological Review.* **12**, 342-8.

Turner, R. H. (1956) Role-taking, role standpoint, and reference-group behavior. *American Journal of Sociology.* **61**, 316-28.

Urwick, L. (1943) *The Elements of Administration.* New York.

Urwick, L. (1953) Profitably using the general staff position in business. *American Management Association General Management Series, No. 165.*

Van Zelst, R. H. (1952) Sociometrically selected work teams increases production. *Personnel Psychology.* **5**, 175-85.

—— (1951) Worker popularity and job satisfaction. *Personnel Psychology.* **4**, 405-12.

Venable, T. C. (1954) The relationship of selected factors to the social structures of a stable group. *Sociometry.* **17**, 355-7.

Vernon, H. M. (1921) *Industrial Fatigue and Efficiency.* London.

Villiers, R. (1954) *The Dynamics of Industrial Management.* New York.

Viteles, M. S. (1932) *Industrial Psychology.* New York.

—— (1934) *The Science of Work.* New York.

—— (1953) *Motivation and Morale in Industry.* New York.

—— (1955) Motivation and morale — whose responsibility? *Personnel Practices Bulletin* (Melbourne). **11** (1), 27-42.

Vollmer, H. M. and J. A. Kinney (1955) Age, education and job satisfaction. *Personnel.* **32**, 38-43.

Von Mises, L. (1944) *Bureaucracy.* New Haven.

Von Neumann, J. (1928) Zur Theorie der Gesellschaftsspiele. *Mathematische Annalen.* **100**, 295-320.

—— (1937) Über ein ökonomisches Gleichungssystem und eine Verallgemeinerung des Brouwerschen Fixpunktsatzes. *Ergebnisse eines Mathematik Kolloquiums.* **8**, 73-83.

—— and O. Morgenstern (1944) *Theory of Games and Economic Behavior.* Princeton.

Wallin, P. (1950) Cultural contradictions and sex roles: a repeat study. *American Sociological Review.* **15**, 288-93.

Walter, J. E. (1957) Dividend policy and the process of choice. Unpublished ms.

Warren, R. L. (1949) Social disorganization and the inter-relationship of cultural roles. *American Sociological Review.* **14**, 83-7.

Warriner, C. K. (1955) Leadership in the small group. *American Journal of Sociology* (abstract). **60**, 361-9.

Watson, W. F. (1935) *Machines and Man.* London.

Weber, M. (1930) *The Protestant Ethic and the Spirit of Capitalism.* Parsons, trans. New York.

—— (1946) *From Max Weber: Essays in Sociology.* Gerth and Mills, trans. Oxford.

—— (1947) *The Theory of Social and Economic Organization.* Henderson and Parsons, trans. Oxford.

Wechsler, D. (1952) *The Range of Human Capacities.* Baltimore.

Weiss, E. C. (1957) Relation of personnel statistics to organizational structure. *Personnel Psychology.* **10**, 27-42.

Weiss, R. S. (1956) A structure-function approach to organization. *Journal of Social Issues.* **12**, 61-7.

Weiss, R. S. and E. Jacobson (1955) A method for the analysis of the structure of complex organizations. *American Sociological Review.* 20, 661-8.

Weitz, J. (1952) A neglected concept in the study of job satisfaction. *Personnel Psychology.* 5, 201-5.

Weschler, I. R., M. Kahane, and R. Tannenbaum (1952) Job satisfaction productivity and morale: a case study. *Occupational Psychology.* 26, 1-14.

Whitehead, T. N. (1938) Social motives in economic activities. *Occupational Psychology.* 12, 271-90.

Whitin, T. M. (1954) On the span of central direction. *Naval Research Logistics Quarterly.* 1, 25-35.

Whorf, B. L. (1956) *Language, Thought, and Reality.* New York.

Whyte, W. F. (1947) *Human Problems of the Restaurant Industry.* New York.

—— (1948) Incentives for productivity: the Bundy Lubing Company case. *Applied Anthropology.* 71, 1-16.

—— (1952) Economic incentives and human relations. *Harvard Business Review.* 30, 73-80.

—— (1953) Interviewing for organizational research. *Human Organization.* 12, 15-22.

—— et al. (1955) *Money and Motivation.* New York.

Wickert, F. R. (1951) Turnover and employees' feelings of ego-involvement in the day-to-day operations of a company. *Personnel Psychology.* 4, 185-97.

Wickham, O. P. (1952) Labour turnover as a dynamic process. *Bulletin of Industrial Psychology and Personnel Practices.* 8, 3-12.

Wiles, P. J. D. (1951) Notes on the efficiency of labour. *Oxford Economic Papers*, n.s. 3, 158-80.

Willerman, B. (1949) Group identification in industry. Unpublished doctoral thesis, Massachusetts Institute of Technology.

—— and L. Swanson (1953) Group prestige in voluntary organizations: a study of college sororities. *Human Relations.* 6, 57-77.

Williams, J. (1955) The incentive in bonus payment schemes. *Bulletin British Psychological Society* (abstract). 27, 9.

Wilson, J. R. (1952) Maximization and business behavior. *The Economic Record.* 28, 29-39.

Wispe, L. G., and K. E. Lloyd (1955) Some situational and psychological determinants of the desire for structured interpersonal relations. *Journal of Abnormal and Social Psychology.* 51, 57-60.

Wolman, B. (1956) Leadership and group dynamics. *Journal of Social Psychology.* 43, 11-25.

Worthy, J. C. (1950a) Factors influencing employee morale. *Harvard Business Review.* 29, 61-73.

—— (1950b) Organizational structure and employee morale. *American Sociological Review.* 15, 169-79.

Wotton, G. (1955) Wage incentives in operation – Case Study No. 7. *Personnel Practices Bulletin.* 11, 19-27.

Woytinsky, W. S. (1942) *Three Aspects of Labor Dynamics.* Washington, D. C.

Wrape, H. E. (1952) Tightening work standards. *Harvard Business Review.* **30**, 64–74.

Wright, Q. (1951) The nature of conflict. *Western Political Quarterly.* **4**, 193–209.

Wyatt, S. (1934) *Incentives in Repetitive Work*, (cited in Viteles 1953).

—— (1953) A study of output in two similar factories. *British Journal of Psychology.* **44**, 5–17.

Yoder, D. (1948) *Demands for Labor: Opportunities for Research.* New York.

Yost, E. (1949) *Frank and Lillian Gilbreth.* New Brunswick, N. J.

Young, H. (1954) The role of the extended family in a disaster. *Human Relations.* **7**, 383–91.

Yuker, H. E. (1955) Group atmosphere and memory. *Journal of Abnormal and Social Psychology.* **51**, 17–23.

Zajonc, R. (1954) Cognitive structure and cognitive turning. Ph.D. thesis, University of Michigan.

Zaleznik, A. (1956) *Worker Satisfaction and Development: A Case Study of Work and Social Behavior in a Factory Group.* Harvard University, Division of Research, Graduate School of Business Administration. Boston.

Zeleney, L. D. (1939) Sociometry of morale. *American Sociological Review.* **4**, 799–808.

Zentner, H. (1955) Primary group affiliation and institutional group morale. *Social Science Research.* **40**, 31–4.

Zeuthen, F. (1930) *Problems of Monopoly and Economic Welfare.* London.

Ziller, R. C. (1957) Group size: a determinant of the quality and stability of group decisions. *Sociometry.* **20**, 165–73.

彼得·德鲁克全集

序号	书名	序号	书名
1	工业人的未来 The Future of Industrial Man	21 ☆	迈向经济新纪元 Toward the Next Economics and Other Essays
2	公司的概念 Concept of the Corporation	22 ☆	时代变局中的管理者 The Changing World of the Executive
3	新社会 The New Society：The Anatomy of Industrial Order	23	最后的完美世界 The Last of All Possible Worlds
4	管理的实践 The Practice of Management	24	行善的诱惑 The Temptation to Do Good
5	已经发生的未来 Landmarks of Tomorrow：A Report on the New "Post-Modern" World	25	创新与企业家精神 Innovation and Entrepreneurship
6	为成果而管理 Managing for Results	26	管理前沿 The Frontiers of Management
7	卓有成效的管理者 The Effective Executive	27	管理新现实 The New Realities
8 ☆	不连续的时代 The Age of Discontinuity	28	非营利组织的管理 Managing the Non-Profit Organization
9 ☆	面向未来的管理者 Preparing Tomorrow's Business Leaders Today	29	管理未来 Managing for the Future
10 ☆	技术与管理 Technology，Management and Society	30 ☆	生态愿景 The Ecological Vision
11 ☆	人与商业 Men，Ideas，and Politics	31 ☆	知识社会 Post-Capitalist Society
12	管理：使命、责任、实践（实践篇）	32	巨变时代的管理 Managing in a Time of Great Change
13	管理：使命、责任、实践（使命篇）	33	德鲁克看中国与日本：德鲁克对话"日本商业圣手"中内功 Drucker on Asia
14	管理：使命、责任、实践（责任篇）Management: Tasks, Responsibilities, Practices	34	德鲁克论管理 Peter Drucker on the Profession of Management
15	养老金革命 The Pension Fund Revolution	35	21世纪的管理挑战 Management Challenges for the 21st Century
16	人与绩效：德鲁克论管理精华 People and Performance	36	德鲁克管理思想精要 The Essential Drucker
17 ☆	认识管理 An Introductory View of Management	37	下一个社会的管理 Managing in the Next Society
18	德鲁克经典管理案例解析（纪念版）Management Cases(Revised Edition)	38	功能社会：德鲁克自选集 A Functioning Society
19	旁观者：管理大师德鲁克回忆录 Adventures of a Bystander	39 ☆	德鲁克演讲实录 The Drucker Lectures
20	动荡时代的管理 Managing in Turbulent Times	40	管理（原书修订版）Management (Revised Edition)
注：序号有标记的书是新增引进翻译出版的作品		41	卓有成效管理者的实践（纪念版）The Effective Executive in Action

管理人不可不读的经典
"华章经典·管理"丛书

书名	作者	作者身份
科学管理原理	弗雷德里克·泰勒 Frederick Winslow Taylor	科学管理之父
马斯洛论管理	亚伯拉罕·马斯洛 Abraham H.Maslow	人本主义心理学之父
决策是如何产生的	詹姆斯 G.马奇 James G. March	组织决策研究领域最有贡献的学者
战略管理	H.伊戈尔·安索夫 H. Igor Ansoff	战略管理奠基人
组织与管理	切斯特·巴纳德 Chester I.barnard	系统组织理论创始人
戴明的新经济观 (原书第2版)	W. 爱德华·戴明 W. Edwards Deming	质量管理之父
彼得原理	劳伦斯·彼得 Laurence J.Peter	现代层级组织学的奠基人
工业管理与一般管理	亨利·法约尔 Henri Fayol	现代经营管理之父
Z理论	威廉 大内 William G. Ouchi	Z理论创始人
转危为安	W.爱德华·戴明 William Edwards Deming	质量管理之父
管理行为	赫伯特 A. 西蒙 Herbert A.Simon	诺贝尔经济学奖得主
经理人员的职能	切斯特 I.巴纳德 Chester I.Barnard	系统组织理论创始人
组织	詹姆斯·马奇 James G. March	组织决策研究领域最有贡献的学者
论领导力	詹姆斯·马奇 James G. March	组织决策研究领域最有贡献的学者
福列特论管理	玛丽·帕克·福列特 Mary Parker Follett	管理理论之母

华章经典·经济

书号	书名	定价	丛书名
978-7-111-59616-5	普惠金融改变世界：应对贫困、失业和环境恶化的经济学	49.00	华章经典·经济
978-7-111-42278-5	自由选择（珍藏版）	49.00	华章经典·经济
978-7-111-42200-6	生活中的经济学	49.00	华章经典·经济
978-7-111-42426-0	增长的极限	40.00	华章经典·经济
978-7-111-52435-9	共享经济：市场设计及其应用	49.00	华章经典·经济
978-7-111-42617-2	不平等的代价	49.00	华章经典·经济
978-7-111-51971-3	金色的羁绊：黄金本位与大萧条	69.00	华章经典·经济